日本史籍協會編

嵯峨實愛日記 一

東京大學出版會發行

緒言

本書ハ侯爵嵯峨實愛ノ維新當時ニ於ケル日記ニシテ原題ヲ續愚林記ト稱シ茲ニ其ノ第一巻トシテ元治元年七月ヨリ慶應二年十二月ニ至ル部ヲ收ム嵯峨家ハ元正親町三條ト唱ヘ寶暦年間竹内式部ノ事件ニ連座シ公卿中ノ主脳トシテ蟄居落飾ヲ命セラレタル三條公積ハ實愛ノ曾祖父ニ當ル實愛夙ニ曾祖父ノ皇權回復幕威制抑ノ遺志ヲ奉シ光格仁孝孝明明治ノ四朝ニ歴仕シ殊ニ元治慶應以後ハ最モ斡旋盡力シ岩倉具視中山忠能中御門經之ト結ヒ遂ニ王政復古ノ大業ヲ成就シ明治ノ洪謨ヲ翼

贊シ明治三十九年九十一歳ノ高齢ヲ以テ薨セリ是日記ハ卽チ元治慶應ヨリ明治ニ亘リ實ニ波瀾重疊ノ境ニ處シ危難接踵ノ間ニ在リテ深謀善計能ク千古ノ大業ヲ達成セル當時ノ記錄ニシテ維新史上最モ貴重ナル史料ナリ今回侯爵家ノ許諾ヲ得上梓シテ會員ニ頒布スルニ至レルハ本會ノ欣幸トスル所ニシテ茲ニ刊行ニ莅ミ謹ンテ侯爵家ノ好意ニ對シ深厚ナル謝意ヲ表ス

昭和四年十一月

日本史籍協會

嵯峨實愛日記　一　目次

續愚林記

元治元年
秋冬

●正二位前權大納言藤原實愛

元治元甲子年

●七月大

○一日己亥晴炎暑甚

當日幸甚祝著々々賀式如例　戸田和州來賀　今日當賀可出仕之處暑邪相冒之間不參相役以狀觸遣了　暑中來問或使者等官武數十家不遑枚擧　中條左衞門督來當地三ヶ年詰被申付之旨爲風聽入來云々

忠能卿文通

○二日庚子晴未刻許夕立

予不快同上依專加養　光愛卿經理等文通長州歎訴之儀ニ付示合之旨有之　龜井隱岐守家來先達申立之趣ニ付御返答被仰出之事畏申　暑中來問幷武家件等多來

○三日辛丑霽暑氣酷

前殿下中書王等ゟ進菓子暑中訪問也是歌道ニ付所進也　上田仁右衛門來面談長州浪士上京ニ付爲手當所登來云々暫面談了

午斜參內當直也　殿下文通長家老福原越後上京之上浪士鎮撫被仰付可然所存之趣申入猶可被評議之旨賜返状　渡邊相模守御廐御用掛中元御祝儀賜物之事伺申之且御廐造立御褒美之事同伺申之武傳野宮中納言ゟ示合猶自跡可答旨被示之黄昏退出還宅

○四日壬寅陰霽

今日代官墓參如例秋　辰斜著狩衣向戸田和州邸暑中訪問一同面會次向三條西外山裏松難波西洞院等同上次歸宅　申時前參　內國事御評刻日也殿下內相府等面談色々申承旨有之然ル今日御用無之旨也空移時議而已也二更退出還家

○五日癸卯晴炎熱如焚

勸修寺辨來談長州之儀　午斜參　內今日武家參　內御對面賜　天盃

等如例此後殿下以下參集御評議有之予所勞之間戌時早出了　戸田和州
入來　參　内武家來畏申且太刀馬代等到來如先例　日々暑中來問數輩
○六日甲辰霽
左馬大允友將來右馬大允友習養子願之事出願有之度旨伺申親類書願事
等覽之無所存之間可願申旨答命之則武傳に今日直出願候間副使任先例
沙汰遣之了　實德有容等卿文通　渡邊相模守山本近江守等來伺申
旨有之令範忠答示之了　内府公文通　入夜乃美織江桂小五郎等來
談　立秋七月節夕七時一分ニ入云々
○七日乙巳晴
七日夕祝儀如例　巳半斜參賀　御對面等如例有之殿下以下參集御評
議有之然而兩役不被召出　御前　殿下武傳等御厩御用掛中元御祝儀
且御褒美等之事申談治定渡邊相模守東辻下野守等に下知了　内府公
面談昨夕乃美桂等面談之事内々申入了亥剋退出　今日戸田大和守同

鐘太郎自余地下數輩來賀件贈答數十軒又堂上五人來賀　公宴七夕御會如例昨日詠進有之

○八日丙午晴

常陸宮文通　右馬寮大允友習養子願之通被聞食之旨野宮黄門招家僕申渡依召左馬大允申渡之依武傳ゟ廻禮如先例遣添使了　内府公文通

戸田鐘太郎來談　上田仁右衛門高岡三郎兵衛等來

○九日丁未晴申刻前白雨雷電

御目出度事御盃可祇候旨勾當掌侍廻狀來午半參　内今日中元御祝儀五百疋且御用多ニ付金參拾兩等賜之且諸陵寮御再興舊義取調ニ付白銀七枚御厩御用ニ付同拾枚等拜受夫々畏申了　殿下以下參集御評議有之内府公常陸宮等別段面談有之戌刻退出歸家　御厩御用掛官武之輩各來畏申拜領物之事

○十日戊申晴殘炎熾

文通忠能卿　午刻前參　內當直也近日所々投書連々有之人心不穩物
議騷然甚以案痛之至也　久世前相公勸修寺辨等面談有之　今日官
位勅問宣下之人々堂上地下皆來畏申了　松平隱岐守使來大樹上洛隨
從參　內濟御禮太刀馬代銀三枚到來　夕退私

○十一日己酉晴

御目出度事御盃幷御評議等少々不例之間不參夫々其旨觸遣了　實德
忠能等卿經理等文通　今夕於木屋町三條邊佐久間修理爲浪士斬殺云
々疎暴激士之所業歟

○十二日庚戌晴秋炎酷

三條西少將戸田大和守等入來各面談　內々番衆一統長州一條ニ付連
署建白一紙差出之旨相役より被回覽　右馬大允友習養子良（ヨシ）友初官位
小折紙覽之無所存旨示之武傳內見添使沙汰遣之了

○十三日辛亥晴近日秋炎熾盛難凌

未時參　內ゝ處御用無之云々依卽刻退出歸家　文通實德忠能等卿各

長州一條ニ付往復示合ゝ旨有之畢竟所謀無異也

○十四日壬子晴殘暑甚

双親ゝ輩祝儀如例　實則有容等卿文通　安田又右衛門來面談

今城中將刑部大輔武者小路大夫等來賀自余地下兩三人參賀

○十五日癸丑晴酷暑難堪申時前夕立灑

中元祝儀如家例祝著々々　巳半斜著直衣差貫參　內當賀　御對面等如例殿下以下參集長藩御取扱ゝ儀ニ付種々御評議或人々內談等區々終日多端混雜甚不遑記錄之入夜猶御評議不被決二更過退出歸宅　今日薩州土州久留米等藩士等來長州御處置於被用寬典者人心不伏所詮追討ゝ外無之歟ゝ趣申立之予參　內中故家僕等ヽ申置云々　來賀堂上武家以下十輩有之

○十六日甲寅晴暑氣甚

今日不參　內　　昨日御評決長人御取扱之儀今日忽御違變御處置御改革之旨相役第一ゟ觸示之一夜之間忽御變動長歎大息之外無他　　中山前亞相戸田和州等文通

○十七日乙卯霽

昨夜當家表長屋又有投書當時之形勢在要路者不遁此事然而微力難及或又忌嫌之輩有此所業唯々慨歎之至也　　巳半過參　內當直也　　柳原黄門家昨夜投書有之被爲見之予方へ所投同筆同文也可惡憎ムヘキ所爲也　殿下以下參會長州人等御處置之事御評議區以夜續晝漸被決定明日於六條黄門亭長州留守居召寄鎭靜可有說得旨被決議了此間終及徹夜

○十八日丙辰晴陰朝小雨

今朝又參　　御前御決極之處伺申之後辰半相役同伴退出向于六條家武傳同來會長州邸留守居乃美織江召出山崎伏見嵯峨ニ屯集之輩鎭靜之事申渡申御請之趣精々說理解退散了此後一同分散巳刻還家休息　　戸田大

和守來談　文通忠能卿　今日　御靈社祭禮如例年世俗稱御出也供
神酒自余祝義等如家風所祝也
戌刻過相役正親町大納言自　宮中送狀云珍事出來之間早々可有參　內
之旨帥宮被示之由云々不知何等之事然而帥宮示命之由先以不審之至也
然而近日之形勢不容易變動之程難計之間家中心得向之儀粗示置之著直
衣具秘藏之劔作安綱參　內此間中務卿宮帥宮等父子在朝相役正親町夕景
より參上云々自余相役一兩參會然而右大將家信中山前大納言忠能橋本
中納言實麗以下近習內々等衆二十余人列參甚混雜之樣子也先正親丁亞
相云今夕日沒前自分邸內投書有之披見之處松平肥後守罪條書載可加天
誅之間長藩士出陣可決勝敗ニ付長州家老福原越後增田右衞門介國司信
濃等於三人も引纒可遂一戰之間暫之間輦下可騷擾段恐懼然共不能是非
此旨宜奏申之旨書載之件投書被爲見之此余數件書列之愕然之至也依中
務卿宮帥宮等謁見伺申同前之趣委曲被示談之此間相役武傳等列參關白

可召之旨被　仰出以狀申入追々世間物騷云々二更後殿下被參上右府以
下國事御用衆可召旨也仍夫々申入之三更後右府尹宮常陸宮內大臣九條
大納言等被參上右大將以下ゟ連署建言長州士彼輩ゟも投書松平肥後守
可決一戰之間洛外ハ可被退出之旨申立也於今ハ甚以難被行事也殿下以
下不被採用此間右大將以下益主張申募頗以混亂也丑刻前一橋中納言參
上同前長士暴擧之趣申上於今ハ可被擊之外無之旨言上於小御所一橋御
對面事情被聞食殿下以下列參之諸臣ニ至迄候席一橋申上之趣一同令聽
聞之諸藩手配等被　仰下列參之輩右大臣以下憤怒退散了其次第不憚
朝憲臣子之分不相立甚不當之至也然而今夜混雜中故被宥怒此間既及五
更了于時下邊大砲之音遠響戰爭既相開云々山崎或伏水之邊云々御守衛
向之事專加下知之外無他事令人見市中之動靜之處先以靜謐云々此間及
天明了

○十九日丁巳晴炎暑甚

卷纓帶劔可然予中行之人々同之殿下以下卷纓被帶刀

拂曉之後猶未辨動靜然而下邊大砲頻々遙響卯刻過西南邊小砲頻響其間不遠若烏丸通蛤門之邊歟人々震駭之處砲聲大小連發耳ヲ貫人々騷動甚新在家邊賊勢潜伏不意ニ發シ戰爭云々又唐門前砲擊甚人聲喧專戰鬪之樣子也然而　禁中固鎖令守衛之間賊等不能濫入一橋中納言小具足率甲冑士東西奔走加下知又松平肥後守同越中守其他在京之諸大小名從戰士參上奉守護

主上　禁庭甲冑士充滿上下混雜騷擾筆紙難相盡予等專加指揮令盡守衛此間又中山前大納言橋本中納言等參上肥後守　宮外ハ可被出之事主張之一橋黄門拒之談判數度有之辰半頃歟賊勢失利敗走薩勢專逐退之云々唐門前新在家等邊漸靜了小時又下邊大小砲聲頻響是長賊等鷹司家ハ逃籠依薩州會津越前彥根等諸軍攻擊之云々巳刻許歟鷹司亭及炎上賊等敗軍或逃走或討取或燒死了云々然而此火追々延燒東西南等ニ及フ午刻予第類燒了云々然而殘黨所々在之歟遠近砲聲不相止申時前又西方炎上烏

丸街云々宮中其程近之間一同心配之處追々下方ニ延燒　禁闕無其恐聊
所安堵也及夕賊軍遠遁走云々入夜家僕渡邊洪胤來今日午刻前予亭兵燹
ニ罹ル之旨注進之文庫又不遺燒亡了云々當惑之至也然而　禁裏無異恐
悦私家ヲカヘリミルノ時勢ニ非ス時節到來人力不及奈何之家族一同無
異立退云々先以安悦々々家族一乘寺村ニ移居之旨也　終夜混雜徹宵了

○二十日戊午晴炎熱熾

至今朝賊兵遠退追々鎭靜云々今朝薩州兵卒等向于嵯峨燒拂天龍寺法輪
寺等了是長賊等屯集之所也今朝薩人發向知各逃下於山崎邊了云々今日
彌雖靜謐人心胸々物議騷然終日混雜申刻斜予退出向于戸田大和守邸行
水等了再歸參于時酉半刻許也此間御庭中潛伏之者多可有之難測若者可
奉奪　鳳輦謀計歟不容易次第之趣武家內奏上下又大ニ混亂常御所御庭
中之事故　玉座御咫尺故何卒　御座ヲ可被移于南殿之旨一橋中納言擧
申之依內々　渡御于南殿此由宮中傳聞男女失途騷亂甚予東西奔走制之

然ゟ一身不及力果ゟ甚混亂之義有之不可說々々々唯々仰天大息之至也及三更過段々御庭捜索之處不得捕又奇怪之者無之然ゟ猿ヶ辻穴門錠破損有之云々先以無異恐悦々々及曉天常御殿江　還御有之終夜騒々人々疲勞甚

○廿一日己未晴

早旦退出於戶田和州邸休息　先以賊兵遠退鎮靜之旨也然共浮說流言喧人心不穩　未刻過參　內　類燒ニ付晒二疋金子二十兩賜之畏入拜受了　殿下以下親王丞相攝家中等被候于二間當役候于同間庇近習等同斷宿衛者也

○廿二日庚申霽炎暑益酷

殿下以下替々候于二間邊如昨日　殿下以下兩役等召　御前長州藩士暴擧ニ付大膳大夫父子追討之事被評議於今ゝ可被加誅罰決議有之　去十九日於烏丸邊分捕之內國司信濃之手ヨリ所捕獲之兵器中ニ大膳大夫

父子黑印軍令狀有之是彼父子ゟ國司信濃ニ所渡云々如此之上ハ可被宥
恕之理無之正義勤王於今ハ相反テ奸曲　朝敵之汚名不可免長歎々々
申刻暫時退出于今城前黃門室家休息之後歸參宿衞

○廿三日辛酉晴陰夕晴

早旦退出於今城別莊休息之後乘馬向於一乘寺村家族室以下在于此所民家也大變後一同初テ對面相互賀無異一酌又範胤同在于此村民屋依向件家面會大病中無事立退強テ無其障云々珍重々々申半許出此邑途中馬ヲ早メ日沒之程歸參于　内裡宿直　長門宰相父子追討之事今日愈御決議云々

○廿四日壬戌晴

昨日來宿衞未時退出於今城前黃門別墅今夜於此家一宿了　家族今日引移於松崎村次郎丸預置之家也此家暫可在住也

○廿五日癸亥晴日々殘暑酷

辰刻參　內護衞如日々　類燒ニ付爲御救晒二疋金百兩等賜之武傳被傳
之畏申了今度類燒堂上皆同樣被下候云々　御憐恤所畏存也　御前評
議有之賞罰之儀也　類火之後居所無之當惑之處今日一乘院門跡里坊
借用之事領狀今日先家僕引移云々　今晚宿衞

○廿六日甲子晴南風
早旦退出于一乘院門跡里坊昨日來借用先當分此所可住居也狹少不便々
々　巳刻騎馬向松崎村家族等對面辨用向次郎丸成長喜悅々々靜坐休
息又有一酌家僕等男女共遣小金日沒乘馬歸京黃昏入寓居休息　類燒
見舞松平肥後守ゟ金子七十兩到來　同上ニ付內相府以狀品々賜之如
左
冠掛緒共一頭　直衣一領
右前關白殿ゟ
烏帽子一頭　狩衣一領蝙蝠成　晒五反

以上内府ゟ賜之御芳情所畏悦也

○廿七日乙丑晴

參於陽明家昨日前殿下内相府兩公ゟ恩賜之事謝申之次參　内　内府公面會同上厚述謝禮了　殿下以下親王丞相兩役等召御前去十八日一擧御不審有之人々被止參　内可被尋糺之事衆議有之夫々御決定其輩示達等有之十八日長藩之徒内應種々謀合等宥之故也以御一封賜御紙入御煙草入御煙管御扇子等賜之以一封畏申上了　今夜直于内　前殿下ゟ以狀賜文匣紙袷單文莒紙入烟草入烟管金子貳萬疋等

○廿八日丙寅晴

早朝退出于寓居一門里坊　午後向尹宮被謁見過日類燒ニ付内外賜物畏申之次向前殿下被謁見昨日幷去日賜物等拜謝了次歸家　殿下ゟ類火御尋晒二疋金子五百疋等被下之自余所々見舞到來物有之

○廿九日丁卯晴
右府公純被贈直衣古物被謝失禮之旨芳志謝申了　松平肥後守ゟ類燒
見廻金子七十兩到來　園池少將來談
○三十日戊辰晴殘炎甚熾
松平修理大夫ゟ金子百兩到來類燒見廻也　野村左兵衛來面談　巳
半刻參關白家過日賜物謝申之次向右大臣家謝昨日被贈直衣之事次參
內日來騷動ニ付賊徒關係之輩糺彈之事等多御評議有之　今夜宿直
遣使於薩州會津等邸過日類燒見廻贈物挨拶令相述了後日兩家使者へ引出金七百疋五百疋等遣
之
●八月大
○朔日己巳晴陰蒸熱
今日被止參賀以下御賀式依巳刻過退出還寓休息　（阿部）安倍豐後守今日參
內ニ付爲參仕之處夜來聊所勞之氣有之依不參相役中觸遣了　夕河鰭

中將來今日自武傳被召設參　內之處三條西季知轉法輪實美等昨年脫走
之罪不輕ニ付自一族義絕有之其旨可申達被　仰出候由武傳申渡旨被談
候先以一門一統可申達之間以廻章可申入其上季知之方ハ予ゟ彼家僕に
可申渡實美之方彼朝臣ゟ向彼家可被申達旨等示合了　戸田大和守來
談　同上孫昨夜出產之旨ニ付以範忠賀遣之了　戸田越前守ゟ類燒
見舞金百兩疊表百枚等戸田大和守ゟ金廿五兩等到來　松平丹波守ゟ
同上ニ付不取敢使番兩人（青沼五右衛門・新井佳藏）等上京被訪安否金千五百疋到來庶
流之家々夫々訪訊本意喜悅之至也　安倍（阿部）豐後守來今日參　內　天盃
頂戴御禮也

○二日庚午霽陰

今朝室章子女晨子以下自松崎村來今夜可一泊也　季知實美等義絕之
事一族示達今朝季知之方招彼家僕山本左內申渡又實美ニ於テハ河鰭羽
林向轉法輪家申達了又右申達之趣出請書於武傳中左云

右可有義絶被　仰出候旨則申達候此段宜預御沙汰候也

八月二日　藤原季知

同　實美

實愛（予以下一門十家連名之）

武傳兩卿宛

以河鰭大夫差出了　松平丹波守家臣上田繁左衛門幷守衛壯士等今日
上著丹波守ゟ被差登者也　右衛門督胤保類燒見廻机筆筒以下品々被
贈之芳志之至也厚謝遣了　土岐出羽守上京ニ付土産千代紙三十枚到
來

○三日辛未晴

今朝室二女等歸向於松崎村眉延姫猶逗留於此家　辰半時參　內殿下

以下面談不遑筆記又類燒ニ付米十五石賜之旨武傳被達之謝申取計以表
使畏申又殿下以下御禮申述了　殿下以下親王丞相攝家中予等於　御
前四海清平御禱　三社　敕使　賢所御神樂宮中御掃除等之事有評議又
兩役一同追々衆議等了酉半刻退出
○四日壬申霽時々陰
內府以狀賜金千疋重箱紙類品々毛氈幷菓肴等以返翰畏申入了　戶
田和州來臨面談　松平丹波守家賴使番兩人幷守衞壯士五人等今日對
面有之各進菓肴料
○五日癸酉晴殘暑猶酷烈
內府以狀又賜太刀掛文匣等以返狀畏申段々懇情不堪感悅以愚詠厚謝申
之　午刻前向內府亭前條畏悅以狀申置次參　內殿下以下兩役等如例
召　御前種々評判衆議等有之今日當番也宿直又如例　石淸水放生會
左右馬寮下知之事頭權辨被示之夫々下知了

○六日甲戌快晴暑加日々强

巳半過退出　戸田大和守嫡孫七夜ニ付爲祝儀產著一重金五百疋贈之

○七日乙亥天晴

今日不參相役以狀示遣了　石淸水放生會御延引來月十五日被行之事相役ゟ被示之　同上之儀頭權辨示之左右馬寮加下知了　信州松本修驗佛法院來當家祈願所也今度續目上京依對面遣扇盃等進金五百疋類燒ニ付同上進之　內府簾中ゟ類燒見廻薩州燒茶碗二十入一箱金千疋等被贈之自內相府以狀被傳之返書厚謝申了　常陸宮ゟ類火見廻羽二重晒銀三枚等被贈之以返翰申了　正親町亞相去月十九日一條御不審ニ付去月來籠居依之彼卿御世話之向妙門寶門曇華院室等御世話代取計之事被賴送之領承之旨答之　野宮黃門類火見廻絹一疋蝙蝠一本被贈之芳志謝遣之

○八日丙子天晴陰巳刻後陰雨入夜甚雨風烈

眉延姫向松崎　辰斜參番宿直如例　去月下澣以來借用一乘院門跡
里坊寓居此家然〆表方計借請置之處狹少ニ付今日ゟ一圓借請之明日室
以下一同可引移於此家也依近日專其經營有之　戸田鐘太郎自今改名
和三郎出生男子呼鐘太郎之旨被風聽七夜祝儀鯛一掛酒二樽等到來
○九日丁丑宿雨新晴然〆風猶烈巳刻後風靜頗生涼氣
巳時前退出還於寓居休息　今日吉日ニ付室兩姫以下家族等一同自松
崎邑引移于此寓居住祝酒等如方有之先以喜悅安著者也　常陸宮時節
安否被尋下賜菓子一臺　戸田鐘太郎來訪　藤堂大學頭明日參　内
被　仰出御請使者來
○十日戊寅晴有涼氣
中院中納言被贈肴茶椀等類燒訪問也　河鰭大夫來談
○十一日己卯天晴
眉延姫内々歷覽近邊所々是去七月戰場之跡等見物也又類燒之邊同歷見

云々　未刻向常陸宮過日賜物謝申了參　內　御前評等多端有之戌
時過退出
○十二日庚辰霽
多賀社別當正覺院來如例進御札賜金貳百疋　類火ニ付家內男女一同
賜手當金夫々家司等記錄之　同上ニ付被下米十五石今日入手了
○十三日辛巳晴
辰半參　內以　敕書又賜御硯箱御重宮御筆墨御小刀御錐鋏御烟草盃御
盃御文鎮御水滴御料紙等類燒之儀厚　御垂察度々　恩賜殊思召之趣被
染　宸翰　朝恩之深過分之至也以一封奉拜謝了　御前衆議等如例有
之凡日日之事不遑筆記酉刻過退出
○十四日壬午陰雨涼
今日休息　鷹司前關白大納言等被免御咎之旨相役ゟ被示之
○十五日癸未雨灑漸加涼氣

巳刻前參　内當直也殿下兩役等召　御前軍功賞賜幷來十八日御開
門垂纓等之事其外雜事有評定　今晩宿直如例　石淸水放生會御延
引

○十六日甲申陰時々雨下

巳刻退出　公愛朝臣來談世事

○十七日乙酉雨天象日々大同小異

自明日被開御門諸臣垂纓且供人數如例御門内可召連等之事觸來

○十八日丙戌陰雨或晴等交

今日ゟ被開唐御門淸所御門幷准后御門等猶未被開又自今日一同垂纓也
未斜著直衣垂纓自今日垂シ參　内　御前衆議如例　三社奉幣大祓六
門内外掃除等之事被決議夕退出　次郎丸自松崎邑來一泊　自淸三
位以狀被贈晒類火見廻云々

○十九日丁亥晴陰不定時々雨

未刻參　內如例於　御前群議有之今日殊ニ多繁二更退出　次郎丸今夜猶留宿

○二十日戊子天晴

次郎丸今日歸向于松崎村　午時許參　內當番也宿侍如例　戸田和州文通　戸田六太夫上京去月騷擾ニ付爲伺安否所上登也　昨日學院丁祭供物頒賜今日相役ゟ被達之次第順達了　松平越前守長州追罰副將被申付風聽使者來

○廿一日己丑晴陰

今日常御殿御掃除也依拂曉取掛每事如先規夫々商量之了相役加勢等多人數之間入魂辰半斜退出休息　殿下以狀明日必可參　內旨被示命此便賜紙入烟草入盃等以返狀謝申之了

島津大隅守側向使者來類燒訪問鮮鯛一掛菓一折等到來　持明院少將日野西大夫等來河鰭中將日來所勞之處追々危急ニ付談合之條々有之

進鯛一掛於關白家度々賜物謝申了

○廿二日庚寅晴

著衣冠向陽明家謝申過日內府簾中ゟ贈物之事次參　內如例　御前議定有之戌刻退出　今朝高松三位來談河鰭家故障取扱之儀　中川修理大夫ゟ暑中見舞漬蕨一樽到來　戶田和州來談　土岐出羽守來上京ニ付入來云々

○廿三日辛卯雨降催冷氣

小原二兵衞來上京ニ付所來也面談遣茶菓　今日武家參　內ニ付可出仕之處所勞不參之旨相役觸遣了　松平越中守鍋島甲斐守等來今日參內　御對面天盃等御禮也兩人ゟ如例太刀馬代等到來於本多美濃守ヘ不來於越中守ヘ無贈物　前左衞門督公愛朝臣等文通戶田和州同上

○廿四日壬辰陰時々雨灑

前左衞門督重德來談　例幣左右馬寮參勤下知之事頭辨豐房朝臣以一

通傳　宣卿下知了

○廿五日癸巳陰晴不定

巳半參　內當直參勤也　御評議有之　內相府面會種々被談合旨有之抑去七月來不被下御格子之處自去廿三日被下之依諸臣休息如例今夜宿直予類燒後衾未相調依御內儀ゟ借用申乞之處長橋取計を以夜著二〆敷布團包服紗等被下之厚謝申了　又光達內々拜借置御小座敷御褁御下繪類燒依今日以一封御理言上之處不及心痛之旨以　宸筆被　仰下難有恐存之外無他　例幣右馬寮代勤願書差出奉行に令差出候

○廿六日甲午晴

午刻過退出休息　室兩姫等下邊所々歷觀

○廿七日乙未天霽

未刻前參　內殿下以下參上如例　御前評定有之異船數艘攝海濫入云々然而可退帆歟容子之旨也強而不及御驚之趣云々入夜退出

○廿八日丙申陰夕景ヨリ降雨不及破塊
今日休息　安田又右衛門來面談　室章子女晨子等歷覽下邊入夜還
渡　戸田藤大夫歸國

○廿九日丁酉雨降終日甚入夜猶不休
今日　母君御正當地御廟可參拜之處昨日來不例仍令代官參詣供華水
如例　當年半季分拜領米昨日落手了　今日官位　勅向右馬寮深友
初官位　宣下之儀頭權辨傳　宣招僕於非藏人口申渡之依召寄本人申渡
今夜及深更之間御禮廻勤明日可然申渡了　今日　宣下人々各來謝

○三十日戊戌晴陰
戸田大和守來談又戸田越前守家臣中島董九郎渡邊鉞太郎等爲城州使者
來先達擾亂見廻也予以下夫々到來物有之彼兩士ゟ有進上物兩人面會相
謝又越州家中惑亂ニ付談合之趣有之　明日松平土佐守獻馬ニ付右馬
寮下知之事武傳示之卽加指揮了　午刻參　內當直所參仕也　常陸

宮内大臣等面談有之　今夜如例宿侍　右馬寮少允初官位御禮廻勤
添使如例遣之　後刻同人ゟ御禮金百疋進之副使延紙贈之云々是先例
也

● 九月大

○一日己亥天晴

辰斜退出還寓居　午刻前參　内今日松平土佐守獻國産駒於小御所有
御覽其後先被預于武家了　國事御評議有之不遑記日沒過退私　周
防守範胤去年九月七日發中風症其後增減不一定老年之儀兼々不輕容體
之處一兩日又增氣有之昨日來又一層加重然而昨夜追々急迫其實今曉及
大切了悲歎愁傷之至也此老人江州和邇村出生幼少之時被召出于當家
祖父君令召遣給其後　故殿御代諸大夫再興之時同人令登用給到于予代
連綿奉公盡誠忠況又予幼稚之間彼夫婦養育之恩親如親子及今日所盡誠
實忠勤翰墨ニ難述盡近年及老年之間爲養老令住于當家長屋内朝夕予所

添心也然ゟ去七月騷動類火之後寓居狹少無其所之間田中邑民家借用令住件家依日夜音信失其便日來甚所心痛也然ゟ今日終如此不能報盡恩庇殊昨今臨大切予不得自問不能對面及長別了唯愁淚難止彼妻去戊年冬歿了夫婦共到後世不絕祭忠功不可忘返々哀悼悲泣之外無他

例幣右馬寮代勤依請被聞食旨頭辨豐房朝臣招家僕於非藏人口示之卽刻加下知了　常陸宮以狀被贈雀鮎一桶以返翰謝申了

○二日庚子晴

戸田越前守家來中島董九郎渡邊鉞太郎等近日上京ニ付爲使來過日面談有之猶又言談有之　右馬少允良友妹死去ニ付假服屆出當家承置分也菊亭中納言所勞ニ付左馬寮取扱之事被賴托日來彼黃門所勞之處追々不勝之旨也若年且無繼嗣甚以不便氣毒之至也　戸田和州來談

○三日辛丑晴冷氣大加

昨夜來少々時氣被相冒之處今日減快然共猶平臥加保養　今日不參相

役觸遣了

○四日壬寅晴暖氣未時過雷鳴西南ゟ發聲東方ニ止一聲甚夕立沃夕雨止

戸田和州來談　次郎丸來逗留　去八月御靈會延引今日被行之神供等如例年但類燒事々物々不具依省略之沙汰也申半過神幸如例令代官參拜於兩　御靈宮奉納御初穗了下上兩社青銅二十疋ッ、例年　下社計也今年寓居地主神　上社之趣故　兩社奉備者也　如例年祝酒有之祝著祝著　予今日順快然而今日休日之故不及參　內休息　相役文通之事有之　故周防守範胤今夕葬送於鳥邊山仍代香等遣之香奠三百疋室ゟ百疋等令備之

○五日癸卯霽雲東行

龜井隱岐守以使贈菓子一折類燒見舞也　巳半斜參　內當直參勤也一橋中納言藤堂大學頭以下武家參　內出會如例申半刻　出御于小御所一橋中納言以下　御對面賜天盃更迁御于御學問所一橋中納言被召於　御

於戸田采女正ゝ拔群御賞侍從被推任面目至也

前去七月十九日功績御褒賞有之賜御衣御衣御單御劍長吉作鞘卷等了　入御又松平肥後守稻葉美濃守蒔田相模守等被召各賜移鞍一背宛於蒔田ゝ御絹蝙蝠等松平肥後守賜御劍不參之間以一橋傳賜之自余薩州越前大垣彥根等皆賜移鞍藩主不在京之故以一橋被傳下之各去七月十九日軍功抽賞也

今日　御前衆評如例有之　菊亭中納言所勞大切ニ付御厩御用掛可辭申歟否哉之事以一族被談之於所存ゝ彼家當家累代之心得也然而殿下伺定之處　叡慮被相伺右ゝ累代家附之旨　思召也仍不可辭申之趣殿下被命之依菊亭ニ其由答示了　今夜宿侍　次郎丸今日歸向于松崎邑

今日例年奉祭　先公御靈神不相變神供有之祝著々々　一橋黃門以下參　內武士來畏申

○六日甲辰但時々陰暖氣甚

殘番巳刻退出　昨日參　內武家來畏申　戸田鐘太郎來面談　戸田采女正使來風聽昨日侍從推任　宣下之事

○七日乙巳陰午時後降雨

午時前參　內　御前議等了黃昏退出　轉法輪贈右府實萬廿五回忌ニ付令詣代官於二尊院備葩一包了　松平越前守今度長州征伐副將軍下向ニ付昨日上京之旨以使届來　後時同人入來被畏申去日軍忠御感賞賜物之事

○八日丙午晴陰或雨等不定一夕ゟ雷電夕立及初更雨休雷電止蒸暑

中島董九郎渡邊鉞太郎等歸國ニ付爲暇乞來面會主人越前守ゟ傳言申含賜品々　花園大夫來訪　尹宮文通　年々拜領米去月相渡之分今日家中男女配分遣之　去七月十九日騷擾ニ付自今夜三ヶ夜恐（賀）所御神樂被行之依可參仕之處所勞之氣相冐依不參相役中觸之了

○九日丁未晴陰午刻以後陰蒸氣類于昨日

佳節祝式如例追々世上鎮靜之間每事復尋常　今日參賀衆　御對面無之旨兼日被　仰出仍例刻不及參勤　申斜著衣冠奴袴先是沐浴參　內相役

武傳等參集之上當日賀詞申入如例自昨夜御神樂今晩中夜也秉燭事々相
具　酉斜　出御先於朝餉御服予候御左袖御服了御檜御座前御茵上ニ置御帖紙
奉納于御懷中以折目輪奈方爲御方納之是陽明家說也御元服御加冠陽明前關白故御帖被用此流等供進之了御手水了　出御入御之期伺申之處御鈴了入御之旨被仰下經南殿御露臺十八間廊下等　入御于　賢所　御拜　御鈴
等了經本路　入御此後賜御鬮酒肴等戌時退出　今日參賀地下數輩
酌菊酒以下祝儀如家風　石清水放生會右馬寮代勤願書差出之卽奉行
頭辨ニ令指出之處落手云々後時願濟之旨被示之卽下知了

○十日戊申陰晴不定入夜雷電白雨

午刻前參　內當直也　今夜御神樂竟夜也夕事々全備之旨言上酉半刻
前　出御御服御手水等如昨夜此間西南方雷電發夕立降漸烈仍小時御猶
豫之旨被　仰下內々　入御依各詰候于馬形障子邊半時許之後雷雨止依
再召御服御手水等又如先了　出御入御之期伺申如昨夜　御拜　御鈴等了　還御于
本殿又賜物如昨夜後時內々　出御之旨以兒被　仰出當役一人近習兩三人ッ、

等候于十八間廊下如例　入御了退入寅一刻前神宴訖此後休息

○十一日己酉晴陰交

今日例幣并伊勢臨時奉幣使等發遣也辰斜　出御於朝餉御服先是覽　宣命草清書等次御服了御手水了　出御告使進發之事申來之後如例於南殿南庇　御拜例幣臨時一時ニ令拜御歟　御拜了　還御此後退出還寓于時巳斜也　前左衛門督園池少將等來談　左右馬寮來屆申今日寮務無異之旨

○十二日庚戌晴秋冷深加

午刻參　內御評議也如例衆評了黃昏退出

○十三日辛亥晴蒸暑雲凝集四方

無事終日休息

○十四日壬子晴申斜雷電白雨烈黃昏雷雨止月皓

午刻參殿下畏申過日賜物次詣尹宮訪申違例次向於戸田邸和州面會賀嫡孫出生次詣于常陸宮謝申過日賜物此次宮面會談申國事被勸一獻黃昏還

寓

○十五日癸丑晴雲收天氣快

午時參　內當直也國事御評議日也如例殿下已下召于　御前御評談有之又博陸相役等言談條々多有之不遑記　今夜宿直　石淸水放生會去月式日之處御淸祓等未被行事事不具ニ付御延引今日被行之　先達輦下騷擾以來九門悉被閇之潛リ戸計相開往來之處自今日被開之又唐御門內徒從人數有制度之處今日ゟ尋常之通可召具治定有之

○十六日甲寅晴

賢所御格子損所出來今朝刀自屆申之予撿知召修理職奉行冷泉黃門修復方加下知了巳時過退私　戸田采女正先頃賜物幷推任侍從之事彼是予厚配之儀被謝之金子三十圓到來　左右馬寮屆申放生會無異勤仕了之由

○十七日乙卯快晴秋景深

伊勢臨時奉幣今日奉納日也　石淸水同上使帥大納言俊克賀茂下上同

上使六條中納言有容等今日參向有之　戸田釆女正使來風聽移鞍拜領
之旨去七月十九日伏見軍功之賞也
○十八日丙辰晴入夜又雷電光夕立等甚
午刻著衣冠參　內國事御評議如例殿下以下召　御前衆議有之申斜退出
六條中納言入來　故周防守範胤卒去屆早々可出之處延引今日頭辨豐
房朝臣許ニ以使令屬之杉原紙四ッ折上包有之
正親町三條家諸大夫
正五位下周防守藤原範胤
九月一日卒
落手之旨使報申之　花園故相公年忌明日相當ニ付葩十五片宛令備之
了　今城中將來談
○十九日丁巳霽
午刻參　內當直參仕宿侍如例　右馬大允友習左馬小允友明等假服屆

出　戸田和州文通

○二十日戊午天遠晴浮雲收盡

辰半時退私休息　長崎正覺寺使僧來類燒見舞聊獻物有之　戸田采女正使來去七月十九日軍功賞侍從推任風聽申來　川瀬傳五左衛門來歸國暇乞也面會有賜　鈴木間次兵衛明日出立歸國ニ付今日暇乞面會遣盃常例交代之分金三百疋上下料金三百疋祝酒料貳百疋拜領米之內銀貳枚別段金壹兩倘又手元ゟ金子壹兩染毫物等遣之室ゟ別賜有之是例也

○廿一日己未晴

前左衛門督重德來談國事　午斜參　內國事御評議也如例每事不斷長歎々々夕退私　右馬少允良友來屆申忌明　河鰭故中將後室卒去之旨告知之　尾州前亞相上著之旨使來告之

○廿四日庚申天快晴

戸田大和守來談殿下へ馬進上之事

○廿三日辛酉陰午刻以後雨降出

殿下以狀賜綸子一反菓一折等是戸田和州ゟ進馬ニ付予取扱之事被謝送之以返書畏申件菓子戸田和州へ讓贈了　大和守忠至來謝前條之儀取扱以下之事　今日官位勅問　宣下之人々各來謝

御品物後日可被渡旨也

○廿四日壬戌晴北風寒

午刻前參　內之處以　勅書兩役一同ニ賜物之事被　仰下去秋七月十九日變動之處一同苦心精勤及鎭靜之條各誠忠御感悅ニ付人別夫々賜物之事被仰下予二枚折御屛風也不存寄感悅之外無他殿下以下參會之間各畏申了　今日老中安倍（阿部）豐後守參　內出會如例此後兩役一同面談當時關東事情常野邊一揆ニ付大樹進發延引且外夷申立於長州外夷等書付應答其外攝海入津等夷賊申立等大樹苦心焦思等之事猶殿下初へ可有直談旨示答了此後殿下以下國事掛之衆　親王丞相攝家中等安倍（阿部）面談有之云々御前衆評群議有之入夜退出　栗田山莊勸請鎭守社鷲明神今日戸田大

和守邸ニ遷座了是彼山莊近年長州家ニ讓渡之處今度長州征伐ニ付件邸
地爲闕所了依可引取旨日來彼地者申出之依今日取計者也每事密議也
松平丹波守使增田萬右衞門來對面此度丹州上京可有之歟ニ付爲先著上
京ニ付每事被頼越同人進金三百疋遣菎入扇二握等了　尾張前亞相上
京ニ付羽二重代銀拾枚到來

○廿五日癸亥晴

定國朝臣來談　午斜參　內當直也　御厩御用掛執次東辻下野守面
談御厩御用儀　戸田和州文通再三　來廿九日去八朔分關東進獻御
馬如例可存知旨武傳月番以使示之　常陸宮文通　准后宮以使被訪
去頃類燒　尾張前亞相旅館ニ遣使賀上京且到來物挨拶令述之了
阿部豐後守來昨日參　內無異遂使節之禮云々

○廿六日甲子快霽

辰斜退私　安田又右衞門大垣臣　草刈敬輔岡臣等來談　左右馬寮召寄來

月一日寮務下知了　去日所被下拜領米今日家中一同頒遣之

○廿七日乙丑雨下

園池少將來談之儀有之　前左衛門督同上　午斜參　内　去七月以來連々勵勤苦勞被思食依之當役輩金貳拾宛（マヽ）賜之武傳渡之以表使畏申之其外一同所賜有差　國事　御前評了入夜退出　准后以御使賜金七百疋七月以來彼是取扱等有之故被下云々

園池來談趣意ハ方大將引籠中拜賀先例如何之旨也近來不憚之間被相催不苦由答了白川中將同樣之處近日被相催云々

○廿八日丙寅霽

市川元之助來　午斜參　内法中參　内也　御對面等了退出參于准后畏申昨日賜物了退出還寓　今日參　内僧侶來畏申　御對面從來於武傳〻行謝於當役〻不來之處於理不當之間今度改革自今可來所確定也

大島左馬少允右馬少允等來忌明屆云々　今城宰相中將來談唯今參議拜任ニ付有被尋問之旨　今日官位勅問　宣下之輩各來畏申

○廿九日丁卯晴

去八朔分太刀獻上今日可有之旨兼日武傳觸之仍如例獻太刀一振宛於
禁中　親王等名札御手愛上如左是例事也札紙用中奉書紙如例留札太刀
返給之如例於參賀者無其儀　午斜參　內八朔關東進獻之馬今日獻上
也於參臺殿　御覽如例此後牽來於予宿所申時退出詣于關白家謝申過日
賜物了還寓　先是御馬左右馬寮牽來繫置小時附武士遠山隱岐守家來
爲受取御馬來使番一人誘引之如例之通令僕牽渡了馬寮幷附武士家臣等
相互受取渡書付等如例有之馬具所添之分同相渡者也後刻遠山隱岐守來
畏申前條之事　鍋島甲斐守來發途歸邑ニ付暇乞云々

○三十日戊辰晴

戸田和州來談依內々賴借與金子三百五拾圓　午半參　內當直也
殿下以下參會國事御談議於　御前有之如每度安（阿部）倍豐後守明日御暇參
內夷狄之儀長州征伐後迄ハ左右御沙汰ニ不可被及大樹疾速上阪可有之
旨等以武傳可被示含被決議了　明後日醫師拜診被　仰出之處流例三

ケ度之處一時ニ三診可被　仰付　御沙汰然而輕易ニ相當恐存之趣大典
侍師典侍長橋局等心配申上之處無御採用甚當惑之間內談之趣大乳人談
之依所存之旨返答了　今夜宿侍　明一日故範胤初月忌ニ付金參百
疋遣之令修法事

●十月小

○一日己巳天晴雲收

當日如例　早朝退出再可出仕之處所勞之氣相侵依不參相役中觸遣了
安（阿）部豐後守參　內賜歸府御暇後刻同人畏申　御對面賜天盃之事　文
通尹宮明日明後日等兩日於知恩院被修行大施餓（餓）鬼是去七月十九日戰死
之輩爲追福以　勅諚被行之此事專予所執申也御願文ニ而も可有之旨更
心付之間今日同宮ヘ所申入也（後聞御願文之事終ニ無御採用痛歎之至也）

園池少將來拜賀伺之通被仰出吹聽且條々有相談

○二日庚午晴雲南行寒冷大加

今日休息　尹宮以狀被示云昨日申入御願文之事不取行諸藩士參詣之

事有御沙汰云々　今明日於知恩院被行大施俄(餓)鬼其儀注于昨日條

讃州法華寺儀ニ付武傳ゟ達之旨有之注于家內記

○三日辛未晴

今日國事御評議因所勞不參相役申入之了　遠山隱岐守來過日御馬拜領ニ付招請之事申來依御用多不得存旨以使示遣之　大樹先頃上洛參內御懇ニ付畏存太刀馬代銀十枚被相贈之旨武傳月番飛鳥井ゟ達之

園池少將來々七日拜賀之儀種々被談之

○四日壬申陰雨

今日關東使土岐出羽守松平越中守等同伴參　內ニ付可出仕之處依所勞不參相役觸遣了　六條黃門ゟ被傳示云今日東使參　內當春大樹參內每々御懇ニ付太刀馬代銀十枚被相贈旨武傳ゟ被傳之依被達云々後刻太刀馬代等後藤少堀等ゟ持參之　參　內之兩武士來　御對面天盃御禮也土岐出羽守今日參　內ニ付太刀馬代銀一枚到來卽時返却答禮之是例也

松平越中守今日中將推任之事來畏申在役以來勤勞賞云々

○五日癸酉雨下巳刻以後晴陰不定
遣使於所司代松平越中守土岐出羽守等宿所昨日大樹ゟ贈物之謝辭介述之
午斜參番宿侍如例
○六日甲戌晴雲南行時雨降
早旦退出　武者小路少將來　北祭參向ニ付進退乍具服餝之事有相談　午刻
園池少將明日拜賀ニ付音物內外共類燒後ニ付不贈旨示遣之了
參　內　國事御評定參集之處無御用ニ付申刻過退出還宿　殿下尹
宮等於內言談數ヶ條有之　昨日遠山隱岐守ゟ茶菓到來御馬拜領御禮
云々是先格也
○七日乙亥霽長閑
御玄猪申出如例名札三條前大納言如例賜之　巳半斜著衣冠差貫向園
池少將家今日拜賀賀之先是既參　內云々被勸祝盃小時亭主少將歸宅相
賀盃勸酬有之又被羞飯如方毎事省略也未斜早出詣于近衞殿之處內府被

今日藏納如例

他行云々依還宿　東本願寺使來此度類燒ニ付　禁中ゟ泉殿御建物被
下之事畏申羽二重料銀五枚肴一折等到來　園池少將來拜賀禮且行賀
之挨拶等被述置云々　同家ゟ被贈干鯛一箱後刻爲答禮同上贈之當家
類燒毎事省略ニ付別段內外音物總而不贈之兼而斷申遣了
○八日丙子晴
戶田采女正侍從　宣下歡太刀馬代白銀壹枚等以使贈遣之　內府以內
狀被贈下末廣一本鮭一尺等以返狀厚謝申之　戶田和州來談常陸宮に
彼人ゟ馬進上之事當家新造之儀等　遣使於遠山隱岐守方遣鯣二連過
日御馬拜領ニ付贈物答禮也先例如此　竹門使山本近江守家來　北
野臨時祭當冬被　仰出御禮云々
○九日丁丑晴雲南行
午半刻參　內　內々被下　敕書御綸子一反御末廣三本等贈之類燒之
義被思食下　恩贈也過分之御時宜感戴拜受以一封厚畏申上了殿下以下

參會之間風聽畏申了　國事御評議如例於　御前有之又殿下內府等別段面會言談條々多有之　園池少將來拜賀ニ付以前相談事々無異安悅之旨被述置之　草刈敬輔岡藩來歸國暇乞云々

○十日戊寅晴陰不定冬景漸加

午半刻當直參仕宿侍如例　渡邊相模守上田右兵衛尉等面談公私相交言談也　來十三日前新朔平門院御正忌般舟院御法會詰參向ニ付供方人數書付執奏萬里小路家に令差出家僕沙汰也　賀茂下上社總代等來畏申明年ゟ臨時祭例年可被行被　仰出御請御禮云々　來月十一日春日祭左右馬寮參向之事被　仰出如例左右寮加下知

○十一日己卯霽

巳半刻退出　陸常宮文通　前關白忠煕以狀賜冬直衣此次有被示之旨以返狀厚畏申入了　內府忠房有以書狀申入之旨將明日尾張前大納言越前少將等參　內長州征討下向ニ付御暇乞ニ付兩人賜物可有之旨申

入之同意可然可周旋由被報之　一昨日被　仰出之條々今日妙門幷實
門曇花院室等ニ相達件三室當時予御世話代之故也左云
一神嘗祭之中廢典之分御再興之事
一自今南北祭毎年被行候事
一當冬　北野臨時祭御再興例年八月五日被行候事
此次又申達之條々有之左之通
來月十九日　光格天皇廿五回　聖忌ニ付來十九日被行御法會候　御
機嫌伺獻物等ノ事
可爲安政三年十七回　聖忌之節之通候事
右一紙
中川宮自今被改稱賀陽宮候旨被　仰出候事
以上申達了　武者小路少將來被談　北祭參向進退幷服餝召具等之事
所存之趣加諷諫了

長橋局退出可愼在之旨被仰下由當番ゟ觸來年來有子細事也

〇十二日庚辰快晴

進狀於關白殿今日尾張前大納言越前少將等御暇參　內ニ付賜物必可有
之且殿下以下國事掛之方々各參會可有之旨等申入之處被同意猶可有參
上且賜物豫可議置之由等被示下之　園池少將來談　明日香井中將
來需染筆　午刻前參　內尾張前大納言越前少將等長州征伐發向ニ付
御暇參　內也此事ニ付殿下以下參集被相議又於　御前衆評等有之殿下
陸常宮內府等種々內談等有之前左衛門督參會同上不遑記之尾州前亞相
越前羽林等參上兩役出會有之今度出陣大任慰其勞不遠凱陣可有之旨相
賀了又於長州悔悟伏罪降歸ル臨機應變寛大之處置可有之旨前亞相示合
了
出御于小御所兩武士　御對面賜天盃於　御前兩人賜御劒卷鞘又於便所尾
州賜寮御馬了　入御之後殿下以下國事掛之人々有面會云々　酉半
刻退出　尾州前亞相越前羽林等來謝　御對面以下之事　佐竹山城

暑中訪問狀來　中川宮使來風聽自今被稱賀陽宮之旨

○十三日辛巳晴天氣如春景

卯半刻著雁衣奴袴參詣于般舟院（網代輿近習二人青侍三人自余如常）前新朔平門院御正當ニ付御法會有之例年定事也入休所休息奉行職事勝長朝臣執奏通房等具之旨被來屆執次鳥山三河介御內儀事全備何時被始候而も宜由申之御燒香如例又備進葩二十片（名札三條前大納言）此間武傳野宮中納言參會先是僧侶裝束之事奉行被尋之間下知了僧侶一人臨期不參之旨執奏ゟ武傳ヘ被屆小時具之旨奉行被示之以執次御內儀打合之後可被始　勅會之趣指揮于奉行了被始之間予武傳等詣候西方（東面北上）其末奉行執奏等侍座僧俗參進御法會如例良久之間了起座調便事復座事了緇素起座（先僧侶退出先下﨟次著座公卿退出先下﨟）所役殿上人奉行等退入之後予以下退入一同退出奉行ヘ下知無異之旨執奏被申之此後退出還寓巳刻前也　無異言上奉行執奏ゟ言上依當役不及其儀

右馬寮來願申　春日祭代勤之事即願事奉行藏人少輔許ヘ令差出了落手

之趣使者報申之

○十四日壬申晴長閑似春天

無事休息文書類終日取調

○十五日癸未陰雨辰半頃晴巳時後再降雨

午斜參番國事御評議集會如例　御前評有之殿下尹宮久世前相公等別段言談有之　今夜如例宿直　尹宮稱號被改之事以使賀之了

○十六日甲申天晴

早旦退出　戸田和州文通　秋元但馬守書狀來暑中訪問白銀一枚來且四品推敍之旨有風聽

○十七日乙酉晴

午刻參　內今日肥前前中將參　內也出會如例昨秋被召之處不應召此頃快復ニ付上京也　御對面賜天盃時勢之儀ニ付有被　仰聞之旨然而本人達而願申之間願之通直ニ今日歸國御暇被下了　親王御肝煎被仰下之

旨殿下被傳宣依被達之旨當番柳原中納言被示之予近頃多病去頃辭役之
處被召留其後世上形勢不容易可辭申之期無之故到今日在役此上迚も重
々御用難相勤之間被免候樣固辭之處是非御請可申趣再殿下命同卿被傳
之依予直ニ殿下ニ辭遜之趣意申入之處　叡慮已被決何とにも可被　仰
付之間先今一應可致熟考於博陸も尙可有再考旨段々被示之依先今日之
處可致再按旨謹答申了　酉時過退私　飛鳥井中將來謝詠歌染筆之
事　春日祭右馬寮代勤被聞食之旨奉行藏人少輔招僕於非藏人口示之
卽加下知了　今朝久世前宰相來談　肥前前中將來畏申今日參内
御對面　天盃頂戴之事　越前少將使來云毛利大膳追討中國下向明日
下阪云々　妙法院實相院等兩門跡曇華院等ニ申達（御世話代也）
不日長征發向ニ付而ハ九門内外ハ不及申七口幷市中一般嚴重之見廻
リ夫々警衛之儀被　仰出候事
尤浮說流言等必拘泥致間敷此等之趣早々御固之面々へも布告之事

○十八日丙戌快霽

午斜參　內國事御評議也　殿下參會拜謁猶又昨日被仰下　親王御肝煎之事再三思惟之處多端之時節嚴重御役勤仕非分之儀此上御肝煎御用加重實ニ恐怖之旨委曲申入尙一應可被奏達之旨被命之後時更被示云叡旨御決定是非共被　仰下之間可申領承云々左候ハヽ可爲御滿足旨被示諭於今ハ無辭退之趣依御請申上了　御禮言上等之儀無之先例不分明猶可調於今度ハ御禮不申上也　御前評了酉刻過退出參于　親王御直廬准后御同居也以表使御肝煎被　仰下之事申入伺　御機嫌御乳人出會有其報別段何歟相互可被添心旨示合了又准后同上申入上﨟於八百面會彼里元高松家之事少々言談了酉半刻退出　飛鳥井羽林ゟ菓子一折來染筆禮也

○十九日丁亥晴天象似昨日

光格天皇廿五回聖忌昨今於兩寺有　勅會依伺　御機嫌兩役組合獻菓子

六條黄門催之伺　御機嫌參上之儀去安政三年十七回御忌之時無之依今度不及參上　未時過著狩衣參近衛第内府忠房被出會國事時勢之儀種々談論此後近々大納言一闕可有之予還任之事博陸ゟ内々被談申若於不成就ハ本座之事可申立等之事内々被示之予謝申候但雖還任拜賀以下上役從事之事類燒召具幷文書類一物も不存所詮不能勤仕且過當非分歟非無溢滿之恐旁以本座之方ニ而も可被含置旨所存委曲申入置了此等之言談移時日沒之頃還宿所

○二十日戊子快霽夕陰雨下

前左金吾重德來談　午斜參　内當直也　殿下尹宮等參上兩公面談有之　今夜如例宿侍　昨日亥日之處御年回ニ付御玄猪申出被延引今日可被出也兼日有議定依今朝申出午後賜之如例

○廿一日己丑晴曇

早旦退出　御廐詰使番上田右兵衛尉來面談御馬之儀　戸田大和守

有書談之事

○廿二日庚寅晴午刻雷鳴暴雨烈風午後快晴

上田右兵衛尉來談又修理職中川宮內來有伺申之儀　壬生新藏人進觴

一折今日侍中拜賀ニ付所進云々　今城宰相中將來談　申半斜之程

頭權辨勝長朝臣送消息云

追言上多年勤勞之賞推任之事。

還任權大納言。宣下候珍重存候依可令存知給候也早々申入候也誠恐謹言

十月廿二日　勝長

〆　三條大納言殿　勝長

謹畏奉之卽著衣冠奴袴御禮廻勤用順路先詣關白殿（取次申置）次向轉法輪吹聽（近例祖父公以來如此依所向也）次向鷹司（前關白大納言等同樣申置）九條（以上取次）次參內（以表使申入有其報）次向一條（取次申置）次參　准后　親王幷准后等申入（執次申置以表使可申入之處心急如此）次參近衞殿（諸大夫申置前關白殿別莊今）

夜不行向之間申入旨申置了宜次向甘露寺取次申置宣職事也傳以上　御所々々　勅問衆等也此外當
役各可廻勤之處相互入魂仍略而不行向於轉法輪又別儀也戌刻前還寓居
抑權大納言還任於家　公治卿之外不存其例今度叶冥加非分過料之至也
況多年勤勞之旨被仰下過當之至尤恐惶之外無他　朝恩之重又神佛加護
之澤併畏申了如例一門親族等吹聽了　上下如方祝酒有之　勅問
宣下人々各來畏申

○廿三日辛卯晴

遣請文於頭權辨勝長朝臣許

追申多年勤勞之賞。推任之事令畏存知候也

還任權大納言。宣下之旨謹畏奉候也。謹言

十月廿二日　　實愛

此次贈交肴鯛赤貝等一臺謝傳宣之事了　午刻著衣冠向近衛殿昨日還任以
前より段々厚配之事厚畏申以一封申置且類燒後度々懇情賜物御禮申述之進

子籠鮭二尺次向尹宮類燒後賜物御禮進同三尺且昨日還任風聽申置次詣
于前關白別莊同上風聽申入畏申且類燒後度々恩惠御禮進同二尺次參
內國事御評議也如例夕事了退出　所々ゟ歡使來

○廿四日壬辰晴入夜雨下
園池少將來賀還任自余所々歡使或參賀地下等有之

○廿五日癸巳晴寒氣大加
戶田和州來賀還任此次言談彼本藩混亂之事　午半斜參番今夜宿直如
例

○廿六日甲午晴寒嵐頻吹
早朝退出　戶田大和守來談　戶田釆女正以使賀還任白銀十枚到來
此次彼使者有面會言談之義

○廿七日乙未晴雲東南步寒景漸深加
午刻過參　內國事御評定日也殿下別段言談之事等有之　御前評畢入夜

退出　今日今城宰相中將拜賀可行賀之處參　內不能其儀遣使令述賀詞贈太刀馬於父子別段贈肴一折夫々後刻有答禮

○廿八日丙申晴天象類于昨日

今日法中參　內可出仕之處所勞不參相役觸遣如例　尹宮より被贈肴一折三種被賀還任件肴家僕等ぃ分遣之　議奏役料半年分五十石今日於二條藏受取之家僕等商量也　中川修理大夫使來類燒見舞白銀五枚到來　讃州法華寺使僧來類燒ニ付白銀七枚昆布還任ニ付同貳枚昆布等進上之使僧ぃ遣染筆物二枚盃扇等　花園大夫來

○廿九日丁酉晴風靜雲脚遲々

戸田越前守同大和守同和三郎等過日還任歡音物答禮太刀馬代肴料等各白銀一枚ッ、贈遣之了　中川匠作邸ぃ遣使過日音物挨拶令述之且還任風聽申遣了　戸田和三郎來賀還任之事

●十一月大

○一日戊戌快晴
當日如例月祝着々々　巳半刻著衣冠差貫參　内當賀之儀總而如每朔今
日當番也　夕頭辨豐州朝臣來内談云今夜御禊奉行頭權辨勝長朝臣頓
ニ所勞專加保養後刻必可得減快暫之處宜相含此段已ゟ屆申云々然而件
豐房朝臣甚沈醉之體難辨論之旨招藏人辨俊政内問之處其實ハ今曉忌火
御飯了退出掛相職一同向豐房朝臣第酒宴甚及沉湎過時雖參　内於勝長
朝臣ゝ於便所醉倒令加保養甚恐懼之旨被謝之今日之處予可相含旨示之
此間及秉燭入夜　出御之間商量總而豐房朝臣奉仕之　出御了甚以不可
說不恐　朝憲輕御用忘其職不足論然而今日之處予强而於相咎ゝ御用御
差支相成之間予含之了　今曉忌火御飯又如例云々　今夜宿直
明後三日松平陸奥守獻馬ニ付左右馬寮下知之儀武傳ゟ示之如例下知了
右寮代勤願申武傳ヘ差出如例　次郎丸來逗留　今般長州征伐ニ付
薩州勢自彼國許出陣之處同藩在京之輩千人計爲應援下向于中國依之爲

御暇於南門前拜禮致下向致旨兼ゟ申立之被許容今朝乾門ゟ入於南門前一拜堺町門ゟ出京各軍裝云々

○二日己亥快霽

早旦退出　午半參　內御評定日也　昨夜御禊奉行沉酗之一件相役示合殿下ニ申入予相合之條ハ昨夜之處便宜之間不可爲失錯奉行之處可被糺歟被示之奸曲等之儀ニ無之間可被用寛典旨申入置了今日格別御用無之無　御前入夜退出　於　宮中內府忠房公面談國事此便還任拜賀被免先例申入之類燒後事々不具實ニ不能催拜賀之間日來內府內々被示合之旨有之依所申入也　明日仙臺中將獻馬右馬寮代初願濟自武傳示之卽加下知了　三條西少將花園大夫等來賀還任

○三日庚子快晴

午刻參　內今日仙臺中將ゟ進獻龍蹄三疋各置和鞍大於小御所前庭覽之左右馬寮牽廻三匝之後被預于武家　右衞門督胤保示云昨夜彼卿召　御前

被仰下云一昨日兩頭沉醉之一條予取計甚穩便ニ被思食尤不及心配決而
進退伺等無之條勿論此旨可申渡於頭辨ヌ急度可被誡仰於頭權辨ヌ三ヶ
日も差扣可被仰付之處御用前差支ニも相成之間昨夜退出直ニ進退伺御
宥免被仰下後來被加炳誡相濟了此趣可示傳殿下被命之旨被示之恐惶敬
承了　還任拜賀之事可相催之處類燒後且國事御用多端ニ付被　免於
著陣ヌ可有之被仰出之趣同右衞門督被談之　後時今日當番柳原中納
言同上之趣更而被申渡之畏拜承了以表使畏申入了退出之次參向　親王
准后以上表使殿下諸大夫近衞殿同上以前方段々厚配之事畏申了柳原當番等御禮申置了申半時還宿所
抑拜賀御免之儀自由之至難有其恐葉室頼孝卿貞享四年三月十五日被免
拜賀之例有之此度類火事々物々不具之儀內々愁訴之處被垂御憐愍畏存
尤所安心也　今日獻馬ニ付左右馬寮出仕御褒美兩人ハ金三百疋賜之
於　內武傳被相渡依令達之了　次郎丸還向于松崎邑　戸田和州文
通

○四日辛丑快晴

著狩衣向轉法輪風聽被免拜賀之事侍從公恭朝臣女房等出會昨年以來之事言談移時次向柳原家黄門光愛桂峰院方等面會被勸一獻入夜還寓

他出中柳原黄門來賀還任幷被免拜賀等之事

○五日壬寅晴陰不定夕霽

戸田和州來談　北祭舞人侍從盛房御馬拜借ニ付可取計旨武傳幷祭奉行頭權辨等ゟ申來卽下知了　右衞門督胤保今日申權中納言慶遣使賀之

○六日癸卯雨下巳刻晴其後再雨

午刻參番　今日國事御評議也　御厩御用掛取次渡邊相模守御馬御用ニ付下知之義有之　內府忠房公內談數ヶ條　今夜宿直如例

○七日甲辰晴陰交

巳半刻退出　北野臨時祭使幷舞人等御馬拜借ニ付一會傳奉右衞門督

胤保豐房朝臣等有往復　重德通善等卿來重德卿被賀還任通善卿被謝
染筆物之事　頭權辨勝長朝臣送廻文云
追申刻限未刻無遲々可令參給候也
豐明節會御參之事。可奉存候外記散狀。遲々間先內々申入候。也
十一月七日　勝長
三條大納言殿　帥大納言殿　九條大納言殿　六條中納言殿　冷泉中
納言殿　町尻宰相殿　右大辨宰相殿　新宰相中將殿　左兵衞督殿
右京大夫殿
加奉返却了　今日卜定之儀有之云々爲新嘗也
○八日乙巳晴
前左衞門督重德來談勸一酌　殿下賜狀被賀還任綾一反肴一折等被贈
下進返書畏申了
○九日丙午霽寒光追々加

北野臨時祭件舞人等明日社頭內見之便御馬乘試之事願申仍御厩ニ令下知了　當秋長人暴擧後爲守衛松平丹波守家臣壯士五人被借登在京平常從駕之處追々世上靜謐ニ付今度給暇令歸國明朝可發足也依之今夕儲一酌遣盃又賜紋服料金三百疋宛

○十日丁未天晴長閑

前左金吾重德來談又戸田和州來話國事時勢之事　午刻過參　內御評定日也　飛鳥井黃門談合云息中將今度新嘗祭卜食之處上達部將無之可役劍璽然而執方未傳授也一門中山家說可用之處當秋以來彼家籠居之間不能受傳依中院家說可相用歟但於中山可無異議歟心配之旨被談之近代彼兩家說每人受之然而古代之義唯受存故實人之說强テ不可限一族之說歟予一門之內姉小路一家用中山說自余皆爲中院說元來中院家所傳ハ逍遙院實隆傳也然ハ於一門ハ以中院傳可確執歟然而猶爲兩樣今度被用中院傳有何事哉況當時中山籠居中不得止事候事也然ハ何斟酌可有之哉

之旨予答示彼卿安心決定之旨被謝之　夕如例召　御前御評定有之事
訖酉半刻過退出　自今晩入神事明日春日祭之故一同沐浴改火張四目
於門居間等如例

○十一日戊申雨澤和暖

卯半刻沐浴著衣冠奴袴具笏參拜　吉田社先奉拜大宮次若宮等今日南都
大宮祭祀ニ付參拜祝著之旨且去月還任權大納言之事畏申被免拜賀等之
儀告申又奉謝尙籠祈誓了下向辰斜還宿所　午半刻參　內當直也
書通常陸宮賜菓子　於省中戶田和州面談　今夜宿直

○十二日己酉晴雲南行西北風寒

早旦退出　今朝解齋　北野臨時祭御再興ニ付左右馬寮御用願申之
處今度寮御用無之間今日令申渡了　未時著衣冠向近衞殿今日豐明宴
習禮也如方有之如例人々失錯甚絕倒大笑此次內府面談時勢之儀數ヶ條
不能枚擧入夜早出還寓居

〇十三日庚戌晴
大原前左衛門督來又戸田和州來會安達同上有談合　左右馬寮來屆
春日祭無異相濟之旨　來十五日次郎丸髮罝保姫鐵漿始等內祝可相催
ニ付戸田和州ゟ次郎丸江帶幷肴料保姫江反物肴料等到來同上ニ付今城
前中納言ゟ貳百疋來
〇十四日辛亥快晴
卯半時沐浴著位袍差貫參　內　北野臨時祭御再興今日被行之先以表使
賀申之巳刻許御禊　出御御服以下如例先是於內々方　覽同時勘文御服
了御手水之後　出御先是殿下被廻候於弘庇方乃　出御供御贖物次進大
麻次宮主著庭中座次使參進次宮主奉仕祓次撤御贖物次使就案下捧御幣
次　御拜（令向乾給）了　入御宣命奏聞於朝餉　御覽了　入御此後　御覽所御
塞撿知了退出不及列見　使修長朝臣（高辻少納言）舞人地下樂人也傳奏別當
胤保奉行豐房朝臣陪從等別ニ參向云々　退出之次參賀　親王准后等

御再興恐悅也午刻還寓　於内藏人辨俊政面會來十九日著陣ニ付參陣

以下相賴之條々注一紙授置之彼辨領狀也一紙左如

奉書八ツ折上包アリ片吉書之時ヶ條如此藏人方吉書計チ片吉書ト云ナリ

吉書奏下之事

直辨之事

御門門之事

此事於本儀者以消息可觸遣之處近代略義人々多如此

此次談云予移著于端坐之後可被下吉書刻限可爲未刻申入之彼辨承諾以

上行向于彼里亭可賴申之處御用繁必不可有來臨旨彼辨辭也然ニ乍略義

不行向旨謝置之了又於吉書ニ可爲藏人方而已之旨談置之　次郎丸來

逗留　今日於　宮中前左衞門督面會談國事數ヶ條不遑記錄之　安

達清一郎因州藩士原市之進水戸藩士等來面談水戸藩混亂之儀內談之趣有之

觀智院僧正東寺住侶以使贈芹菜被訪安否此人近來識人也芳志大慶自是猶亦

可報答旨相訪畢

○十五日壬子天晴

次郎丸髪置內祝今日吉日良辰巳時令參詣于御靈八所明神社下宮也任例奉納末廣一本幷金百疋等　御供米御守等申出有神樂下向之次向于戸田和州邸扇子一箱錫二連等令隨身贈之於彼方手遊菓子等被儲之又隨從之男女愚妾以下到末々有引出物金錢此後歸渡目出遂此節祝著之至也又此次保姬鐵漿始祝儀催之賀此兩事所々ゟ贈物有之　安立（達）清一郎來談之儀有之　未刻前參　內召　御前御評定之條々有之殿下武傳大理等別段談合之儀有之入夜退出　今夕祝酒儲之戸田和州相招之處有用事無來臨息和三郎入來此他地下女性兩三人來酌祝酒勸酬盡醉相賀壽千秋萬歲祝賀之祝著欣悅々々　戸田釆女正ゟ太刀馬代白銀十兩等到來予還任之歡也今朝曇華院室家司結城筑後守來類燒ニ付拜領金之事願申旨有之今日武傳談置了　今夜轉法輪諸大夫丹羽豐前守來內談之儀有之不遑記之

○十六日癸丑晴寒氣大加

中院中納言來談　午斜詣于博陸第卽博陸被謁見國事數个條談申多端

不能筆記又於此亭安立清(達)一郎會合面談申刻還寓　更以狀殿下ゝ有申入之旨　次郎丸還向于松崎邑　前左衛門督重德文通有國事示合之儀

○十七日甲寅快晴午後晴陰交

午半刻參　内新嘗祭御内見也殿下被參會申承之條々多有之又相役武傳等評定之上殿下ゝ申入條々有之皆時勢之事也　申刻許歟御内見先出御於御學問所之後中殿南殿神殿等御内見殿下令隨從給所々被仰合又相役等伺申之旨等有之後　還御于御學問所此後一同退入更女房供奉御内見有之如例入夜退出　來十九日豐明節會參仕之便可遂還任後之著陣也仍今日下知于兩局如左

次奉書八ツ折ニ如圖

明後日十九日可遂。著陣任例可被下。知之狀如件

十一月十七日　　權大納言實愛

上包上下チヒ子ル

四位大外記殿

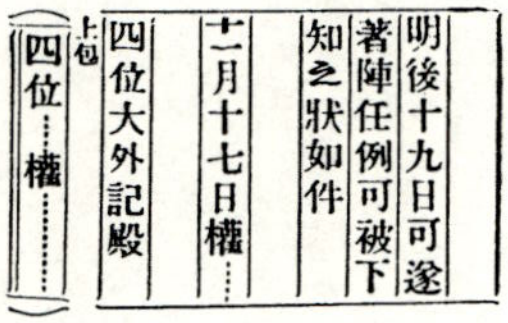

禮紙
追仰刻……

懸紙云
　追仰刻限未刻也
　四位大外記殿　　権大納言實愛

四位史官務也下知至大外記同文也無異事名宛四位史殿ト書若外記史共為五位ハ大夫史大外記抔可書也先年予中納言拝賀之時大外記殿大夫史殿と書遣了是嘉元御例也　兩局共報云領狀請文後日可進云々　附武士松平若狭守ハ御門開警固等之事申遣月番之方ハ遣也家僕之沙汰也

明後十九日未刻著陣被相催候依之建春御門以下御門々々開警固之事宜御頼被申入候事
　十一月十七日
　　正親町三條大納言殿　使　某

承諾之旨申之
著陣ニ付觸催之所々如此職事兩局附武士等之他無之　自今晩入神叓如例是明日新嘗祭之故兩役皆如此神殿其外祭事之儀所預有之故也

○十八日乙卯晴暖氣甚時々陰小雨

安達清一郎來談　高松三位文通明日見訪之事相賴領掌也　今夜新嘗祭中和院　行幸可有之云々仍申斜沐浴了著位袍差貫青純藤圓白單具帖檜扇等參內　殿下武傳等國事言談數ヶ條有之又戸田和州參會同上面談有之　酉半許　出御先是日沒前召仰陣了之後供小忌御燈等如例此間當役并武傳等纒日蔭蔓於冠巾子著小忌龍前後用紐如例先候于馬形障子邊殿下召御服召示給予以下參進御服著御予候左御袖御服了予供御檜扇置御前御茵上御帖奉納于御懷中以折目方爲御右等退下殿下伺　天氣御出之旨示給之間各退下候南廊切　出御內侍二人執劍璽候御前後次將等候扶持脂燭等如例經長橋　渡御于南殿予以下奉從御後令入于母屋御之間兩役出東戸候南簀子巽邊角此間　立御於御帳前掌侍候御左右關白被候御裾中殿出御之時より關白被候裾如例御　中務撤尋常版位次將等舁寄御輿於南階上主殿頭撤御座杷左中將雅望朝臣役劍次　乘御今夜依雨被用葱華輦次雅望朝臣役璽先是　乘御以前公賀朝臣雅望朝臣等打返覆雨皮總而不取案內專令案之進退也舁上御輿之間

今夜御湯殿燒火幌ニ燼付燒上ル予馳入テ幌チ引チロシ打滅了

予以下降東階（此所設傘沓等）經階下候于橋樹西頭御輿舁下於南階前副長柄（初昇上之）
（時於此所撤副柄此間安御輿於昊床上葱花之時有副長柄例也）訖先陣進行御輿御後御右方ニ奉供經月華門中
和門代等令入中和院給此間潜幔下供奉如例經西幔外入神殿前庭此間舁
居御輿於神殿階下雅望朝臣役劍璽印　下御令入神殿給之間舁西階候南
庇次脱御御束帶依殿下示參進御服ヲ帖ミ了退次御湯殿依殿下示下知于
職事等乃有御湯殿儀此間供神座上卿以下供之次内侍供寢具此間遲々良
久次殿下被示著御々齋服之旨御服奉仕當役等參進著御了各退高倉侍從
一人殘留供御幘（殿下猶被候于隔殿）次御服了還御于隔殿次御手水依殿下指揮示于
職事此間催神膳行立采女時申（御手水役人等退出之間職事ニ示之然而今夜寢具未供了之間暫猶預供了ヲ見テ示于職事了）次中
戸外　立御（南面立給）令予幌間ゟ伺見之警蹕ヲ職事ニ示ス警蹕如例此間予密
々休息（降西階諸大夫間ゟ昇歸役所休息）次第事了白地　入御此間一統休息如例近習當番乘
詰候車寄廊下曉之儀具之旨言上之後小時　出御云々依各參于神殿先御
湯殿了著御々齋服次御手水次時申警蹕等之儀如霄儀曉神饌（此間又カハル休息如先）

訖　還御于隔殿次脱御々齋服帖之次著御帛御服予候左御袖著御了御帖（御懷中ニ奉納御折目爲御右）御檜扇等奉供之　還幸事具之旨職事申之予申于殿下卽　還幸各降西階候神殿前劍璽所役　乘御等如先供奉於南殿階前撤副長柄之間昇東階候簀子奉昇上于簀子劍璽如先卽　下御立于御帳前撤御輿問名謁之間各候于後卽　入御了無異恐悦々々丑半刻退出解齋

○十九日丙辰雨下暖氣如昨日夕遠雷兩三聲入夜猶雨降

京極壹岐守來爲朝覲上京之旨來届　松平余四郎（餘四麿）丸使來侍從從五位下推任敍御禮也　今日豐明節會也予賜御點又此次還任後著陣可相逐兼而用意之吉是可令勘進之處節會參仕未刻之間別ニ不及令勘進可爲未剋之旨催置之然而遲々申剋過著束帶　冠（垂纓懸紙捻）縫腋袍　下襲（浮線綾ヲメリ可引之處未調仍猶チメリ有不可然）裾（同上一丈ゝ尺）表袴（固文藤圓ヲメリ有不可然）紅擣衵（小葵文）紅草（繁菱）赤大口　有文巡方帶金魚袋　餝太刀　紺地平緒（繡枝纓）笏　帖（白紙）檀檜扇　襪（練）貫（淺沓）　參内（歩儀也）前駈一人（左兵衛大尉源義鑫卷纓緌闕腋帶劍外衛節會日如此傳法輪侍也家諸大夫服中故語合之）小雜色六人（細立二藍上下紅單）白

四人著廂上下隨從是平日爲警衞所令從也一昨年來世上不穩ニ付兩役之輩警衞被仰付如此

丁等持靴沓傘等相從又家司等著直垂一兩人等隨從令撿知雜事入建春門
此間高松三位參會被見訪參陣藏人俊政ゟ令觸知又諸司等具否令問之各
具云々卽入和德門止僮僕 此間於陣後陣官來問吉時以下次第等粗示合之了
又著陣了經御後參于內々方之間不出敷政門政官等心得可示置旨同示之
了小時藏人辨俊政自御後來會次第示合之後予入左靑瑣門下裾壇上進立于
宣仁門外壇上西面召官人正笏二音々々來予仰云時問へ官人入宣仁門直歸出申吉
時之由予聞之入宣仁門副南到奧座末一揖西面懸膝居昇西行左足踏帖右足踏板敷到大納
言座上頭戶間方也上著座南面揖直左足帖平緖端座見上方思吉事須臾拔足左揖
起座東行懸膝降長押著沓官人備之右廻立向長押揖西面左廻先是立向之間官人引下裾南行西
折經橋上西行柱內官人來從直裾到端座大納言座上頭北向揖懸膝居昇著座
當戶間上頭薄帖上北面揖直右足居向東面以右手緣寄裾末一尺許在地上以扇直沓先右次左八字以扇本方直之此間
笏在左手次召官人正笏其詞クハンニン〳〵二音召之官人來先於橋邊取氣進之後來於座下平伏予
仰云軾置ケ只軾ト仰スル如キ也官人持參敷之退入次藏人辨俊政在床子座敷來着軾下吉

續愚林記（元治元年十一月）

書（内藏寮請奏）予置笏（左方）取文（右手）置前（竪置）ニ刷袖（先左次右）披懸紙左方以笏有押之右方
膝下ニ敷入以兩手取文當左脇披之高差上之（文首當冠額程）引下當目程見之押合
（以右手押上）藏人仰々詞（由歟得聞）不予拔足伏文於右膝上微唯（由也）了直足藏人欲退之
間予召留之（其詞シハラク）藏人留候予建文（當脇卷之）加懸紙以右手逆手取之乍附附板
敷下之（以文下爲藏人方下之）藏人取之結申（讀之也）了予仰々詞（由也）藏人微唯持文退入到柱
外之間予取笏（嘉元御例也）次召官人々々來予仰云軾撤セシメヨ（唯軾卜如仰也）官人直
持退之次予以笏押落裾居向北面拔足揖右廻著沓（官人備之）左廻北面揖（此間官人引下
裾）右廻東行北折（本路也官人從來直裾）出宣仁門左青瑣門等取裾經御後（著沓タルマヽ也萬人通行皆如此）
出明義門入無名門（小庭雨濕故經南簷下）出神仙門此間前駈以下僮僕經廻廊來會予到
殿上東一間沓脫下揖（地上北面）昇沓脫脫沓（後參之人有之歟於地上可脫沓）前駈取沓退予懸膝昇
長押（大納言東一間定事也）緣裾殿上西行北折（曲折緣裾）出下戸取裾直參內々方節會出仕之
故也卽向藏人所報參仕之由於奉行勝長朝臣了著陣否被尋問答可著之由
於役所休息內府忠房公被參上之間謁申今夜陣以後可早出之事且今日還

任後之著陣相遂訖經御後參內々方之間下殿著陣可經本路所存也先例未存之然而於理著陣了自敷政門退出再自德化門著陣之條如何雖今案如所存可進退歟之旨談申尤可然之旨被示之又於陣被仰外辨ト雖其儘早出流例也今夜其分所存之趣申入之尤可爲如所存由被答此後少々時勢之儀談申之節會酉刻過被始陣儀節會直臨期無出御之旨被仰出當番奉行以下ヒ被示之奉行又告示之內府被下殿之後予經本路向陣後其儀入殿上下戶降東一間沓脫懸膝如昇時於昇脫上著沓前駈供之降地上左廻立向北面揖經本路御後也向陣後小時內府飛鳥井中納言雅典定國朝臣等著陣之人々來會卽內府被著陣奧座予可禮于內府之間被移于端座之後可著也依先飛鳥井中納言定國朝臣等著陣雅典卿可著陣之時內府ニ可請益歟被尋可有請益旨相答了次奉行職事勝長朝臣出陣仰內辨于內府了退入內府被移於端座座定之後予立于宣仁門外壇上西面兼而於此邊伺見之向內府請益內府自許予受之出同門著座如先戶間頭也上次內辨令官人敷軾次召外記問諸司具否又召外記任奏令勝長朝臣奏之奏了被返下召外記返賜之外記退入

次內辨居向北方向予被仰外辨予拔左足承之（深屈承之）揖起座東行著沓立向揖
出宣仁門以上作法總而如先卽出左靑瑣門和德門等前驅以下僮僕來迎高
松三位每事被加扶持相謝之出東土戸建春門等（御門內前驅雜兵等取松明御門外雜兵而已令取之）退出
還寓于時戌斜也無一事ミ違失遂兩度著陣祝著自愛ミ至也近年國事御用
多忙如公事作法一切怠棄況文書一册も不存之事々暗々無加穿鑿ミ暇然
而無異遂之安悅々々　著陣ニ付上下祝酒有之　前驅村上左兵衛大
尉前驅ニ付百疋衣紋同上祝酒料同上以上三百疋賜之

○二十日丁巳晴陰不定
遣使於藏人辨俊政許贈金貳百疋昨日參陣其外御門開以下相願挨拶也後
刻予行向同上謝之以前不行向ミ條懈怠同謝置之了還宿　遣肴料金百
疋於高松三位昨日見廻勞謝遣之彼家來ニ聊遣物有之尤有差　松平余（餘）
八郎（八麿）丸使原市之進來昨日官位推任敍ミ事予厚配ミ段謝之　申斜可參
內旨相役示之卽參　內ミ處殿下尹宮參上右兩公予大理久世前相公等召

御前　北祭御延行之事有議定之後黄昏退出　文通源中納言重胤昨夜

臨期於　宮中衣紋相頼ニ付遣肴料金百疋

○廿一日戊午晴陰

午半參番　親王御乳人出逢來廿四日　親王御茶口切ニ付辰半頃迄ニ

可有献上且於今年も殿下以下不被召云々三卿献奉行等ゟ示達了　於

宮中前左衞門督戸田和州等面談世事　大和國手掻包利刀銘金今度買得

之非藏人橋本安藝周旋之依今日代金四十三圓幷肴代金千疋先方ヘ可達

旨橋本方ヘ遣之且橋本ゟ金千疋賜之　曼珠院門室使來　北野臨時祭

被行ニ付爲挨拶金三百疋家僕ゟ貳百疋等到來　今夜宿侍

○廿二日己未晴

早朝退私休息　昨日内相府以狀被示合世事此次賜鮒鮓今日以返書謝

申之有報申之旨　毛利伊勢守來上京届云々　遣使於竹門里坊昨日

到來物謝申之

○廿三日康申晴飛雪紛々

午半刻參　内國事御評議也御前評色々有之別段殿下謁見内々申承趣多端有之戌刻前退出還宿所　安達清一郎進魚鳥　戸田和三郎入來云々

安達清一郎ゟ賜臂袋一口（和錦チ以テ製之）盃二口扇二本等

○廿四日辛酉陰巳時以後晴

以狀前關白ゟ進鴨一双以返書被謝之菓子一折を被下　眉延姫參詣聖廟　京極壹岐守毛利伊勢守等來明日參　内被　仰御請御禮云々

前左衞門督安達清一郎等來談世事　戸田和州書談有之

○廿五日壬戌晴薄雪寒光深加

今日武家參　内可出仕之處今朝頓ニ頭痛發熱相發不例之間不參相役示遣之卽平臥加養　京極壹岐守毛利伊勢守等來參　内　御對面天盃御禮云々兩士ゟ太刀馬代銀二枚ツヽ到來　贈太刀馬代銀壹枚等於戸田釆女正還任歡音物答禮也又同家家頼高岡三郎兵衞細井準介等ゟ遣紋服

當家勝手向之儀ニ付取計之儀も依有之所賜也
○廿六日癸亥雨下
午半刻參　內當直也　國事御評議有之如例召　御前衆議有之別段殿
下尹宮等言談之義有之此內於博陸ゟ二女御奉公可被召出哉之事ニ付精
々遜辭之義申入之又類燒家々造作手當金一同平等可被下歟ニ付家々勝
劣尊卑ニ付可有等差所存申入了　御厩御用懸取次東辻下野守御馬之
事ニ付有言談之旨
○廿七日甲子晴雲南行
早旦退出　前左衛門督重徳安立（達）清一郎等來談國事多端移數刻　今
城前黄門來面談之義有之
○廿八日乙丑晴天氣粗似于昨日
重徳卿以狀被談世事　室章子參於桂御所爲面談孝順院也夕歸來
今日予聊不快平臥加養

○廿九日丙寅晴雲南行風寒
今日加茂臨時祭也可出仕之處昨日來違例依不參之儀相役六條中納言に觸遣了　常陸宮以狀被談時勢之儀賜鴨一双以答書右申入之旨又謝賜物了　内相府以狀常野浮浪木曾路登來ニ付御處置方之事色々被示之此間戸田和州安達清一郎來談同上之儀種々示合旨有之入夜前左衛門督來談殿下ゟ賜狀皆同事也今日此儀ニ付論議以夜續晝東西騷然人氣不穩不容易時勢也　今日北祭使右少將公香朝臣舞人以下失念國事多端恒例公事等之義不遑尋注
○三十日丁卯霽
常陸宮文通　安立（達）清一郎來談再度昨日之一件也不遑記錄之　午斜參　内國事御評議也殿下尹宮常陸宮内府等一昨日來之儀言談　御前評如例常野浪徒押登ニ付爲追討一橋中納言江州路迄下向懇願之處人心搖動不可然旨御評決ニ付其旨被　仰下之處猶歎訴依召同人殿下以下被

説得之處申苦情不承引又常陸宮以下更面談利害得失議論相盡然而猶段々歎願依再三於　御前群議之上依請可被下旨被決了丑半刻退出疲勞維甚直就寢

●十二月小

○一日戊辰雨下

今日當番之處賴托于治部卿彼卿領狀參番也依其旨相役に示遣又當賀可參仕之處所勞不參之事同觸遣之了　芬左衛門督戸田和州安達清一郎等來談　一橋中納言使來常野脱走浮浪　帝都迫近ニ付出馬依請被仰出御禮云々　次郎丸近日敍爵可令申上ニ付名字勘撰之儀桑原新三位爲政に可相賴ニ付可行向之處今日聊不快不得其儀之間爲名代可被行向旨園池少將に賴遣領狀也後刻行向被相賴之處承諾之趣以狀被示之

○二日己巳晴

前左金吾戸田和州等來談　午半參　內少々御用儀有之於　宮中桑原

於　宮中頭權辨送
消息云
追言上可爲入道二
品公現親王一品消
息°宣下剋限巳刻
可令下知給也
來°五日可有宣下
事°可令奉行給之
旨被°仰下候°依先
內々申入候也°誠
恐謹言
十二月二日　勝長

新三位面談次郎丸名字勘出之事五號許被爲見之粗治定之旨示談又彼卿內々被賴托之事有之　又頭權辨面會明後官位　勅問之節小折紙叙爵披露之儀豫賴置之承諾也　未刻退出詣于前殿下忠熙公殿下被面會次郎丸叙爵申上之儀并名字之事等伺申叙爵珍重之旨被命之名字粗公勝可定歟內存但今一應改而可申上由等申入可然旨被命此次時勢之儀種々內々被示之旨又申入之趣等多端不遑枚擧移漏退向轉法輪家以諸大夫丹羽叙爵之事風聽名字之儀同申談之夕還寓居留守中桑原新三位ゟ名字撰出被注之此中公勝治定仍可被清書旨賴遣了

切韻之事

公身幾武乃布切巾

正韻曰身外切釋名曰伸也

列子曰公天下之身公天下之物其唯至人矣

公職幾武津禰切極

三條大納言殿
領状請文後日可遣
旨答置之

韻會曰職之弋切爾雅釋詁曰常也

荀子曰公平者公職之衡也

公勝幾武多布切兢

唐韻曰勝識蒸切正韻曰堪也

荀子曰君子之能以公義勝私欲也

公善幾武也須切撻

正韻曰善上演切廣韻曰良也春秋左氏傳正義曰良能也

荀子曰公察善思

公理幾武安也切几

正韻曰理良以切玉篇曰文也

貞觀政要曰當須至公理天下以得萬姓之懽心

○三日庚午霽天氣長閑

園池少將來談　　進狀於前殿下昨日申入名字愈公勝治定之儀申入之

今日頭權辨へ所附小折紙寫于明日之條

午剋向近衞殿次郎丸叙爵之事申入豫過日於内申入之被承知也申入之名字治定之分申入之小折紙入覽之無別段珍重之旨被報之次向頭權辨家小折紙披露之事相賴領狀也此次輪門新宮一品　宣下之事少々示合之當日彼朝臣ゟ口宣被下候ハヽ直ニ大内記ゟ可下知之旨先例不一樣今度殊ニ省略之旨被談之此後參　内國事御評議也如例事了黄昏退出　常野脱走浪徒近畿迫近ニ付今日一橋中納言出馬江州路迄發向云々在京諸藩人々隨從松平肥後守人數出陣之體今日於途中不圖見之

○四日辛未晴及深夜雨澤

桑原新三位爲政名字清書被送之

切韻之事

中鷹三ツ折　上包同紙有

公勝幾武多布切兢

唐韻曰勝識蒸。切正韻曰堪也

荀子曰君子之能。以公義勝私欲也

正三位菅原爲政

報猶自是謝申旨畢　酉刻斜頭權辨送消息云
賢息從五位下之事。
敕許候珍重存候仍早々。申入候也誠恐謹言
十二月四日　勝長
三條大納言殿　勝長

謹畏奉卽著衣冠差貫御禮廻勤雖不可然便路先詣干關白家（二條取次申置）次向轉
法輪風聽次向鷹司（前關白大納言兩所取次申置）等　次向九條（取次申置）次甘露寺（披露職事）次參　內（表使如例）
次一條（取次申置）次准后（親王准后執次召出申置之）次近衞家（諸大夫申置別段門流邊畏申又於前關白雖非　勅問御人數以門流畏申）等參
向了戌半刻還寓　以上御禮个所御所々々殿下初　勅問衆披露職事等
也及位　宣下御禮定例也　叙爵之事近代多二歲也予三歲叙爵公勝實
之二歲也然而有所存三歲內外眞實爲三歲追予吉例旁今度申上之處無相
違拜叙畏存追々成長繁榮之基祝著欣悅之至也　上下一同祝著酌一獻

續愚林記（元治元年十二月）

千秋萬歲令賀者也　昨日所出之小折紙寫于此所如左

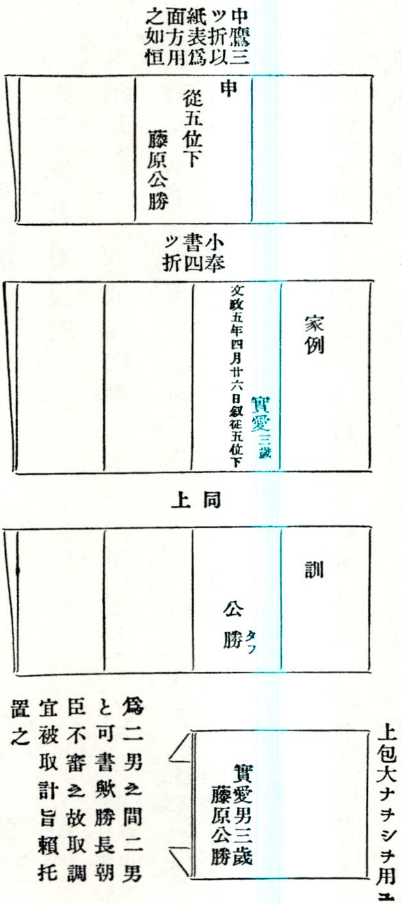

叙爵之事一門親族家等吹聽如例　過時參　內於內右衛門督內談云今日飛鳥井中納言柳原中納言等共ニ叙正二位兩卿共有仰詞其子細ハ今度柳原以元祖例中一年申上此事舊例有之上以己家廣橋伊光例添之然ハ可無子細歟之處其儀飛鳥井內々傳聞超越之事愁訴申上於飛鳥井ハ中置ハ

家例相協也然而皆年齢五旬之例也今度四十餘歳未及五十依不可爲理運歟ニ付可有仰詞歟之旨殿下被執奏又飛鳥井於有仰詞ハ柳原ニも同様歟旁以雖不容易國事精勤ニ付被宥許不可爲後例旨被仰下之旨也尤可有仰詞事也元來於柳原正二位以中一年申上之條過分也於無仰詞ハ如當家必一之歎訴也仰詞有之條至當也然共國事精勤之仰如何如彼卿ハ唯々孜々雖參勤以國事爲意之人ニ非ス又招不當之弊可歎々々　宣下人々各來謝

○五日壬申晴雨交風烈

桑原新三位文通名字撰出之事謝遣之贈金三百疋祝著受納之旨被報之

頭權辨昨日披露挨拶肴料金貳百疋贈之此次請文遣之左云

愚息従五位下事

勅許之旨謹畏奉候。也謹言

十二月四日　實愛

ゟ　實愛

贈物祝著請文入手之旨報之　昨日所殘之分今日猶所々風聽申遣又自所々賀使等不遑記之　園池少將戸田大和守同和三郎等來賀

辰半頭頭權辨勝長朝臣送消息是今日巳刻輪門新宮一品　宣下也左云

口宣案如左

元治元年十二月五日宣旨　消息云 口宣一紙献上之。早可令下

入道二品公現親王　知給之。狀如件

宣叙一品　十二月五日權右中辨勝長

藏人頭權右中辨藤原勝長奉　進上三條大納言殿

還紙有之如例

竪紙上包也上下結之 進上三條大納言殿　權右中辨勝長　切紙云 位記

報領狀之旨了　即遣請文如左 今日中ニ飛鳥井亭ヘ可差出御下知之事

賜預

口宣一紙　還紙有之如例

入道二品公現親王叙一品事　上包爲一紙之間上下ヲ結ニ
右宣旨早可令下知之狀所　不及唯ヒネル計也
受如件十二月五日權大納言實愛　權大納言實愛
右可遣之處此比御用多端仍不遣之略義之至也　卽時下知于大內記修
長朝臣如左
領狀請文自彼方云々
消息如左 口宣一枚　於口宣ハ職事ゟ到來之儘不及書
入道二品公現親王叙一品事　改下之件口宣消息等卷籠于一札
右中入如件　紙如例於口宣ハ本儀書ゟ可下也
十二月五日　權大納言實愛　然而到來之分其儘下之是亦一說
大內記殿　也
上包如左 上下結之

大內記殿　　權大納言實愛

切紙云 位記今日中飛鳥井亭へ可被差出候事

名草書ニ書認之或用二合予年來於內大諸者殿上人故草名ヲ用ユ於大外

記等ハ必用二合也　今度消息宣下奉行唯此分計也他ニ商量等無之尤
省略之義也　抑又於僧侶之官位ハ下于辨官例也然而雖僧侶入道二品
親王叙一品等俗人之位也非法印法橋之類依先例下于內記也依今度亦如
此　前左衛門督戶田大和守安達清一郎等來談勸一献　今日予誕生
日祝如例

○六日癸酉晴陰

公愛朝臣來談世事　午半參　內當直參勤也又國事御評議有之如例
殿下謁見國事色々申承條々數ヶ條也此次予息女妹之方御目見之事被示
之再應辭申是非共差上なれは可蒙再命但何分ニも御奉行之事ハ辭遜內
存之趣申入了　桑原新三位來謝過日贈物之事　清涼院殿（故萬里小路局周子）
廿五回明七日相當ニ付今日逮夜於淨華院令修法會令僕參詣又備進物有
之

○七日甲戌晴

早朝退出　前左衛門督安達清一郎等來談常野脫走浪徒御處置之儀
詣于博陸第乞謁見之處差支有之不被面會空還寓　風早大夫來有相談
之事　清涼院殿廿五回相當今日於淨華院令修行施我（餓）鬼有代香別段家
僕等令參詣家內非時等設之
○八日乙亥晴　未時入寒昨夜來寒冱終日氷不解
進狀於博陸許有申入之趣　午斜參　內　御對面出御之儀有之法中參内也　今
詣如例御用了申半剋退出　常陸宮賜密柑一籠寒中被訪問云々
日戶田越前守家臣竹島源右衛門柳澤辰十郎等來上京ニ付安否訪問予面
會賜熨斗昆布盃扇等兩人三百疋宛　次郎丸水痘之由遣人令見訪之遣
肴菓子等至而輕症云々珍重安悅々々　花園大夫來明春ゟ出番ニ付事
々有相談　抑九月廿四日以　御書被仰下七月輦下混亂一同精勤ニ付
所賜之御品物出來ニ付予分二枚折御腰屏風一双賜謹畏拜受了春冬等花
鳥畫々工應文云々謹畏拜領永々可重寶也

於宮中藏人辨下
口宣案
元治元年十二月八日宣下
權大僧都廣淵
宜轉任大僧都
藏人……後政奉
爲僧侶故即同辨
へ返下了

○九日丙子晴時々陰
帥大納言俊克來談是阿野宰相中將去四月來久々所勞籠居之處去七月十九日變動其節可出仕之處所勞難扶不得出頭甚不都合恐縮此頃所勞減快ニ付可出仕歟內存也如何可然哉以近親帥阿野室女也及內談之旨被示之此事甚不得其意如七月十九日騷動ス古今未曾有之異變ニ付雖重病出仕勿論也然共難相扶ス名代或相役中迄以狀可伺　天氣之處無其儀自身岩倉村ニ遁避無音信于時當役中也殊不都合之間予ゟ示遣之處及二十日夕以狀纔伺申　天氣實ニ人情難宥恕事也臣子之分不可忍之事難恕之間專予憤怒之然而其事彼相公傳聞而今日所談無相違元來彼相公何諛奸佞之性也先年ゟ久媚東防城故聽長卿然而聽長卿御咎之時人々專惡此相公種々混雜有之其後諛久我建通公同公御咎之後阿于予々彼質察知之間強而不用之又專阿從前殿下內府等而蒙登用之處近年世間形勢不安穩ニ付恐後難而當夏來籠居然而七月之節性質發露世人知之實ニ可憎之甚也依可被任所

存旨宜取計趣相答了　戸田和州安達清一郎等來談　午半過參　内
當直今日御評議有之　殿下尹宮右衛門督等有面談於殿下ㇳ多端不遑
書記　松平若狹守附武士ゟ先比類燒見廻内々火爐一對到來依今日爲答
禮鯛一懸白銀三枚等遣之　寒中來問數十輩　常陸宮内々賜鮮魚被
訪時節安否　戸田越前守同大和守等ゟ次郎丸敍爵歡樽銀二枚二肴金三百疋等
代到來

○十日丁丑晴但時々陰

早旦退出　重德卿來談　午半斜參　内御評議集會也尹宮内大臣等
面談有之不遑記錄　御前評如例但柔弱不斷長歎々々二更退出　戸
田和州入來云々　桑原新三品入來内願之趣殘留書狀被賴托　戸田
越州和州等ㇸ昨日答禮太刀馬代銀十兩ツヽ贈之　上田繁左衛門歸國
過日申渡明日可發足ニ付如常例遣金三百疋幷貳百疋次郎丸附人ニ付遣之等別段紋
服料五百疋祝酒料貳百疋等賜之　日々寒中來問人々多不遑記

○十一日戊寅晴陰不定

重徳卿忠至等文通　安達清一郎來談浮浪之儀　内府公文通之次被贈鱅　午前詣于内府公第謁見談申浪徒御處置之事於此第又安達清一郎有面談皆前條之事也以同士博陸ゟ内々有被示之旨及午半刻參　内當直也　自　宮中尹宮内府等有書談　今夜宿侍如例　定國朝臣來云々

松平若狹守來謝過日遺物之事　上田繁左衞門今朝歸國出立

○十二日己卯天霽終日清晴

早旦退出　午後着直衣參准后寒中　御機嫌伺　親王准后等ニ申入表使准后上﨟出逢次參賀陽宮面談時勢之事幷予女御奉公御理之事等次參前殿下別墅前殿下他行中云々次參山階宮以上皆寒中也常陸宮面談被勸一獻觀智院僧正同席頗添興大醉三更還宿

○十三日庚辰霽

常陸宮ニ昨日參上饗應畏申大醉謝申彼家頼中ニ贈肴後刻同宮ゟ來狀賜

看有内示之旨　午半刻參　内御評議也　御前評了入夜退出　重德
卿來戸田和州同參　内中故各不面之今朝安（達）立清一郎來面談時勢之事
○十四日辛巳晴北風雪散雲南行
近狀於常陸宮謝申昨日賜肴之事進小鳥五十羽紅梅枝等　安（達）立清一郎
來談　當秋類火ニ付五个年省略恒例臨時共贈答以下内外斷之事一門
親族家等以使申遣之　重德卿來面談有之
○十五日壬晴寒氣凜烈及深夜雪下
自常陸宮賜鱲一樽　忠至來談　公愛朝臣書談　申半刻沐浴着衣
冠參　内當年甲子ニ付自今晩到十七日三箇夜　賢所臨時御神樂可有之
也秉燭事々全具酉半刻　出御於朝餉御服御手水等了　出御（先是　入御之／期伺申榊了）
（入御／云々）經長橋南殿御簀子十八間廊下等　入御於　恐所神殿有御所作（御和／琴）
榊了　入御此後賜酒肴御鬮等了退出二更之程也
○十六日癸未雪積四寸餘時々猶降

內府前左衞門督等文通　未半着衣冠奴袴參　內今夜御神樂中夜也關白被參上酉半許具之旨奉行言上御手水之時御裾殿下御與奪頭辨奉仕之旨被申上散狀分配以下被附以兒申上先是御塞如例小時先被出御服須臾出御云々夫々下知之於朝餉御座著御々服予候御袖〔御左也先倚立御茵於東方御屛風也〕御服了予御檜扇〔置御座前御茵之上〕御帖〔奉納御懷中以紙之折目方輪奈之アル方チ爲御右方納之是陽明說也〕　供之伺◎天氣召御裾　渡御于御手水間有御手水〔此時御裾豐房朝臣奉仕之殿下御與奪也〕　訖令復座給次關白伺　天氣被示　出御之趣〔入御之期限不被伺申依予參進伺申之處韓神了入御之旨被仰下〕直　出御如昨日如例候廊下入御期限相役武傳奉行近習等申達又殿下不被存知歟難計之間令職事申上了　御所作有之次第了韓神了　入御各退入此後賜御饗酒肴等如昨夜

又內々　出御今夜無之云々丑刻　神宴了　今夜宿直　於　內殿下謁見種々談申時勢之事此次予女御奉公被召出之事　御沙汰止ニ可相成之間可安心旨被命之畏申了　抑此事日來度々被仰下然而如當家雖典侍不可庶幾甚迷惑之至也必不可出仕之旨　祖父君有仰依其旨博陸ニ

申入然上猶以於被召出ヌ異于凡家之儀明瞭雖先輩超越ニ而上座ニ可被置歟或其他事ニ而も可被顯榮耀旨申入之處今夜殿下有此命安著喜悅々々

○十七日甲申晴陰不定

卯半時退出　昨日於　內頭辨豐房朝臣口宣

元治元年十二月十四日　宣旨

藤原久恒

宜敍從五位下

藏人頭左中辨藤原豐房奉

元治元年十二月十四日　宣旨

從五位下藤原久恒

宜任大和守

藏人頭……………豐房奉

右如例位ヌ下知于大內記修長朝臣以內狀入魂了官下知于大外記師身朝臣內々以切歸下之了昨夜及深更之間各今朝下之了　秉燭前沐浴著衣冠差貫參　內御神樂竟夜也事々如十五日事了亥刻退出

○十八日乙酉晴陰天氣似昨日

公愛朝臣來談世事　午半斜參　內今日歲尾御祝儀也當役御祝儀五百疋　親王御肝煎同上御厩御用掛白銀十枚等拜受了　殿下參會給世事種々有言談　殿下尹宮予六條黃門右衛門督等召　御前少々御評議之事有之戌刻退出還寓居

○十九日丙戌陰霽交寒氣烈

辰半著位袍差袴參　親王御直廬今日御煤拂也御肝煎三卿等可參集也然而今日官位御沙汰故予可不參之處姬宮御殿邊御疊替之儀ニ付所參上也御用了辰半過參　內官位御沙汰ニ付參集如例殿下以下　敕問衆參集明年正元攝家中御禮自長橋車寄參入　親王准后等同日御禮等之儀殿下被伺定之旨被命之又小朝拜可申伺之處御時節柄之義不被伺申之趣同被示之以女房越后伺定殿下ヽ申入了　明年正月式予調筆伺定（以同女也）了以上當役第一之所役也　今年每事遲々入夜　出御于小御所如例事了入御此後御點拜見又如例此間之儀其他今日之事多端不遑舉記事了戌時

過退出　武傳月番明日香井家招家僕當節御用繁ニ付自關東金子貳百
兩被贈之依申達云々　今日官位　宣下其他御褒美幷出番拭眉襪御免
以下來畏申人々堂上地下數十輩
○二十日丁亥晴陰
午半斜參番　今日御評議也如例夕景事了分散之處予宿直　頭權辨
勝長朝臣送消息云
　追言上來年二月十八日候也
　春日祭左右馬寮役御馬四疋之事可令下知給候也誠恐謹言
　　十二月二十日　勝長
　ヲ三條大納言殿　勝長
領狀之旨畢　昨日自武傳所達關東ゟ被贈金子請取書今日武傳差出云
々家僕等取計也
○廿一日戊子晴雲東南歩

早旦退出　召左右馬寮來年二月十八日　春日祭御馬四疋調進之儀下知之巨細以大外記傳奏奉行へ可伺申下知了　今日　親王ゟ歳末御祝儀可賜之間午半刻可參于御直廬之處齒痛不參三卿へ觸遣之了　松平修理大夫同大隅守兩人ゟ寒中見廻菓子一折到來　高家六角越前守來上京屆云々　今日親王ゟ所賜年杪御祝儀金三百疋三卿中院中納言ゟ被傳達之畏拜受了　治部卿河野大夫等來有相談旨

○廿二日己丑天遠晴

前左金吾安達清一郎等來談　河鰭花園等兩大夫戸田和三郎等入來進菓子一折於前博陸公寒中伺申歌道門弟之故也　山階（賀陽）宮同上平日懇親之故且過日賜物旁所進上也　遣扇子一箱五本入於土岐侍從歸府ニ付爲餞別上京之節土産到來之故遣之　秋月長門守來上京云々　土岐拾遺來歸府暇乞云々又歸府ニ付賜物御禮云々

○廿三日庚寅霽但時々陰

今日常御殿御煤拂也曉天可參仕之處當時御用多忙且加勢多人數有之ニ付申合早晩所參仕也予今日當直也旁遲參依朝之間在宿　甲谷兵庫歸京當秋來下向于中國今日上著依長防二州之動靜委細申之又内々長藩之形勢巨細申之　午後著衣冠差籠參番御煤拂之儀如例年無異被遂之恐悦々々　今夜宿侍

○廿四日辛卯天晴

早旦退出　戸田和州來修被賀年杪如例予初江有贈金予江金百兩（例年七拾兩之處當年類焼ニ付百兩也）　今日室以下家中男女夫々被贈之有差芳志恩庇感悦々々國事御評議也所勞不參觸遣了　相役御用書談有之　戸田釆女正ゟ寒中砂糖來　轉法輪ゟ丹羽豐前守爲使來贈右府古物差貫一腰被贈之芳志面謝了　贈菓子一折於薩邸過日寒中音物答禮也　一橋中納言海津表迄出陣之處明後廿六日歸京之旨有告

○廿五日壬辰晴

類焼ニ付作事料金八百両（今度納言八百両三木散三位七百殿上人六百云々）且近比御用繁勤ニ付貳百両（両役同様云々）都合千両自關東被相贈之旨兼日武傳ゟ示之日來受取手形等之事家僕取計之今日於小堀數馬宅相渡令家司受取之　未刻前參　親王御直廬歳末御祝儀賜物御禮以表使申入之有其報次參　内此比御用繁ニ付貳百両自關東到來之事以表使畏申訖　於　内頭權辨勝長朝臣送消息云

追言上大允如元之事同。敕許候可令下知給。也

右馬大允源友將申美濃守。之事。敕許早々令下知給候。也誠恐謹言

十二月廿五日　勝長

乡三條大納言殿　勝長

答領狀之旨了　夕退出　召友將兼任美濃守之事下知了御禮廻勤如例添使武傳職事等遣之了　妙門ゟ歳尾祝儀金貳百疋來　遣綾一反

今日或方ゟ無銘短刀到來相州貞宗作云々上作隨分可重寶

鷄卵二籠入二百　等於戸田和州許過日歳末到來物挨拶申遣之　官位　敕
問　宣下之輩各來畏申　家中男女一同歳暮祝儀幷關東ゟ到來金子等
頒賜有差又別段褒美贈物等有之家司記注之

○廿六日癸巳晴雨相交

去秋類燒ニ付所々ゟ訪訊到來物多有之然而其中少々答禮可遣所存也今
日柳原廣橋久世等贈之了　實相院門跡ゟ歳末祝義三百疋到來　未
時過參　內當直也且國事御評議有之如例別段殿下談中又被示聞之條々
多有之　今夜宿侍如例

○廿七日甲午雲收天遠晴

早旦退出還于寓居　戸田和州內々賴ニ付金千兩借與之過日到來之千
金也差當先不用之間暫爲融通借渡之　遣使於一橋黃門許賀歸京
未剋沐浴着衣冠差貫參　內　賢所御神樂也且歳尾御用等相兼所參仕
也　今夜御神樂臨期無　御出之旨也少々御風氣云々賜御饌酒肴等酉

半刻退出　遣使於所司代役邸類燒ニ付手當金挨拶令述之了　類燒見舞到來物答禮中院野宮等今日遣之　去月十九日着陣獻料米一石代金子貳百疋（先例也）　村田左少史許ヘ令差遣之　造營手間金五百兩戸田釆女正ゟ今日以吉田團平差送之爲引出同人ヘ紋服料金五百疋遣之

○廿八日乙未快晴霜深寒氣烈

早旦沐浴著雁衣參拜于　天滿宮（北野）　昨秋出仕以後多忙未能參謝之間今朝參詣昨年來之事畏申之猶向後愈擁護籠祈誓了奉納金百疋於　寶前賜神酒松榮坊自神前申下進之謹畏頂戴之祝著々々辰刻過還寓居　午斜參内六角侍從（高家）參　内也御用被爲有無　御對面恒例歲末御用等多有之申刻退出參拜　御靈社下去七月動亂之處家族等無異立退之事畏申之奉納青銅二十疋猶此後愈加護祈念了次向戸田和州家寒中訪問且每事段々懇情謝之了還宿　今朝六角侍從ゟ參　内ニ付太刀馬到來其儘答禮返遣之先例也

○廿九日丙寅快晴

去日於省中廻文來卽達于柳原黃門了

追申當月中吉田家に可被附候但於重輕服者服明後可被附候由同被命

候順路早々御廻覽來十六日迄可返給候也

今度吉田社殿舍再興之事　長者宣別紙寫入見參候被任御所意可有御

寄附旨　長者殿下被命候依申入候也

十二月十日　　　　　　俊　政

正親町三條殿に申入候三條殿姉小路殿等に宜御傳可給候町尻殿

に申入候……………

右一紙

吉田社殿舍再興間叓先哲焦意而荒蕪未止　神慮叵測何如之哉夫惟

當氏祖者兼備文武防護國家所謂與國同存亡者也是以今觸氏族被奉

加託宜存知所由早致造立速遂成功永全廢典彌專　寶祚悠久天下泰
平公武安穩之事可盡神忠旨可令下知于　吉田社給者　長者宣所候
也仍執啓如件
十二月一日　左少辨俊政
謹上　吉田侍從殿
右一紙
以別紙申入候此度再興之儀ハ格別之思食有之候ニ付昨年來加増米
も被賜候儀加増米も相合百石ニ金百疋其餘ハ被任御所意可有御寄
附旨　長者殿内々被命候事
右之趣被觸之間今日以使者金千疋厲于吉田家了於如所被觸ハ當家金三
百疋可寄進也然而如此之事員數自長者被觸示之事不當是式卿爲營私利
專所周旋也依員數越其定殊平常可盡敬禮所存旁以千匹奉納了　中院
伏原等ゟ被贈肴類燒到來物之答禮遣之處又所被贈肴也　所々年杪祝

使贈答有之　類焼訪問到來物之返報昨今六條以下贈遣之了　去廿五日以來當役日參年始之御用經營例也然而近年御用多端之上國事御用繁劇之間申合定早晩參仕殊今日相役一同相揃賀申歳末例也然而前條之次第ニ付以便宜參上相役午刻前參上或午後參上歟予今日當直今夜可宿侍之間及遲參　秉燭着位袍差袴參　內當直也此比當役無人三人也仍ゟ及夕陽可參番晝之間ゝ加勢卿計參仕御憐愍之至也依秉燭所參仕也以表使賀申歳末遲參之子細申入了又　親王御直廬可參賀之處遲刻不能參上之間以表使同申入了　年始元日ゟ當役次第ニ參番流例也然而御無人僅三人之乘繰合難澁之間不依次第參番之旨以筑前權介申上置了宿侍如例　今年春來到今日多忙不覺消光忽迎此年末更愕然去秋騷擾之時罹兵燹如家財不存一物非無當惑然共家族上下一同無異之條欣悅之至也私用辨了參　內在　朝待陽春欣然之儀也

續愚林記

爲慶應元
元治二年
春夏

○公　臨時

二月十八日春日祭舊儀御再興　三月八日神武帝山陵奉幣自余畿内陵御修補成巡撿使發遣　四月七日改元　同月廿四日吉田祭御再興

自五月二日到十一日山城國丹波國等山陵御修補成功之分被遣巡撿使

六月九日戌刻　賢所假殿　渡御東庭下御　同月廿二日祇園社臨時祭御再興

○私

白馬宴參仕外辨陣后早出　五月二日公勝叙從五位上　同月十四日諸大夫千葉再興　勅許　同年閏五月十八日從六位下美濃守等　宣下

●正二位權大納言藤原實愛 四十六歳

元治二歳次乙丑年（爲慶應元）

●正月大

○一日丁酉天遠晴陽光和暖

玉體安々私家清昌更逢陽春祝著有餘　舊年除夜宿侍於　內裏子時四方拜當役以下參集事具之間言上臨期無　出御之旨被仰出仍丑刻退出於寓居睡眠於爐邊待天明東方漸白之間櫛盥等了此間旭日曜山端　先著衣冠奴袴（青鈍藤圓）以若水（曉汲上家司之）手水了把笏先奉拜　天照皇太神宮次　賢所石清水八幡宮加茂（下上）　春日大明神　同若宮（南都吉田等合四箇所）　聖廟多武峰多賀大明神　御靈八所明神以上各兩段再拜（伯家說）此余平日每朝奉拜之神佛各拜之又黑戶拜其外護身法九字印等每日之儀如例祝著々々　室以下相賀加齡　齒固雜煮鏡餅屠蘇大福等賀式如家風祝之　試筆（愚詠三首）讀書始又如方有之總而欣喜之至也　今旦任家例奉納御鈴料（青銅十疋）二於

賢所申出御供米了　巳上刻著衣冠奴袴具笏參詣於　吉田社手水之後
先奉拜　大宮兩段再拜先畏申且祈申又詠進一首次奉拜　若宮此度殿舍再興之間御假殿也總
ゟ如　大宮同咏進一首了次參拜　太元宮以上備進青銅大宮三十疋自余十三銅云々乃下
向直參　內于時午時前也　兩役參集以表使年始御禮申入如例雉酒御
祝等有之　攝家中御禮於常御所　御對面以下如例又於御學問所武傳
御對面候詰事了申時前退出還寓春色頗催夕陽暖照風景長閑移漏刻
今夜宴會　出御無之旨兼ゟ存之仍稱歡樂不參相役中觸遣了　今朝以
使獻上鹽鯛或鹽鰆云々一折載白木竪脚臺於　親王御方御直廬代准后御奏者所予爲御肝煎仍年始
進之先例云々目錄如左

退出之次參於近衞家賀新年了

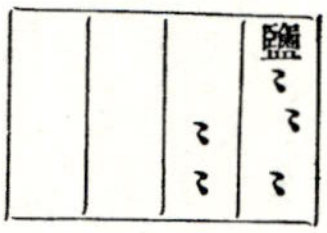

目六如圖中奉書四ツ折　鹽鯛二尾　一折
上包美濃紙
三條大納言

今旦大和萬歲來如例春　來賀堂上地下等數十輩　今晩節會參仕之
人々可尋注

○二日戊戌快晴天氣似昨日

雜煮等俗式如例年祝著々々　巳半刻著直衣（今日當役多著直衣近代流例也）奴袴參關白

第賀申新年（取次申置也）次向右府（公純同上）次參於准后以表使年始御禮　親王准后

等　親王御乳人出逢高松局報答述之御年賜（御紙入烟草入等）被授之又熨斗昆布

同被授之此次御肝煎ヨリ年中獻物之事尋合年始（鹽鯛或鹽鱈）中元（御提灯）暑寒（御寄）

肴等進上有之云々然而昨冬寒中不及獻上之間暑中ヨリ可進旨談合了又

准后上臈於八百面會述報答授熨斗昆布此後自　親王賜祝酒御年玉拜領

以表使申入了退出次參　內當賀以表使申入御祝等如昨日未時前大床

子御膳　出御候詰如例又武傳近習小番御免等　御對面等了退出詣于尹

宮賀年始宮被面會有祝酒此後退出詣于九條第賀年甫（申置）次還寓申半斜之

程也大床子御膳陪膳勝長朝臣益供隆晃朝臣俊政六位可尋注　遣範忠

於菊亭家白馬奏文彼家童形於當家左右馬寮共可執筆之間案文料紙可被

相廻旨且當春ゟ諸公事下行各可被宛下其催舊年來有之仍馬寮出仕有之

公事每度米一石宛可被宛下白馬奏料帋米三斗宛可被下舊年申立置之間爲心得申入置候旨等示遣之了　年始來賀宦官或使者等來數十輩

○三日己亥晴陰辰刻後陰夕春澤沛然

雜煮祝式如例　午斜著衣冠奴袴參　內今日　親王方華族大臣著筵輩等御禮也午半斜各召常御所如例　內敎坊別當公卿之別當右大將家信次將別當基敬朝臣等　勅勘籠居ニ付爲辭申替人體伺定其上可有　勅問之旨關白ヨリ被示之仍予參　御前伺申去寛政年間此別當再興之初以今出川實種卿被登用其後辨法輪公修實萬德大寺實堅公純等皆被用閑院流古今多如此然而當時大炊御門家信被登用之時彼先代經實爲別當之條見于殿曆依此人被相用再興以來皆爲花族之衆當時多差支醍醐大納言忠順之外無人歟於殿上人ハ近比強而不被撰英雄歟等之旨言上伺申　叡慮之處於公卿ハ忠順卿殿上人ハ隆晃朝臣左中將之旨被　仰付仍其旨關白殿ニ申入置了　御學問所武傳近習小番御免等　御對面詰如例又以表使當

賀申入如昨日御祝等又同上申斜退出還寓　常陸宮ヨリ賜鶴鸞　來
賀堂上地下等數十輩此中小松帶刀薩州藩士進肴料金貳百疋
○四日庚子宿雨新晴陽景朗雲南行
巳半斜著直衣奴袴參　內當直也今日外樣衆年始御禮也又如近例在京武
家參賀可有之也　申時前御服了　出御先外樣公卿殿上人　御對面了
次元服後御禮　御對面等了次武家一橋中納言以下總禮拜　天顏一橋下段自余
於南庇奉拜了退入次戸田大和守更一人進出賜　天盃昨年初參　內之時不賜
之故今日所賜也又先是一橋中納言於　御前賜御末廣三握一箱是去冬浮
浪徒鎭定御賞也御褒詞武傳申渡之事了　入御　今夜宿直如例　年
始來賀官武地下等數輩又松平肥後守以下祝使多來　今日眉延姬參拜
于　吉田社同若宮　御靈宮等奉納青銅三十疋云々　戸田釆女正家僕
伊東彥兵衞來賜紋服料金五百疋昨年來彼是取計之儀依有之也　菊亭
ゟ白馬奏文料紙并昨年案紙等到來淸書之事被賴越　小松左右輔舊冬

東下之處今日歸京　一橋中納言以下今日參　內武士數輩來畏申　御
對面之事且賀年始於一橋ヘ謝恩賜　戸田和州來謝別段今日扶持厚配
之事

○五日辛丑晴

早朝退出還寓　巳半斜沐浴著衣冠奴袴具笏參拜　御靈社兩段再拜先畏申
神恩又祈願且詠進一首如例奉納靑銅二十疋申出　神饋祝著々々此後退
下直參　內今日千秋萬歲詣也申時前　出御各參於參臺殿如例事了　入
御各退入　關白齊敬公參上之間白馬奏文今年右大將　勅勘籠居右馬助
義風有栖川宮諸大夫粟津氏也舊年來召留于町奉行所如此先例未存依以重服或他國中
之例本人不加署體ニ可清書歟之旨伺申之處其分之外無處置歟尤如所存
可取計趣殿下被命之　於　宮中廻文來

追申辰一點無遲々可令參仕給候也

白馬節會御參之事可奉存候外記散狀遲々間先內々申入候也

勝長

正月五日

三條大納言殿　新大納言殿
鷹司大納言殿　六條中納言殿
冷泉中納言殿　野宮中納言殿
宰相中將殿　右大辨宰相殿
新宰相中將殿　左兵衛督殿
刑部卿殿　右三位中將殿

加奉返却了　又消息到來云

追言上刻限辰一點候也

白馬節會左右馬寮役御馬之事任例可令下知給仍先内々申入候也誠恐
謹言

正月五日　勝長

(ケ)三條大納言殿　勝長

報之領狀請文自是云々　日沒退出向近衛家屆申白馬宴御點之旨次還
寓　年甫來賀堂上地下數十輩　昨日參　內武家兩三今日猶來畏申
御對面賜　天盃之事　今朝高崎左太郎薩藩士來面談移漏　所司代松
平越中守亭ヘ遣使關東年始祝儀申入如例春　遣使者於小松帶刀薩藩元老
過日參賀進肴料之答禮金貳百疋遣之　一橋中納言年甫祝儀太刀馬代
銀貳枚等以使者到來　戸田釆女正年賀狀來　今日如例年領邑農民年
賀也又今夕任家例室初一同祝酒勸酬上下賜盃如例祝著々々

○六日壬寅陰時々小雨浮雲西行入夜烈風

遣剪紙於右大辨宰相許　神宮御法樂讀師辭申之

神宮御法樂倭謌讀師依歡樂不能參仕候宜預御沙汰候也

正月六日　實愛

右大辨宰相殿

別ニ以封中痛所之儀示遣之處領狀云々舊冬所被催也　召寄左右馬寮

兩少允友明良友等來申渡白馬寮宴務且奏文今夕可申出旨下知了　戸田大和守一
昨日參　內　御對面賜　天盃內祝ニ付昨日被贈伊丹酒一樽肴料金三千
疋等今日賀遣贈白鶴一羽了　申半許左馬少允友明右馬少允良友等令
家司渡白馬奏文左右二通右大將　勅勘籠居之間左右共左大將ゟ可入內
見旨下知了內見無異之旨後時來屆　奏文剛紙如例以同紙卷之懸紙之料也
以杉原紙包之載文匣蓋

左馬寮謹　奏

合白馬壹拾匹

一七

頭安倍朝臣泰顯貢葦毛

權頭藤原朝臣實知貢葦毛

助藤原朝臣懷產貢葦毛

權助源朝臣元泰貢葦毛

右馬寮謹　奏

合白馬壹拾壹匹

一七

頭源朝臣惟賢貢葦毛

權頭藤原朝臣靜康貢葦毛

助藤原朝臣義風貢葦毛

權助藤原朝臣誼益貢葦毛

大允源朝臣友將貢華毛
少允源朝臣友明貢華毛

二七

少允源朝臣友明貢華毛
大允源朝臣友將貢華毛
權助源朝臣元泰貢華毛
助藤原朝臣懷産貢華毛
權頭藤原朝臣實知貢華毛
頭安倍朝臣泰顯貢華毛

三七

頭安倍朝臣泰顯貢華毛
權頭藤原朝臣實知貢華毛
助藤原朝臣懷産貢華毛

大允源朝臣友習貢華毛
少允源朝臣良友貢華毛

二七

少允源朝臣良友貢華毛
大允源朝臣友習貢華毛
權助藤原朝臣誼益貢華毛
助藤原朝臣義風貢華毛
權頭藤原朝臣靜康貢華毛
頭源朝臣惟賢貢華毛

三七

頭源朝臣惟賢貢華毛
權頭藤原朝臣靜康貢華毛
助藤原朝臣義風貢華毛

權助源朝臣元泰貢葦毛
大允源朝臣友將貢葦毛
少允源朝臣友明貢葦毛
右任例謹　奏如件
正六位上行少允源朝臣友明
從五位下行大允源朝臣友將
從四位下行權助源朝臣元泰
元治二年正月七日
從四位上行助藤原朝臣懷產
從四位上行權頭藤原朝臣實知
正四位下行頭安倍朝臣泰顯
御監　內大臣正二位兼行左近衛大將藤原

權助藤原朝臣誼益貢葦毛
大允源朝臣友習貢葦毛
少允源朝臣良友貢葦毛
右任例謹　奏如件
正六位下行少允源朝臣良友
正六位上行大允源朝臣友習
從五位上行權助藤原朝臣誼益
元治二年正月七日
正五位下行助藤原朝臣
正四位下行權頭藤原朝臣靜康
從四位下行頭源朝臣惟賢
御監　正二位行權大納言兼近衛大將藤原朝臣

右大將家信去年秋以來　勅勘籠居也然而書體如例唯本人不加署又不及內見又右助義風去秋呼出於市尹廳未赦還如此先例無之依去五日殿下伺

定以重服中服或他國中之例ヲ以テ本人不加署之體ニ令清書者也重服或他國中之時如此於闕官亦惣而不書載是先例也

○七日癸卯陰時々小雨雲西行煖氣甚如季春氣候夕晴雲南行

白馬節會賜御點之間已斜著束帶忠範剛之冠垂纓紙捻縫腋袍下襲裾表袴藤圓固織物紅單繁菱赤大口韈練貫有文巡方帶金魚袋右方第二三等之石間ニ付餝太刀紺地平緒繡纓笏帖紙白檀帋檜扇淺沓參內密々歩儀也前駈一人木工少允源光行（尋常束帶）轉法輪家侍小雜色細立花田上下紅單六人白丁等持沓傘相從具靴沓列外直垂亦相從如例報參仕之由於奉行勝長朝臣著陣否被尋答可著由了又內府忠房謁見舊年來齒痛未及清快之間陣後早出之事申入之尤可然旨被命之此後於役所休息食事等了午半過可始陣儀旨被　仰出奉行其旨示之仍內府以下著陣人々下殿自諸大夫下殿經廻廊外各向於陣後內府猶被入和德門予入和德門徘徊于陣後先內府著陣奥座次鷹司大納言輔政著陣於予亦內府被移于端坐之後可著之間先可被著旨予申入之若年有疑惑之間示申了次六條中納言有容著之此間奉行頭權辨勝長朝臣出陣欲仰內

辨之間予製(制)止之先參議可有著陣旨示之勝長朝臣謝失錯次新宰相中將定
國著横座次勝長朝臣出陣仰内辨内府承之起坐被移著于端坐座定寄据居定之後
也之間予入左靑瑣門共實先是密々入此門伺見立於宣仁門外檀上先是下裾向内府請益内府目
許予承之似小揖不正笏入宣仁門副南先左足立奥座長押下揖西向懸膝昇長押西行右足踏板
數左足踏薄帖著大納言座上頭戸間上頭也鷹司亞相之上並後(南面)先揖直左足寄据左手帖平緒垂次内
辨令官人敷軾次召外記問諸司召外任奏即持參進之次内辨召勝長朝臣奏
外任奏勝長朝臣參朝餉奏之了歸出陣返下之退入次内辨召外記返下之外
記退入次内辨居直北面拔足向予方被仰外辨ニ可候之由但斗由予拔左足承
之如小揖存家禮之間頗深屈承之揖起座經本路東行如先但右足踏帖左足踏板敷降長押官人備沓令著之先右
足次左足右廻立向長押揖西面右廻出宣仁門副南先左足官人直据壇上北行出左靑瑣門於陣
後取据出化德門前駈以下來迎相從出東土戸建春門等退出還寓于時未斜
也新年從公事無一事異難遂之祝著自愛之至也今日節會　出御之處陣後
早出之條非無恐歟然而歡樂之上ㇵ不及左右況當役舊冬來御用忩劇一日

無寸暇之上ヽ早出有何事哉假令雖非多忙之人稱歡樂早出何可咎之哉
今日參仕之人々
關白（臨期不參）左大臣（齊敬）右大臣（同上）（公純）內大臣（忠房左大將內辨）予　新大納言（忠順）鷹司大納言（輔政）六
條中納言（有容）冷泉中納言（爲理）野宮中納言（定功）宰相中將（公正）右大辨宰相（經之）新宰
相中將（定國）（臨期不參）左兵衛督（信堅）治部卿（泰聽）右三位中將（公望）
次將少納言辨等失念　今朝七草祝式如家風祝著々々　新年來賀堂
上地下等數輩　常陸宮以狀被贈一品年玉云々以返書謝申之了　九
條亞相以使被賴云來十日本願寺參　內ニ付宜被賴存之旨也
○八日甲辰晴陰入夜陰及曉雨下
著狩衣（秘色）奴袴詣于常陸宮賀新年舊年來每事懇情之儀等謝申之宮面會祝
賀有之此後被談國事移數刻次詣于前關白第賀申年甫前殿下被出逢被勸
祝酒此後談申雜事又家諸大夫今一家再興企望之內意伺申之尤可然之儀
故以書取可申出旨被命之猶條々申入未刻前還寓　年始來賀堂上地下

數十人有之　中川修理大夫ゟ寒中訊問國産煎餅一箱到來　實相院
門跡ゟ年始祝儀金貳百疋來　京極壹岐守來明日當地出立ニ付爲届云
々　左右馬寮來届申昨日寮務無異之旨　中半斜參　內當直參勤也
御無人之間　御愍憐遲參也如例宿侍　今日節分也祝式如例年

○九日乙巳雨灑春澤和融
早旦退私　以使奉納米一石金貳百疋等於賀茂太田社明十日予公勝次郎
丸等眷子成之事願申之彼社御師岡本豐前守所預知也　津輕越中守來
上京届也　遣太刀馬代銀一枚　於一橋中納言許年始祝儀過日贈物答禮也
遣使於中川匠作邸寒中贈物謝之且群書類聚到來挨拶申遣了　年首年
賀堂上地下等數輩　妙門使來年始祝儀昆布五十本金貳百疋等來

中川ゟ予還任歡贈物答禮太刀馬代銀一枚同遣之

○十日丙午晴雲南行
明十一日　神宮御法樂和歌懷紙詠進以使附于奉行
檀紙竪一尺二寸横見計如例　春日同詠春來氷解

　　和詞

可為九十九三也

字賦如此但強而不可為九十九三也

　　　　　　　　　　權大納言藤原實愛

今朝見しもみきはの
氷とけそめてこそ
里になりぬはゝれあ
はるは

奉行右大辨宰相落手云々　小笠原佐渡守家僕大野又七郎來面會（進肴料二百疋賜盃二口烟草入扇五本等）

本願寺　御對面了更　巳半許著衣冠奴袴參　內今日本願寺參　內且諸禮也先御對面有之　入御　申半退出向戸田和州第賀新年和州言談之後出此亭向轉法輪家年始申置黃昏還寓　今日參　內僧俗來謝但於本願寺ゝ不來雖不當近來如此　年始來賀堂上地下緇素十余人　隨心院准后來使如例被贈歡喜團一臺明日招請之儀申來

○十一日丁未晴雲東方行午刻後快霽長閑
神宮奏事始可出仕之處歡樂不參之旨相役中觸遣了　戸田和州來談御修法法務許ぃ遣使昨日被贈歡喜團之事謝之且今日招請御用多ニ付不能行向旨示遣了　本願寺使來干鯛一箱樽代三百疋來昨日參　內御禮也　妙門使來　新日吉社々領幷祭祀料等申立書取被附之先預置旨答之且右ニ付菓子料五百疋雜掌等貳百疋等到來相應謝遣了　安達清一郎來面談移時　年始來賀之堂上地下或使者等合ゐ二十余人來　眉延姫參詣于　上御靈社奉納青銅廿疋　內府賜狀內々被示之旨有之太田社眷子成去十日相調御祈禱大麻御護等進之以後四月十一月二ヶ度可進納旨相約之了

○十二日戊申晴辰時後陰午後雨降
卯半刻沐浴著位袍（今日當役之翟不著直衣是流例也主上御衣御單被召之故也）奴袴參　內今朝　賀茂奏事始也辰半斜先於常御所著御々服（山科宰相奉仕之八條前中納言候御前）予候御右袖供御帖（奉納御懷）

中以折目輪奈方爲御右納之是御帖折形陽明流御用之故也御檜扇置　御前御茵之上等如例御服了御服奉仕之
人退下之間予參進添北方經御右御後等之時蹲居取御劍置直東方御左之方也以柄爲南方以刄爲東此間南面
ニ令居直御予經本路復坐次御手水陪膳日野大納言手長資生役送藤原助胤了再予參進如先取御
劍如元置直之柄西刄南此間又西面ニ令向御予經本路御右御後等蹲居每度有之復座次先下
薗退卽御出御劍雅望朝臣御裾勝長朝臣于小御所東庇御座當役候同庇北方東上南面近習等在
于北庇　賀茂社傳奏日野中納言光愛位袍奴袴白單檜扇經簀子參御前圓座引下而不著之讀申奏
事目錄了　入御于小御所上段此後當役以下男方各經梅王質等杉戸退下
此後於石灰壇有　御拜女房供奉當役一人近習一人等候於馬形障子邊
入御之後退下今日予當直也　午後賀茂下上社御法樂有之　關白齊
敬公參上妙門申立　新日吉社一條書取進之巨細談申於社領え他社振
合も可有之不容易歟祭祀料之事可被沙汰歟申入置了此後國事以下雜事
數ヶ條言談有之　今夜宿直　豐明節會出仕下行三石今日於二條家
僕請取之云々　妙門使山本筑後守來　新日吉社一條宜被賴之旨示之

轉法輪侍從來廿四日和歌御會始詠進之事被觸之奉行越前權介云々
從四位上加階小折紙被爲見之有被談之旨

○十三日己酉陰霧深辰時後霧散午後晴
卯半時退私　前左衞門督重德來談國事　轉法輪拾遺加級申文所存之趣以範忠答遣之了　午半斜參　內國事御評議也關白內大臣相役等條々言談之趣多端有之不遑擧記夕各召　御前衆議等了戌刻前退私　戶田釆女正上京今日到著ニ付蹴上邊迄遣人令出迎之

○十四日庚戌陰雨午後終日入晚愈滂沱
今日法務阿闍梨以下法中參　內ニ付可出仕之處歡樂氣仍不參之儀六條黃門相役示遣了　安達清一郞來談同人爲年始祝儀進太刀馬代銀三枚等後刻賜伊丹一樽一斗入答禮了　妙門御世話之儀可存知旨當番柳原中納言傳宣之趣河鰭大夫傳之予不參之間以一族參會被傳者也　妙門使來同上ニ付不取敢以使宜被賴存之旨被示之　十津川鄕士爲警衞被附屬之

輩六人（當時候予寓居出行之時々隨從爲守衞者也）今日面會授熨斗昆布賜扇子五本宛昨年來爲警
衞自　禁中被附下之　　來賀之人一兩人有之
○十五日辛亥雨午後雨脚休
上元祝式如家風祝著々々　　親王御方以使番賜金貳百疋去元日獻物御
返也直答猶參上可畏申旨答了　　東本願寺使來十八日參　內ニ付賴
存之旨申之　　遣使於戸田采女正旅館賀上著問安否　　巳半過參於
親王御直廬以表使賀申當日年始御返禮賜物之事畏申之承其報退出次參
內當賀以表使申入武傳　　御對面詰等如例此間及未刻過依不及退出今夜
年始御盃可出座之故也且御吉書三毬打詰有之酉半刻過三毬打　　出御之
旨也如例候于東庇小時　　御出自簾下被出御吉書極萠取之下于修理職燒
之如例事了　　入御之後退入　　戌刻過御盃御催小時被召云々各參上當
役幷武傳等離列在于上頭被召之間離列以位次出座先例也暫時兒出來示
云被召之旨且非天酌可賜御末廣云々今夜自南庇進退也予爲第一之間直

參上取御盃（中段頬上之邊在之）頂戴之進寄于執調子女房（北方ニ在女房）前女房聊盛酒退于
元所拜飲之如元置御盃（但初置所ヨリ頬之方ニオメリ置）下到小土器三寶許取小土器一口頂
戴之次取獻（同三寶之上ニ在之出座第一之人取之若失念之時次之人取之可退也）退出座于南庇西隅（杉戸角方東面）之次
帥亞相賜　天盃了來于予前予授獻起坐次向申口内侍授御末廣賜之退下
逐電退出于時戌半刻云々新年不相變頂戴　天盃賜御末廣祝著之至也
來十九日舞　御覽可祗候旨勾當掌侍廻章來　來賀堂上地下數輩

○十六日壬子陰雲南行

伯三位資訓來過日ゟ於　宮中直談彼配下中立之一條甚不都合之旨被謝
之　吉田團平佐藤郁之丞（各大垣家臣）等來面會賜熨斗昆布今般當家ニ主人
采女正ゟ被借贈人體也近日ゟ可祗候也　遣使者於松平越中守贈太刀
馬代銀一枚等先達而初入之時贈物之答禮未遣之今日諸家ゟ可遣旨兼而
武傳ゟ觸示之　一橋中納言使來舊冬浮浪鎭撫出馬前後厚配之挨拶羽
二重三反肴料（金千疋）等到來　一橋中納言以下武家年始來賀其外法中宮

門跡武家等祝使到來之先々答禮使者今日各遣之畢　申半斜著位袍奴袴參　内今日當直踏哥宴詰等參仕也秉燭之後節會事々具之旨奉行藏人辨言上散狀幷御服以下分配地下交名等被附之如例獻上且言上了酉半刻出御于朝餉御座先覽外任奏先是陣被始也奉行參議實子奏之了返給卽著御御服予候御左袖先寄立御茵於東方御服著御了之間如元供御茵御著座予取御帖御檜扇等在御後二階棚之上層退候御後乾方御袖御裾等了御服奉仕人言縄朝臣御前八條前中納言退下之間予參進於御前置御檜扇於御座前御茵之上未在東之方御帖帋奉納御懷中以折目之輪奈之方爲御右方納之當時陽明家折形御用之間如此折合セタル紙ノ末ノ方ヲ爲御左方也膝退於臺盤所闥邊　入御之期伺申國栖奏了入御之旨被　仰下卽　御出如例先候南廊内侍二人執劍璽在御前後威儀女房職事兩役近習等奉隨從　入御于御裝物所南殿北庇令改著御靴給之後入御于御帳中此間予以下經御後庇入東戸候于御帳臺東邊去御帳一許丈與御帳平頭ニ候西上南面　入御之期相役武傳示傳奉行職事近習等相示了内侍臨東檻五位職事資生引導之内辨右府謝座昇殿著坐開門闈司召舍人仰可召大夫達之由先是召舍人之

間左少將宗禮朝臣起胡床經回廊雨儀也著尋常版承明門檀上內辨仰云大夫達召
々宗禮朝臣出承明門東扉傳召由於公卿早出了　始終取捍歟可尋此間予
歸于役所取計之儀且執筆等有之移時次第事了一獻之間予祗候于南殿無
程　入御之故人々各候一獻了內辨下殿催國栖發歌笛之間昇殿歌笛一二
節ニ而止此間內辨復座次予以下起坐退入于御後　入御之故也先劍璽兩
內侍出御後戸立于乾戸內次　入御離御倚子給之後源宰相中將稱蹕階下次將
戀歟之出御裝物所令改御揷鞋御　還御于本殿供奉如先又候南廊入御於中
殿之後各退入　今夜宿侍　丑刻宴了　奉行言上夫々如例　今夜
賜御點之人々

關白左大臣臨期不參 齊敬　右大臣 公純 二獻早出
內大臣臨期不參 忠房　帥大納言 俊克 二獻早出
新大納言 忠順 二獻 後續內辨　日野大納言 資宗
冷泉中納言 爲理　源中納言 重胤

新源中納言通富　町尻宰相量輔御酒勅使了早出

山科宰相言成陣後早出　源宰相中將通善宣命使雜事錄所

式部權大輔長𤎼　三位中將通久三獻早出

式部大輔在光

少納言　辨

修長朝臣臨期不參　勝長朝臣

次將等失念依不注之奉行藏人辨俊政　今夜少納言臨期不參ニ付代官

左少將宗禮朝臣左將下臈也可被用哉之旨內辨右府出御以前以奉行附于當

役內々被伺定了本儀於淸所被伺申然而其實以前內々取計如此近代之儀

也

○十七日癸丑晴北風凜烈時々小雪散

早旦退私　今日三毬打詰可參之處疝痛相冒之間不參相役觸遣了

會津中將使來昨冬寒中幷年杪祝儀當年甫祝儀等可進之處行違之筋有之

延引之旨謝之寒中鮮鯛料金七百疋年始祝
儀太刀馬代銀拾兩等到來　一乗院門跡年甫祝儀葛一箱被贈之　遣
使者於一橋黄門許昨日答禮令述之無異還洛之歡肴料白銀貳拾兩贈之
千種拾遺來昨日故大夫女被補内侍被稱今參之事被畏申　長州處置之
儀尾張前大納言ゟ言上之次第有之方今右御處置急務實ニ　皇國御大事
ニ付大樹早々上京可有之可被仰下右ニ付ゐハ尾張前亞相當地被召留置
之旨可被　仰出哉ニ付所存可申上旨當番六條黄門ゟ被示之無別存異心
之趣及報答畢　三州誓願寺年賀進金百疋

○十八日甲寅晴薄雪雲南行
午上刻參　内東本願寺年始參　内　御對面了未半比退出　猿舞來如
例年祝著々々　今朝前左衛門督花園大夫等入來各稱用事不面談
中村播磨介近衛家六位侍來面談彼者身上之儀ニ付有内願之旨　常陸宮文通
國事内々被示之旨有之此次被贈菓肴等

○十九日乙卯快晴雲南行

舞御覽也見合參勤有早晩予遲參巳半刻著直衣奴袴參　內此間鶴庖丁御覽中也直候詰事了御塞等撿知之後宜由以兒申入卽　出御于南殿仍直詰候于同殿賀皇恩也（樂名）之間關白以下　御對面　出御之旨兼而被　仰出仍此曲始之間詰于　御對面之所先是御盃御催等令觸催之予進出于屏風口伺　出御之御樣子小時內方ゟ女房被撤屏風爽之間予進出撤屏風爽（外方）開屏風　出御予退候于便所女房二人候御裾御劒等（御引直衣也）女房退入于屏風內予如舊閇屏風又退候此間　御對面了令氣色給（予欲進出之間有御氣色）予進出開屏風女房出來取御劒御裾等　入御予如元閇屏風了（懸屏風夾如元）退入此後關白以下獻幷御盃等有之此間詰候事了退入未半比御料理了（兩役三卿一同也）日沒以前事了　入御此後退出　關白參會之間國事談申條々多端有之前左衞門督同上　左右馬寮春日祭參向之事申渡今度舊儀再興ニ付晴行粧ニ付件間之事直ニ催大外記ゟ可伺出旨加下知了　松平丹波守年始飛脚著書狀

來　野村左兵衞外島機兵衞等來賀新年幷去年還任進物有之　妙門
使來御世話被　仰出ニ付昆布幷樽代三百疋到來雜掌用人等金百疋ッヽ
到來　文通常陸宮進白煎餅一箱
○二十日丙辰晴雲南行風寒
安達清一郎來談　午斜著衣冠奴袴參　內今日法中參　內且當直也又
國事御評議可有之云々申時前　出御外樣衆年始後日御禮輩　御對面了
次法中等拜　天顏了　入御　此後國事御評議有之及戌半過各退下
殿下內府等別段言談條々有之　舊年一橋黃門北越出陣浮浪鎭定御賞
寮御馬鞍置可賜ニ付馬具明日可取出御馬大樹進獻若緣五歲七寸云々明後廿二日可牽參等
夫々加下知了是予御馬御用掛之故所取計也　今夜宿直　今日　御
對面之緇素來畏申　戸田釆女正使來上京ニ付爲土產綿肴料貳千疋室
ニ綿千疋等到來　眉延姬向于今城前黃門別墅一兩日逗留可有之也
戸田鐵之進年賀書狀到來

○廿一日丁巳快晴剩寒烈

戸田采女正今日參　内ニ付遣僕令見訪　今朝卯半刻退還寓　來廿四日　春日社御法樂同日御會始詠進和歌詠藻以使覧于前殿下明日可申出旨被示之　午斜參　内今日津輕越中守戸田采女正大久保加賀守等參　内幷智積院年始御禮等也未半　出御　御對面武家各賜　天盃此后法中　御對面了　入御　戸田采女正面會見訪加扶持了　申刻退出還寓　參　内之武士法中等各來謝　東本願寺以使贈干鯛樽代三百疋等過日參　内ニ付到來是例也　戸田采女正津輕越中守等以使贈太刀馬代銀五十兩ツヽ今日參　内ニ付而也　保姫向于今城室家

○廿二日戊午天遠晴雲收風靜春光長閑午後陰

前左衛門督安達清一郎等來同席言談移時不遑記錄之　松平越前守使來長防鎭靜今日上京ニ付屆且時候訪問云々　一橋中納言來常野脫走浮浪鎭定御賞鞍置御馬拜領御禮也　眉延保兩姬今日歸來

○廿三日己未夜來春澤和暖夕雨休

巳時著狩衣向關白家博陸面談移時當時勢之事數箇條不遑枚擧午半斜還宿所　松平民部大輔舊冬出陣浮浪鎭定御賞賜御末廣且厚　勅諚之趣御禮依所勞以家老畏申又大場主膳正民部大輔輔賛行屆之段御感御禮依所勞以名代畏申　戸田大和守來談自分身上之儀當家永續之事幷邸宅地所新宅造營等之條々勸一獻初更之後退散　明廿四日　春日社御法樂倭謌詠進屬于奉行飛鳥井中將許　昨夜花園大夫來吹聽云姉新内侍勾當掌侍被　仰付云々仍今日遣使賀之

○廿四日庚申晴雲南行北風寒

前左金吾重德來談國事　午上刻著位袍差貫參　内今日當直也和謌御會始詠進懷紙屬于奉行越前權介爲遂如左

事具御塞等點撿了言上今日甚遲々申刻過　出御當奉行伺　天氣召令人人（先是親王丞相被候小御所作合廊納言以下候于露臺下廊下西方南上當役近習等東方南上ニ候スル也先　出御之事以兒被申出其後御鈴可有之處今日　出御之事可被申上之）

中鷹水ノシ
竪一尺二寸
橫見計ヒ也

春日同詠南枝暖待鶯 和謌 權大納言藤原實愛 松の葉に日か柔ろ にめろかゝ岡のあし ゝのはゝなうくひす 母す庵

文字賦九十九
三如圖書之

題書體奉行
より觸來回
文之書體ニ
認之流例也

奥ノ方ヨリ卷テ
央ヨリ頗上ノ方
ヲ折ル如圖

卷タル形凡七ツ半計ニ卷也
折目ヲ付ズ卷タル儘也

處見失念直ニ御鈴鳴甚不都合也仍御之後謝申上了雖非當役之失斷申了 入 内大臣被候御簾式部卿常陸等兩宮著坐奥次按察前大納言有長日野大納言資宗讀師權中納言雅典源中納言重胤冷泉中納言為理右兵衛督基政等著坐奥端相分次勝長朝臣講師雅望朝臣基和朝臣有良朝臣等著南簀子次讀師日野大納言起坐於座前伺　天氣之後進著圓座取安座出扇置前下懷紙置於座下右次取硯蓋纔ニ置直之次召講師勝長朝臣參進著御前座次講頌之人々次第參進圓繞講師座次讀師取懷紙一枚置于硯蓋上

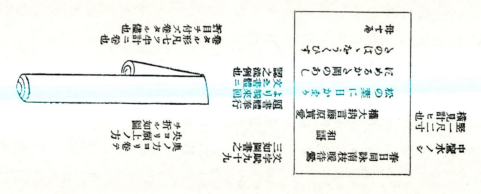

向前敷御　次講師讀上之人々講頌次第ニ皆如此臣下分訖讀師進　御前中下
御製復坐講師奉讀之講頌七反了（先是讀了講師退簀子）讀師返上　御製了復座如元置
懷紙於御淺硯蓋上起坐復于本座先是講頌人々復座了次殿上人より先下
萠退入内大臣一人殘留　入御之時被捲御簾此後一同退入于時酉刻前也
内大臣被談國事移時　今夜宿侍　次郎丸來逗留追々成長欣悅之至
也　尾張前大納言長防二州鎮定今日上著之旨以使届有之　松平越
中守戶田采女正等入來舊冬浮浪追討人數差出之處浪徒降伏速鎮靜之段
御褒詞御禮云々去廿二日一橋中納言被召寄　御沙汰有之故也　松平
肥後守使來如松平越中守依所勞以使畏申云々

（今日初庚申御圖拜受了）

○廿五日辛酉陰餘寒夕陽霽

早旦退出　裏辻少將來談國事安達清一郎同面談　遣使於尾張前亞
相旅館賀凱陣上著又戶田采女正昨日入來之儀遣使賀之了　今日國事
御評議依所勞（聊違和）不參相役觸遣之了　頭辨豐房朝臣送消息云（領狀請文自是）

之旨相報了

三條里鷹殿從四位上之事。

勅許候珍重存候仍早々。中入候也誠恐謹言

月日ヲ不書漏脫甚不可悅

豐房

〆三條大納言殿（後日面會之便令書加了彼朝臣失錯之段恐存之旨深謝候）　豐房

卽刻以諸大夫隱岐守藤原範忠轉法輪家ヘ及通達之處畏承之旨報之件消息彼家ヘ贈遣了　曇華院宮以使茶一箱類燒ニ付拜領金申立拜受ニ付被贈云々家僕ヘ金百疋到來卽與遣了　左馬大允友將來嫡孫初官位申上度之處當時息友明爲少允父子同官之條如何可申望他官歟伺申云々自是可答旨示了　自轉法輪來使謝彼是取扱之事　仙臺中將使來參議推任固辭被　聞食御禮云々　勅問宣下人々各來謝

○廿六日壬戌快晴風自南方來

伏見式部卿宮息女幾佐姬先年有不行狀被除彼宮系其後早世了此度中宮

松平肥後守歳末幷寒中等音物ハ挨拶申遣計也

來月十七日春日祭ニ付前十七日子刻迄ニ拜借人ニ里亭ヘ可牽旨同下知之了

寺宮愁訴ニ付復系之事尹宮ゟ被願申依之所存有無可申出旨殿下被命之
旨昨日當番六條黄門ゟ被傳示之無異儀旨彼黄門ヘ申入了　松平肥後
守ヘ贈太刀馬代白銀十兩年始音物答禮也　四辻中將來此度　春日祭近衛
使參向ニ付寮御馬二疋乘馬等料幷引料拜借ニ付來廿九日乘試度巳刻可牽渡旨
被相頼答承諾之趣了　同上之儀御厩ヘ下知了　來二月一日改ニ而諸
大夫官位年齢實名等可註進旨藏人辨示之　六條中納言久通再三今朝
被示御用儀也

○廿七日癸亥晴

伏原三位來乞面會稱差支不謁　外島機兵衛來面談移漏遣盃扇子烟草入
等過日進上物ニ付所賜也　贈菓子一折於戸田采女正旅寓訪逗留中安
否　御厩詰使番來　春日祭參向之人々拜借御馬之事屆申了　文通
久世前相公　一柳對馬守來上京ニ付時節安否訪問云々　松平肥後
守使來昨日贈物返禮云々　關白使來年始行賀答禮也　倉橋治部卿來

去廿四日御當座御人數被　仰出御禮心得違延日之旨被謝之　次郎丸
歸向于松崎邑　遣使於竹御所過日到來物挨拶令述之　來月十九日
巳刻智恩院參　內之旨觸來　中村播磨介進肴一折取計遣之儀有之爲
謝之也　今夜丑刻下邊（三條下京極東云々）失火

○廿八日甲子快晴午後晴曇交

巳半斜著衣冠（切袴）參　內當直也今日御當座始仍不能遲參　出御以前所
參仕也（予今日非御人數之間不及著差貫也）　午刻斜　出御之間候詰（出御之旨被申出之間奉行近習等申渡加勢卿一人率近習等先候露臺下廊御鈴之後予候詰）先候于廊下王公等參著座之後候于小御所唐戸下（南面東上近習在末上）御
座儀了先　入御出座人々退入之後予以下退入如例　夕被讀上候時再
出御如先講師越前權介爲遂內大臣以下公卿六七人（新加之人々自余各早出了）出座事了
入御人々退入之後予以下退入了　關白內府等國事言談之條々有之頗
多端不遑筆記　今夜宿侍如例　寅刻地震頗長大人々震駭著衣冠以
表使伺申　天氣幷　親王御機嫌且心得之條等伺申此間相役武傳近習等

都合八九人參上及拂曉先不動之間各退出了及天明後兩三度微動有之

○廿九日乙丑晴陰餘寒强

今朝不及退出殘候巳半當直六條中納言參上先以震動無之間退出　野村左兵衞來面談時勢之事且兩敬取扱之儀談申之來月一日使可贈答約了

常陸宮以狀有被示之旨賜牡丹餠一折　前左衞門督重德來談

○三十日丙寅晴北風及深夜陰

文通常陸宮昨日所賜返狀進之贈呈海鼠腸一桶了　松平民部大輔使來舊冬侍從從五位下推任敍ニ付而ハ專予取扱之儀深謝之時候安否訪問白銀拾五枚水戸藏板弘道館記一枚摺肴料千疋等到來厚志悦存但白銀肴料等受納不本意之間其趣意令答之處使者委詳之意味述之偏受納之事申之依先受納置了　未時參　內國事集會日也殿下面談昨日野村左兵衞言談之趣巨細申入之且尾張前亞相越前少將等優賞之儀申入了　夕各召　御前御評議了戌刻過退出　於宮中新清三位有面談之儀不及記事之子細

●二月小

○一日丁卯陰微雨午後晴

當日賀式如例月祝著幸甚　戸田和州來談常野邊浪徒一條ニ付戸田越前守幕府ゟ咎申付隱居愼且二萬七千石余減祿於家督ハ末家土佐守ニ申付五萬石宛遣追而所替可申付旨等去月廿五日申渡趣今朝飛脚到著驚愕慨歎之至云々此事ニ付種々被相談委曲不遑筆記之也凡近日幕府處置每事暴政如此人心離散終ニ天怒人怨天下紛亂之基可歎々々　午上刻參內衣冠差貫　當日如例於御學問所參賀衆武傳等　御對面了未斜退出參於准后當日　親王申上了退出詣于關白家殿下談申松平肥後守東下ニ付賜物之事以下條々又戸田越前守一條談申之旨有之申刻過還家　戸田和州再入來今朝之儀猶又被相談　大島左馬大允今度　春日祭ニ付少允參向之處舊儀御再興初度之義故下向致度御暇願書差出仍如例其儘武傳月番飛鳥井家　令差出了　松平肥後守先年來兩敬之因取結度旨申越然而双方多

三日左馬大允御暇依請被　聞食之旨武傳ゟ招僕示之即本人ニ達了

端之時節紛雜延引之處舊冬又以戸田和州段々申乞於今ㇳ難延曳依今日
相互使者往來双方太刀馬代（白銀壹枚）贈答有之使者祝酒等相互入魂了
○二日戊辰陰雨終日不休入夜猶沛然
戸田和州來談　左右馬寮屆申東照宮神忌日光山下向被　仰出云々
昨日於　宮中頭權辨從消息云
賀茂祭左馬寮役。御馬之事任例可令。下知給候也誠恐謹言
二月一日　勝長
三條大納言殿　勝長
今日左馬大允下知了於賀茂祭ㇳ大允（友將）參勤於日光ㇳ少允（友明）下向之
旨申之依尋問所答申者也　遣使於松平民部大輔許一昨日到來物挨拶
先不取敢令述之了　山田善兵衛宇都宮一條ニ付明日出立東向ニ付遣
金三百疋幷一品（紫帶）等　今日當直之處依御憐宥晝之間不及參番夕景參
仕宿侍亦如例

○三日己巳晴雲南行辰時地震寒嵐時々小雪散

安達清一郎來談　未斜參　內國事御評議也殿下一條亜相等別段內話等有之此余相役等示談又戸田大和守面談等不遑擧記　夕召　御前御評定有之多端不能枚擧戌半時退出還寓　朽木近江守來上京屆且安否訪問云々

○四日庚午晴沍復風寒

今日關東使高家橫瀨筑前守松平越中守同伴參　內此次朝覲上京朽木近江守一柳對馬守等參　內仍可出仕之處風邪仍不參相役六條黃門三卿中院黃門（東使親王御直廬ヘ參上ニ付可參會之故也）等觸遣了　殿下以內狀極密有被談之旨此次賜茶菓以返翰厚謝申了　參　內之武士等來畏申拜　龍顏賜　天盃之事橫瀨筑前守參　內ニ付贈太刀馬代（銀一枚）卽彼使ニ答禮遣之（到來之本物其儘返遣之是例也）又朽木一柳等贈太刀馬代（銀二枚）兩人同樣也右之不及答禮　前關白（忠凞）以使被需染毫　諸大夫官位年齡實名等藏人辨許ニ令注進四ッ折（有上包）

正親町三條家諸大夫

加田　從六位下隱岐守藤原範忠二十歳

○五日辛未雲收天遠晴風靜陽光和照午刻陰小雨夕晴入夜快霽上弦月新照

戸田和州來談又安達清一郎熊田萬八熊田進菓一折賜扇五本盃一口煙草入等等來面談　横瀬筑前守來歸府御暇且賜物等御禮云々　進狀於賀陽宮呈菓一折

室章子社參之次向於母堂家逗留　經理辭藏人左衛門權佐撿非違使等

被　聞食之旨當番ゟ觸來

○六日壬申快晴午刻後陰雨下

今日　先帝御正當精進加愼於般舟院御經供養有之御導師雄嚴僧都若王子

題名僧可尋著座公卿日野大納言資宗新源中納言通富宰相中將公正布施

取殿上人可尋奉行藏人辨俊政諷誦御願文等大内記修長朝臣艸進按察前

大納言有長清書之云々　前左衛門督重德戸田大和守河合源太夫等來

談河合備前藩臣也今日初ゟ所來也　室章子還渡　内府公忠房文通進板本七種茶一箱賜

菓一折　左馬少允友明男友愛初官位（正六位下左馬少允此事日來内談有之父子同官先例未存之他官或如馬屬可申望歟之旨伺申於寮任屬之條無念也如兩局ハ皆父子同官稱大外記新大外記等又號左大史新左大史等然ハ准例非無之所詮於寮ハ異于其他之事以兩局之例先催方大外記ニ内談可然旨示含之其後於大外記も同意之趣申出然上ハ可申上旨所下知也）申文差出之無所存武傳内見副使遣之了

夕參番又宿侍如例

○七日癸酉晴陰

卯半時退出　回文來（四辻ゟ柳原ニ達來）内府　春日祭南下ニ付音物幷見立待受等行向之事可用捨旨内府口狀門流第一四辻前亞相ニ被申入同卿ゟ所觸出也　左馬少允（友明）來昨日武傳入内見小折紙今日申出可附于職叓頭權辨添使之事願申卽沙汰遣之了　未半時參　内國事御評議也殿下内府等種々言談有之　入夜召　御前御評定有之二更退出　尹宮過日返翰被下之賜菓子一折　戸田采女正以使被贈交肴過日爲見舞贈菓子答禮云々

○八日甲戌陰晴交及夕晴

戸田和州來談　會津中將家來上田傳次來面會初見賜熨斗昆布彼士呈
肴料金三百疋扇子代百疋等遣扇五握盃二口烟草入等面會少々談時勢之
儀　安達清一郎來面談　日光准后宮并新宮等ゟ被贈太刀馬代白銀
壹枚宛新宮ゟ樽代貳百疋等是舊冬新宮一品　宣下之時予上卿之故也
文通六條中納言　久世前相公自今日所労籠居之旨回文來　未半刻
著布衣白蒲萄裏詣關白第謝申過日賜物以封中內々申入之旨有之次向尹宮謝
申昨日賜物訪申違例了還寓申半斜也　常陸宮文通時勢之儀ニ付申承
旨有之此次進肴賜菓子墨等

十日輪門里坊へ遣使謝音物了

○九日乙亥晴雲南方行
前左衛門督來談　關白齊敬公以使被示剪紙云
春日社正遷宮被為濟候ニ付和歌被成御奉納度被成御勸進候來十五日
被取重候仍御詠出御賴被仰入候事
二月九日

短冊賜之題寄社祝權中納言雅典撰進云々領狀之旨以僕報答訖　遣使
於松平民部大輔旅館贈錦臂袋一口肴料白銀貳枚等過日音物答禮也
小原二兵衛大垣家臣來面會明日出立歸國云々遣紋服　頭權辨勝長朝臣送
消息云
左馬寮少允源友明男。源友愛申左馬少允正。六位下之事。　敕許候早可令
下知給候。也誠恐謹言
二月九日　勝長
進上　三條大納言殿　勝長
報領狀之旨了卽召左馬少允友明之處大允友將來仍　宣下之事加下知御
禮廻勤遣副使先例也　來十二日左衛門佐光昭御馬拜借之儀　春日祭
傳奉ゟ示之卽加下知了　今日當番之處御憐宥遲參秉燭前欲參番出門
之處於途中內府忠房行會下乘可禮之處從駕之家僕等心得違不及下輿予
加下知之間既被行過了依向彼公里亭謝不敬了參番乃宿直　今日官位

敕問也　宣下之人々皆來畏申如例
○十日丙子天晴雲脚南靡
來廿二日　水無瀨宮廿五日　聖廟等御法樂詠進之事被觸之　聖廟奉行
經元卿　水無瀨雅望朝臣云々　左馬大允友將誘來嫡孫新左馬少允畏
申昨日初官位　宣下進金百疋添使々贈延紙云々是例也　公愛朝臣有
書談　戸田和州ゟ被贈肴一折　遣使者於松平越前守邸賀自長州凱
陣未斜參　内國事御評定也別席尹宮面談有之夕各參　御前如例衆議有
之酉半刻退出
○十一日丁丑快晴
春日社御奉納神寶今日内々　御覽也仍可參仕之處齒痛相發之間不參相
役觸遣了　被觸涅槃會御延引日限追被　仰出之旨　前左衞門督戸
田和州安達清一郎等來談　當家勝手向取扱之儀松平丹波守戸田采女
正同越前守等三家臣交替在勤也自今日采女正家來吉田團平佐藤幾之丞

出勤今日一同面會祝酒有之彼兩人ゟ予以下家來等ニ贈物等有之

○十二日戊寅晴雲南行風頗寒

重德卿公愛朝臣等來談國事於公愛朝臣ハ再度來談此兩人憂國之志有之仍所示談也　公宴御月次詠進被觸之奉行源中納言云々　藏人侍從長邦今日拜賀遣太刀馬等折紙賀之　常陸宮賜内狀時勢苦心之儀被示越之旨有之此次被贈粕漬肴進答書　夕參　内當直也　親王御乳人表使江阪等面談近日松平伯耆守安倍（阿部）豐後守等上京賄賂之説專有之ニ付有示置之趣　今夜宿侍

○十三日己卯霽雲東南行

早朝退出　著狩衣向賀陽宮被謁見種々談中國家之重事多端不遑記之此次戸田和州ゟ進上物（紅白縮緬五反）傳上之彼和州宗藩之事ニ付願申之趣等依有之也言談移時次向花園家一同面會今度大夫實延南都下向之間之儀條々有相談次詣近衞殿内相府（忠房）被謁見國事數ヶ條言談了入夜還寓

左大辨宰相長順前左衞門督重德等有書談之儀

○十四日庚辰晴陰午後快晴和暖

安達清一郎來談　重德卿公愛朝臣等文通　前關白忠凞公以使被需詠謌染筆　關白齊敬公　春日社奉納勸進和歌以使詠進之可持參之處參內略儀謝遣之了　午上刻著位袍奴袴參　內今日午刻　春日社御奉納神寳　御覽也關白參上遲々申刻許　出御當役率近習等詰候於馬形障子邊關白直衣被候于鬼間小時　御出先是藏人奉仕御裝束其儀清涼殿石灰壇東面二ヶ間二行敷弘莚行南北　其北敷大床子圓座爲御座晝御座二帖聊押遣北間南第二敷圓座爲關白座次五位職事或用藏人運送神寳置弘莚上第一神殿料置西莚北頭第二神殿料置東莚北頭第三神殿料置西莚第四神殿料置東莚藏人頭附內侍奏神寳持參之由神寳有內覽之後奏之訖候孫庇以上之儀其實前奉仕之後出御以出御也次出御御引直衣紅打御袴女房奉仕之又女房候御裾　關白參著御前座自鬼間直參進依　天氣藏人頭勝長朝臣昇長押經神寳中央參進開御鏡莒蓋備　天覽　御鏡　御鉾　御橫刀添平緒第四神殿料無之

御弓御矢次　入御關白向鬼間方次本役人等撤神寶返給行事所先是　入
御了之間退入　於宮中戸田和州面談　申半刻退出　明日兩老中
松平伯耆守 安倍（阿部）豐後守 參　內之處延引被　仰出旨被觸之又相役此比無人ニ付本役加
勢等隔日參番不苦旨殿下被命之趣當番柳原黃門示之　松平大隅守使
者大久保一藏來上京ニ付時節訪問烟艸一箱干海老一折等到來大久保ゟ
進肴料三百疋烟艸一箱等

○十五日辛巳快晴夕薄陰

前左衛門督大久保一藏薩藩士　吉井幸介同上　野邑左兵衛會藩士　等來面會皆談時
勢之事不遑枚擧　未時前著衣冠參　內國事御評議如例集會殿下尹宮
一條亞相等別段面談有之又今日兩役參集兼日被觸之申刻殿下兩役等召
御前殿下被傳仰云昨秋變動ニ付可被改元號可爲來月中旬且傳奏奉行日
野大納言資宗頭權辨勝長朝臣等可被　仰下被尋下所存云々一同無所存
旨予答申了伺御氣迄退下日野大納言勝長朝臣等兼而召設之後時殿下被

命云傳奉於八景繪間殿下可被申渡之處今日格別御用多端之間當役可申渡尤殿下傳宣之趣可存知云々仍於役所兩役列座招日野亞相勝長朝臣等予示云昨秋變動ニ付改元來月中旬被　仰出右ニ付傳奏奉行被　仰下云々日野辭云不堪其任且火急一入恐存云々予再示同猶辭遜之趣可申上但叡慮既被決被　仰下之儀可有御請歟云々日野然上ハ御請之旨被申之仍應答之趣終御請之由殿下ヘ申入了　夕如例殿下右大臣尹常陸等兩宮一條九條兩亞相兩役等召　御前御評定有之事了戌刻過退出　今城宰相中將花園大夫等入來云々用事不及筆記　今日眞田信濃守來昨年來在阪警固之處今度歸國ニ付伺　天氣上京仍爲屆且時訪問旁入來云々重德卿公愛朝臣實延等文通

○十六日壬午雨下雲西歩夕晴斜陽映雲

公愛朝臣來談國事安達清一郎野邑左兵衞來談　花園大夫此度　春日祭爲關白神馬使南下（此事家司之所役也然而無人之間段々被賴請仍領狀但不被補家司唯使勤仕而已）爲訪問贈菓子一折

同朝臣戸田大和守等來談於花園え南下ニ付暇乞也　中院中納言入來
彼邸地替之儀ニ付愁訴之旨有之　來十八日　春日祭舊儀御再興ニ付
當日　禁中　親王准后等ゟ參賀不及獻物服者翌日參賀等之事妙門室申
達御世話之故也　秉燭前沐浴著衣冠參　內當直也宿侍如例今夜不被
下御格子明朝　春日祭使上卿等發遣　宮中之儀夜中可被行依之子刻過
ヨリ追々參集之間徹明

○十七日癸未晴雲南行乾風寒夕和融
春日祭廢典之儀今度御再興今朝近衛使上卿等發遣曉天先　內裏之儀可
有之也子刻過人々漸參集予改著衣冠奴袴此間相役加勢等追々參會每事
加催促傳奏右衛門督亂保奉行頭權辨勝長朝臣事々指揮之寅刻前內記奏
宣命參內殿賀茂祭如　草清書等參內殿故當役無商量之儀　御覽之後授內藏寮使云々此後近衛
府使右近中將公賀朝臣率舞人陪從等從左衛門陣參入經敷政門階下等參
弓場殿陪從發歌笛令職吏奏事由其儀使以下參集事々具之間傳奏具之旨言上散狀被附使弓場ニ可令立哉之旨附于當役被伺申具之

旨言上先是御塞撿知御覽所其外所々相役等率非藏人等又相伴修理職奉行等加點撿如例即使可令立于弓場旨被仰出即傳奉申渡小時使立弓場之旨被申上又以兒申上之處經小時
出御之旨被仰出當役以下詰候馬形邊 出御晝御座御直衣女房奉仕之晝御座邊東面皆垂簾也 出御之旨
以兒被 仰出予示于傳奉此間藏人頭勝長朝臣候鳴板邊被動御簾勝長朝臣召
使々右近中將公賀朝臣入明義仙華等門候長橋藏人居衡重藏人頭勝長朝臣勸
盃舞人陪從以上皆地下樂人等也如國祭入明義仙華等門於東庭奏歌舞片舞次率立餝馬之舞訖間
率立之 次勝長朝臣參臺盤所簾下取御衣紅打御衵女房自簾下出之 賜使々出前庭拜舞退出
次 入御入御之旨以兒被申出 此後再御覽所以下點撿御塞撿知等疾速加催促雜人等
令出平唐門先是近衛使見訪了 御塞等事々具之間以兒申上伺申進發須臾進發被
仰出示于傳奉當役以下自便所下殿諸大夫間如例出坤穴門見行列此間使以下自右
衛門陣宜秋門代也 發遣近衛使內藏寮使馬寮使次上卿內大臣今日不被參自里第進發使々進發內計進行之程
間使々等之列ニ引續テ被渡大路政官等前駈連車公卿二人殿上前駈三人其外地下數人可尋注等被渡御覽所前事了退出于時卯半
刻許也即退出 使々上卿等經 御覽所南門前出清和院門京極南門云々
分散以下可尋 今度舊儀被再興之事當日可賀申旨兼同被 仰出仍今

近衛使於休所挿々頭花紅梅

曉以表使賀申退出之便參准后同上　親王准后賀申了還寓居休憩　裏
辻少將戸田大和守等文通　戸田和州ゟ虎皮一枚殿下ニ進上傳上之事
被相頼仍以狀進達之處被大慶之旨以返書被報之和州其旨申達了　自
今晩入神齋（遠服者月水婦人憚佛事一同改火用店家火沐浴改本鳥(用紙捻)等之儀如例又門居間等引四日）依明日　春日祭也一
夜神事年來流例也

一夜神事之時不及掛札例也

○十八日（甲申天晴）
卯半刻沐浴著位袍差貫（具笏）詣于　吉田社先奉拜　大宮次奉拜　若宮兩段
再拜今日南都　大宮祭祀舊儀御再興之儀殊奉賀自余謝申祈申等如日々
奉納青銅三十四十三銅等申下御札之後下向還寓居辰時過也早旦遂參拜
祝著々々　戸田大和守來談東下之事當家造立之儀等自余世事談有之
前關白（忠熈公）以加治筑前介有内々被談之旨不遑筆錄　今日　春日祭也
近衞府使右權中將公賀朝臣上卿内大臣（忠房）同公連車日野大納言（資宗）町
尻宰相（量輔）前駈殿上人侍從永祜朝臣右少將基和朝臣左衞門佐光尙等辨

左少俊政南曹此他外記史以下諸官人諸大夫等數十人參向又右衞門督胤
保頭權辨勝長朝臣等爲傳奏奉行下向
○十九日乙酉晴西北風寒申刻前飛雪紛々小時晴
前左衞門督來談　前博陸使加治筑前介來面談不能筆記子細　今日
眞田信濃守智恩院前大僧正等參　內ニ付可出仕之處持病相冒仍不參相
役示達了　野村左兵衞來面談　裏辻少將戸田大和守等文通　花
園大夫來自南都還洛ニ付入來以前段々扶持之儀以下被謝之　眞田信
濃守來畏申今日參　內　御對面賜　天盃且御守衞御褒詞賜物等之事
中宮寺宮逝去ニ付自今日三个日到二十一日廢朝觸來
○二十日丙戌薄雪降辰時後晴猶時々小雪散餘寒烈
前殿下使加治筑前介來一昨日來談合之儀被厚謝之被贈下菓子一折
左右馬寮來屆申南都參向濟歸京之旨　未斜詣近衞第賀申內相府南下
訪問留守中諸大夫申置了次參　內御評定也殿下別段言談有之夕各參　御前議

了戌半刻退出　中院黄門今日入來日光下向依所勞辭申述被　聞食之樣被相賴今日殿下〻申入置了　妙門諸大夫某（松井）來今度彼室家來小畑某勤功ニ付一代限侍取立願書幷小折紙等有相談

○廿一日丁亥晴及深夜雨下

前左衛門督裏辻少將花園大夫等來花園面會自余兩人有差支不面會

原市之進（水戸藩）河合源太夫（備前藩）等來談　遣使於尹宮常陸宮等亭伺申引籠中安否　尹宮今日別勅使仕之旨被吹聽　水無瀨宮御法樂倭謌詠進屬于雅望朝臣許落手云々　光愛通凞等卿文通　遣人於戸田邸訪留守中昨日和州出立下向於和州之故也

○廿二日戊子雨巳刻晴

裏辻少將安達清一郎等來談時勢之儀　午刻參　內當直也今日老中松平伯耆守安倍（阿部）豐後守等參　內殿下以下國事掛人々可被面談云々未刻前兩武士參上兩役出會如例　申時後於小御所下段關白右大臣尹常陸兩

宮一條九條兩亞相兩役等列坐老中兩人有面會大樹上洛之儀以下　御沙
汰之條々於關東不致遵奉之儀被詰問無據事情兩武士申述之處不當之間
殿下嚴重被誡之兩人恐懼自餘詰問之條々一々兩人不能陣答唯々畏縮惶
懼仍其旨殿下被言上之上右府以下兩役召　御前被衆議伯耆守率兵卒攝
海警衛早々可令下向於豐後守ヽ迅速歸府大樹上洛可催促旨被議定以武
傳兩武士に被　仰渡兩人敬承明後廿四日一人下阪一人歸府相共可發途
之旨申御請了此間及深夜既四更過云々此後殿下以下退散兩武士退出云
々　今夜宿直　今日殿下謁見妙門侍取立之事伺申可無子細小折紙
可令出旨被命之此余世事少々内々申承旨有之

○廿三日己丑快晴東風吹

早旦退出　小松帶刀大久保一藏以上薩藩安立(達)清一郎因藩等來談　戸田和
三郎來訪　御月次和謌後日詠進之旨奉行源中納言に申遣楊宮返上訖
妙門留守居來侍取立殿下申入勝手申文可被出旨返答了　安(阿)部豐後守

使來昨日參　內無異且御暇被下御禮明廿四日發途歸府之旨申越之

○廿四日庚寅快霽催春暖

公愛朝臣野村左兵衛河島八右衛門等來談　召轉法輪諸大夫丹羽豐前守有申談之旨　去十五日涅槃會御延引今日有其儀依之　親王御肝煎ニ付捧物（一番文匣青漆無地無緒鑁袋チ入于中戴白木二重緣臺本儀堅脚可然也下札中奉書寸法見計御手愛如左認之）差出於御直廬中院中納言落手云々三卿參上取計也夕御鬮之品可申出旨三卿示之仍令申出之處越後（內下﨟女房也）所捧之二番文匣賜之　明廿五日　聖廟御法樂和詞詠進屬于奉行經之卿許　紀伊中納言今日當地到着屆使者來　當丑年加恩米半年分今日於勘使所相渡令僕受取之

○廿五日辛卯快晴春暖大加一兩日彼岸櫻笑紅梅盛

令洪胤參拜於　聖廟奉納青銅二十疋　紀伊中納言使來上京松魚一箱（二本）十到來　前左金吾來談　午斜參　內今日紀伊中納言參　內也又例之御評日也殿下以下各召　御前有衆議事々因循不斷慷慨之至也入夜

僅議定了此後紀伊黃門　御對面也戌時　出御于小御所　御對面訖　入
御如例此後殿下以下有面談云々又近年於彼藩盡力之儀依有之賜鞘卷御
劍以武傳被渡之又大樹上洛之儀周旋之事被　仰下當役等無御用之間戌
斜退出

○廿六日壬辰晴和暖風自南方吹來

前左衞門督公愛朝臣等文通　昨夜紀伊中納言來畏申今日參　內之處
御對面賜御劍之事　同上今日發足東行之旨以使者屆來

○廿七日癸巳晴益暖氣加

巳半刻出門詣于前殿下第前博陸被面會次郎丸連年加級之事以予例申上
度旨申入尤可然由被命之又當正月八日談申諸大夫今一家再興之事談申
之加田家取立之時之次第幷此度願申趣等書取置進之猶可被勘辨云々此
後時勢之儀少々談申次參　內今日尾張前大納言越前少將等參　內也昨
冬防長征罰總督副將として下向之處謝罪降伏ニ付歸上今日參上長防動

靜言上可有之也又國事御評議可有之旁博陸右大臣尹宮常陸宮一條九條
兩亞相兩役等參集也　未刻尾張前亞相越前羽林等參上兩役出會如例
今度大任成功不動干戈敵國降伏之條功績予深讃美之厚慰勞訖又憂國之
情難默止予久世前相公等兩人招尾張於別席議論時勢之事此間　御對面
出御云々于時既晡下也如例　御出於小御所尾越兩人　御對面賜　御盃
了　入御　此後兩人賜酒饌　又於小御所下段殿下右府兩宮兩亞相
兩役等列座尾越長防之動靜談話有之事了初更後退出　先是　御前評
如例有之　園池少將河合源太夫等來談又戶田和三郎來臨談話之儀有
之　重德卿公愛朝臣等文通於重德卿方被贈茶菓　尾越來謝今日之
儀

○廿八日甲午晴陰午後時々細雨未時地震其後雨下
今日東本願寺參　內ニ付可出仕之處所勞不參相役觸遣了　前左衛門
督戶田大和守小松帶刀大久保一藏安達清一郎北村寬治等來談世事

當半年分加恩米去日相渡之間

重德卿文通謝昨日被贈茶菓遣美濃紙

今日家中一同ニ配賦賜之如先規有差

○廿九日乙未雨降雲南行及夕陽屬晴

公愛朝臣來談世事又大久保一藏野村左兵衛等來面談皆同上　光愛卿

書談同上　內府忠房公今日自大和國歸洛去十七日發遣　春日祭參行了

南都所々順拜了參拜　多武峰夫ゟ　神武天皇御陵并和州所々　山陵拜

禮了今日歸京也以使賀申了

●三月小

○一日丙申天晴餘寒烈深夜薄雪降

當日幸甚祝著々々賀儀如例朔　松平肥後守使野村左兵衛來時候見訪

重詰到來　巳半斜著直衣奴袴參番此便詣于近衛家賀昨日內相府自和

州歸京之事次參　內當賀并　御對面等如例　今日國事御評議有之衆

議難決之儀有之辨論移時二更事了　今夜宿直

○二日丁酉快晴午後時々陰細雨灑夕晴

早旦退出　小松帶刀大久保一藏河合源太夫等來談　右衞門督前左衞門督等文通　高松左兵衞權佐來談南祭舞人出仕ニ付服錺以下之事

中院中納言來謝日光下向辭遜之事ニ付日來相談今日被　聞食之旨

○三日戊戌天晴風靜春景深長閑

上巳佳節祝式內外如例草餠菱雛祭供桃花等家風如方祝著々々　巳半斜著位袍奴袴向近衞家賀當日次參　親王御直廬同上又准后同賀申次參內當賀如例又參賀衆　御對面候詰　未時前　出御于參臺殿　覽鬪雞事了　入御　去秋類燒居宅新造料雖被宛渡當時土木用途騰貴難行屆ニ付金子千五百兩拜借之儀願書屬于武傳卿了　未剋過退出　三條西園池等兩少將花園太夫戶田大和守同和三郎以下地下數輩來賀　前殿下使來被贈肴料貳百疋過日染筆物之儀被謝送之　博陸使來　春日社奉納和歌詠出挨拶被示越　今夕祝酒又如例年

別當攝河泉三ヶ國御陵巡撿仰付ニ付廿三日歸京之旨更七日以廻文示之

○四日己亥晴夕暖氣加

長谷川捴藏尾藩 小松帶刀大久保一藏以上薩藩 野邑左兵衛會藩 等來談世事 小松帶刀大久保一藏兩人ゟ進唐紙一束縮緬紅白二卷文匣烟草肴料金千疋等 松室河內來進菓子面會賜物有之 來八日巳刻 神武天皇山陵使發遣 御拜 出御之事觸來且國事御用同斷有之

○五日庚子晴雲東北歩巳時後薄陰入夜雨

今曉有火西北方不遠云々今出川以北之由也民家一二宇燒失云々關白以下相役等參入之旨傳聞之間依齒痛不能祗候由相役觸遣了小時鎮消

植原六郎左衛門津山藩 來談進短册々々文匣等賜扇紙入等先年來識人也

前左金吾來對人中之間辭面會了 別當胤保 以廻文云畝傍山 山陵奉幣使幷同國諸 山陵巡撿來八日發途十九日歸洛云々 午後戸田釆女正入來今春三ヶ月詰上京初而來臨予室等面會差茶菓爲土產肴菓等被贈之一同配賦遣之 松平肥後守ヘ去一日音物答禮鶉餅一箱贈之 同

上來使時勢之事ニ付示越之旨有之　東照宮神忌ニ付御經新寫被仰
付分出來今日奉行藏人辨ニ附屬之處落手云々紺地金泥寫經一巻（信解品）也
○六日辛丑陰雨或時々晴暖氣甚入夜又雨下
前左衛門督安達清一郎等來談　松平肥後守公用役相招之處小森久太
郎來仍面談時勢之儀主人肥後守ニ令説得後刻再來談返答之趣　午半
斜參　內當直國事御評議也殿下內府等有面談　夕　御前評有之初更過
退下　戸田和州參會有面談　今夜宿侍　贈菓子一折於戸田和州
近日下向攝河泉爲餞別也
○七日壬寅陰雨不破塊
卯半時退出　午後向賀陽宮々面談世事不遑記之次向陽明家內府稱差
支不被謁仍還家申斜也　久世前相公書談　常陸宮以狀被贈大狸一
疋奇怪之儀也　戸田和州來臨予他行中不得面會
○八日癸卯雨午後晴陰交夕晴

山陵使右衛門督胤保參議右大辨經之辨俊政以上參陣

神武天皇山陵奉幣使今日發遣　御拜　出御ニ付辰刻沐浴著衣冠奴袴參內事々遲々巳刻過被始陣儀使定文　御覽附內侍此後　出御于時巳半斜也於朝餉御服先是　御覽　宣命草御服了　御覽同清書次有御手水次陣了使發遣之儀注進之後　出御於南殿南庇　御拜粗如例幣但　御座令向南給　御拜了　入御今日帛御服也　入御午斜也　今日改元年號字御議定內々可有之也未刻殿下令參會給予謁申時勢之事條々申承多端不遑記　夕殿下兩役等召　御前年號字御內議有之然而各其難有之無可被擧用之佳號之間明日中更可勘進旨可申渡由被仰下傳奉ニ下知了酉半前退出　戶田大和守來臨云々　關白殿下以使被示云官務輔世朝臣へ兼而被下置雲立涌袍來十二日仁門阿闍梨　宣下參向之時著用之趣被屆置云々　京極飛驒守來屆上京之由

○九日甲辰快晴

安達清一郎來談　戶田大和守今朝出立下向於攝河泉仍遣使賀之了

午後著狩衣（蒲萄 白裏）向近衞第尾州臣成瀨隼人正長谷川捴藏等面會談防長之事此後內相府被面會談申時勢之儀數个條移時申半刻過還寓居　松平肥後守今日黑谷引移之旨右吹聽九鬼長門守來上京屆云々　右衞門督和州幷攝河泉下向賀遣之　眉延姬保姬等遊覽於松崎邊夕還渡

○十日乙巳快晴如昨日但午後時々薄陰如春暖

前左衞門督戸田和三郎等來談　尾州前亞相使來時候訪問魚菜（鯛鮑鰤子筍 蕨薑款冬木瓜）一臺到來　未刻過著直衣參　內國事御評議也如例殿下右大臣尹宮常陸宮內大臣一條大納言九條大納言兩役等參集申刻許各召　御前衆議有之秉燭前事了退出　被觸來二十日改元定御延引之旨　難波前黃門來需染筆物　進鯛鮑木瓜蕨款冬等於內相府被贈下奈良漬一樽湯葉數本等　今日官位　敕問　宣下人々各來畏申之

○十一日丙午晴春暖大加山櫻盛開

大久保一藏長谷川捴藏等來談　中院中納言來面談日光下向再被　仰

出之儀　西四辻大夫來需染筆
〇十二日　丁未晴天氣類于昨日夕陰暖氣甚入夜夕立雷電甚三更雷止及曉又雷電兩三有大雷
贈菓子一箱於尾張前亞相旅館過日到來物答禮遣之　中院黃門來不及
面會　京極飛彈守九鬼長門守等贈太刀馬代白銀二枚宛等到來今日參　內
ニ付贈物也　午刻前參番京極九鬼兩武士參上出會如例未時過　出御
於清涼殿代小御所　御對面賜　天盃了　入御如例　關白參上日光下向
堂上之輩御所置ニ付兩役召　御前殿下被侍座有衆議又於八景間殿下兩
役等群議此間人々面談等度々有之繁雜不遑記三更過殿下兩役等退出
予宿直　今日參　內兩武士來畏申　御對面賜　天盃之事
〇十三日　戊申陰雨天曙之後雷五六聲午刻後又雷鳴雲西歩夕北風早雲南行屬晴
早旦退出　植原六郎左衛門來談進革文匣山鳥一隻等　被觸明日巳
刻松平伯耆守參　內且明日御評議有之旨等　進山鳥於常陸宮賜桑酒
保命酒等

○十四日己酉晴北風寒雲南行

松平伯耆守使來今日參　內ニ付宜頼存之旨申越之　公允朝臣來談類燒ニ付拜借金願之事　高野中將來祭使參向ニ付御馬拜借之事被相願秋元但馬守家臣岡村宗左衛門來上京ニ付但州ゟ被贈菓子一箱　遣使者於松平肥後守許訪安否　戸田和州留守中訪問遣使　午刻參　內今日松平伯耆守被召被　仰下御用之儀可有之也又國事御評議有之午後伯州參上云々申刻後各召　御前有御評議今日伯州ニ可被　仰下御用向其外數ヶ條也入夜事了此後召伯耆守於露臺下廊下殿下右大臣尹宮常陸宮內大臣一條九條兩大納言兩役等列席　御沙汰書被相渡巨細被仰聞是諸藩參勤交替幷妻子在國等之儀被　仰下等有之伯州段々愁訴之趣も有之移時終伯州奉命可東歸被決定伯州遵奉戌刻過退出

後刻參　內進御庭ニ如例加下知了

○十五日庚戌晴陰午刻後陰雨下

相役當番ゟ御用書談再三有之　松平伯耆守今日出立東下之旨以使告

之

頭權辨勝長朝臣送回文云

追申刻限辰半刻可令參給候也

來四月七日可有仗儀可令參仕給之旨被仰下候宿紙拂底之間先內々申
入候也

三月十五日　　勝長

三條大納言殿　　山科宰相殿
右大辨宰相殿

加奉返却之兼日帥大納言領狀之處辭申之間予被　仰下也自余兩人同替
歟然而辭斷之人未聞及　冷泉中納言來談之儀有之　定國卿通房等
來需染筆後刻調筆返却了　河合源太夫津田彥左衞門（以上備前藩士）等來談

〇十六日辛亥晴陰夕陰雨降出終夜滂沱

改元傳奉ゟ廻文來左云

條事定改元定等次第一帖入見參候早々御廻覽可返給候也

三月十六日　資勝　宗長
三條大納言殿　山科宰相殿
左大辨宰相殿
次第寫留達于左大丞了　改元定仗儀上卿内大臣以使被爲見國解續文
一通予山科左大丞等次第廻覽之上最末ゟ可返却旨被示之一見山科宰相
に順達了　大久保一藏安達清一郎等來面談　松平肥後守使來過日
遣使訪問答禮云々　午半斜向近衞第改元定參陣之事屆申之每事宜願
申旨申置之（内府上卿參仕之故宜被添心申入者也）　次參番宿侍如例　兵部大輔裏辻大夫等來
文通爲理定功隆祐等卿　二郎丸來直ニ松崎邑歸向云々　又公愛朝
臣書談
○十七日壬子晴雲南行夕催暖氣
早旦退出　八條前黄門改元文書數策被借送之昨日予所請也此内昨年
彼卿出仕之間予先年出仕之留二冊幷先達記等供與之分被借送之　植

原六郎（作州津山藩士）來面會進菓子賜烟草入扇盃二口等　頭權辨勝長朝臣送
回章云
追申刻限辰刻候也
來月七日內大臣可被申行條事始外記催遲々之間先內々申入候也
三月十七日　勝長
三條大納言殿　山科宰相殿
左大辨宰相殿
加奉返却之　今日午刻兩役參集兼而被相催是改元々號字內々可被議
云々予近日左手疼痛之處昨日來加重仍不參相役觸遣了　夕相役六條
黃門以狀示送云元號字七號被治定如先例調筆明日午刻迄可差出云々此
事當役第一執筆例也然而予手腕痛難調筆之間差次六條黃門可被筆歟與
奪之處領狀仍宜賴存旨以狀示遣了　室章子向今城家今夜止宿
○十八日癸丑晴陰午刻後快晴

改元定上卿内相府以使年號勘文幷擧難七號等被相傳次第回覽最末公卿ゟ傳奉ゝ可返却云々勘文寫左

年號事

天政（テンセイ）切偵　文選曰食ハ惟ㇾ民ノ天農爲ㇾ政本（永明九年策秀才文）

萬弘（バンコウ）切無形　文選曰夫天德之於萬物可ㇾ謂弘廣矣（求通親ㇾ親表）

天健（テンケン）切無形　周易曰天行健君子以自彊不ㇾ息（乾卦）

文隆（ブンリウ）切無形　文選曰欲ㇾ卒文武之功繼成康之隆（求自試表）

萬德（マントク）切墨　宋書曰萬邦之允釐德以ㇾ位敍（符瑞志）

慶應（ケイチウ）切無形　文選曰慶雲慶ㇾ輝（漢高祖功臣頌）

天享（テンキヤウ）切昶　文選曰順乎天而享其運應乎人和其義（晉紀總論）

式部大輔菅原在光

年號事

明定（メイジヤウ）切㲉　尙書曰聖有謨訓明徵定保（胤征）

德化　切無形　漢書（平帝紀）曰宣明德化萬國齊同
天秩　切扶　尚書（皐陶謨）曰天秩有禮自我五禮有庸哉
觀德　切械　禮記（樂記）曰樂行而民嚮方可以觀德矣
大曆　切滌　隋書（樂志）曰堯昔命舜舜亦命禹大人馭曆重規沓矩
萬寧　切銘　呂氏春秋（仲夏）曰天下太平萬物安寧
大寬　切圜　羣書治要（袁子正書）曰天地之道貴大聖人之道貴寬

式部權大輔菅原長熙

年號事

永基　切無形　晋書（武帝紀）曰朕守遺業永惟保乂皇基思與萬國以無爲爲政
平政　切無形　尚書（大禹謨）曰地平天成六府三事允治萬世永賴
天寧　切汀　文選（七發）曰天下安寧四宇和平
乾永　切無形　隋書（音樂志）曰聖主寧區宇乾坤永相保
萬保　切務　毛詩（瞻彼洛矣章）曰君子萬年保其家邦

永寧エイネイ 切無形　宋書樂志曰普天安樂永ク大寧シ

大亨ダイカウ 切棟　周易无妄卦曰大亨ハ以テ正、天之命也

文章博士　菅原修長

乾永　文隆　大暦　萬徳　慶應　明定　天政

以上勘文三通幷可被擧難七號之一紙也別ニ被添切紙云

年號勘文三通幷七號一紙

右御傳達被成候仗儀公卿各御廻覽自最末之御方來廿一日中傳奉之內ハ可有御返却候且別紙七號擧難陳可有之被　仰出候事仍此段被仰入候事

落手之趣以家司報申了　右勘文以下醍醐大納言ハ順達次第廻覽以下之事以剪紙申達之處落手云々　近々日光下向ニ付飛鳥井中納言町尻宰相四辻中將美濃權介藏人辨等來廿二日巳刻可賜暇之旨被　仰出候由當番ゟ觸之　南祭舞人料御馬口付二人宛御厩ゟ可差出自余如先規武

家ゟ可廻哉自余打合等申來之旨武傳ゟ被達仍御厩掛令談合之上夫々報答了又同上ニ付御馬幷御馬具拜借之輩有之ニ付御馬御厩ハ下知御馬具御用掛非藏人ハ指揮訖　尾張前亞相使長谷川摠藏來歸國申立之儀ニ付有示談之趣此次爲時節訪問羽二重一反肴料三千疋等到來彼使ハ爲引出遣金三百疋相應相答了　信州松代眞田信濃守幷彼地立入僧俗ゟ類燒見舞として進小金

○十九日甲寅快晴及深夜降雨

左手疼痛同樣不日不可全治歟當月中出仕難測依之自今引籠可加養相決仍相役加勢等以廻文觸遣之

從今日依所勞引籠候猶出仕之節自是可申入候宜預御沙汰候也

三月十九日　　實愛

相役一通加勢一通以別通示遣之了　來月七日改元仗儀理申以切紙觸遣于奉行頭權辨之處落手云々左云

來四月七日仗儀因所勞不能參仕候宜預御沙汰候也

三月十九日　　　實愛

頭權辨殿

山階宮以狀賜菓子并櫻枝等以返狀謝申了

別ニ以封中所勞容體爲心得示遣了　遣狀於內府諸大夫中同上御理之事届申又此次進封書於內相府同前委曲申入之又時勢之儀少々心付之件々申入之處賜返書所勞之事可被含置又時勢之儀ニ付申入之條被同意猶可被考慮旨被報之　親賀卿雅望朝臣等來需染筆　錦織三位來　南祭彼息中務大輔參向ニ付御馬拜借之儀ニ付有被示之旨御厩掛ニ下知了　小松帶刀大久保一藏等ニ遣五色扇十本宛又贈同上於松平大隅守宜傳申旨示遣了　大野又七郎唐津藩進國產品　室章子今夕歸來

○二十日乙卯雨下夕雨脚休止

關白以使被示云兼而官務輔世宿禰ニ被下置雲立涌袍此度日光下向於彼地著用之旨届申仍爲心得被示置云々　南祭參向舞人加陪從等寮御馬

拜借之儀ニ付往來度々有之家僕記令書記之此間往復數度不遑擧記

成瀨隼人正後刻可來旨有案內然而痛所相惱之間遣使理之了　次郎丸

來兩三日可有逗留也　松田辨右衞門信州人面會賜熨斗昆布扇等彼人進

金子二百疋　痛所同容專加療養

○廿一日丙辰陰巳刻後雨下終日滂沱入夜猶沛然及曉休

長谷川捴藏尾藩大久保一藏薩藩等來扶病面談　以狀贈菓子一折於戸田和

三郎許訪和州留守中安否

○廿二日丁巳陰雲南行巳時後晴

戸田和三郎ゟ肴到來予所勞見廻云々　六條中院等兩黃門御用書談有

之　贈肴一折於戸田采女正旅館訪問　熊田萬八中川修理大夫臣歸國ニ付

爲暇乞來遣包物扇烟艸入　右馬大允良友日光下向ニ付爲暇乞來　室兩

姬等遊覽鴨競馬今城前中納言被誘引之入夜各歸來　日光下向之人々

今日御暇云々右付　親王ゟ賜物取計之旨三卿通富卿被示越之

○廿三日戊午快晴南風頻吹
今日石清水臨時祭也予痛所ニ付不出仕御禊以下如例歟可尋使右中將
基祥朝臣賜御衣（御表袴此事御再興以來御衣料所賜也今度使申立其理之間自今御表袴可賜被治定此事日來當役所預知也）舞人俊章（侍従）
敎久（中務大輔）實村（左兵衛佐）定允（侍従）大江俊昌（藏人左將監）源常典（同中務少丞）等自余可尋
長谷川摠藏來面談　內相府六條黃門等有書談但及數復　小栗下總
守來　賢所見廻リ被仰付風聽云々　次郎丸向於桂峰院方家此次臨時
祭進發行粧見物其後　御靈社下參拜彼邊遊覽之後還來　飛鳥井中將
ゟ砂糖一箱到來詠歌調筆遣之挨拶云々

○廿四日己未晴雲東北歩坤風吹薄陰
內侍所御法樂（來月十六日）和詞詠進被觸之　敕題也奉行越前權介爲遂云々
戸田大和守來談　御厩御入用當春三个月分書付差出之如例可計旨下
知了　遣狀於右衛門督去十九日來所勞籠居出仕之時可告知旨示遣了
次郎丸還向於松个崎邑　有容通凞等卿有書談公私兩用也　予所勞

同容之内聊減快

○廿五日庚申雨脚沛然未後雨休夕屬晴

戸田和州ゟ被贈和河兩國産晒布以下品々　小松左右助歸國暇乞來面會遣巾著燧袋等

○廿六日辛酉晴雲南歩又寒

尾張前亜相今朝出立歸國成瀬隼人正依被召留在京之旨以使告之　戸田采女正家臣大高玄蕃來對面遣熨斗昆布賜紋付服扇子盃紙入烟草入等彼士進肴料金千疋家司以下有音物　日光下向之人々町尻宰相清水谷宰相中將植松少將坊城辨等幷兩局以下地下官人數輩今日出立也自今日到來月一日日々出立云々　今夜酉半比有火東南火焔突天追々延燒之樣也鴨水東大和大路三條之下火起祇園邊松原街以南迄燒亡云々及丑刻過鎭火

○廿七日壬戌快晴午時後陰夕晴

四月一日尾州ゟ挨拶使遣之

來月七日巳刻改元定ニ付參賀獻物等總テ萬延元年之通尤當日僧尼重服者參內可憚旨等相役ゟ申來

戸田和州來談　尾張前亞相以使贈晒二反肴代金千疋等昨日發途歸國ニ付以前談合等之事有之故云々

安否進肴料百疋此工先代　高祖父　入道殿以來館入也稱相摸呼名於當家所賜之名云々近日更可來云々

故愛子號溫厚院長女也七回忌明日正當也

仍昨今於于栄山光福寺令修法會令代官詣於彼寺今夕設非時上下一同賜之　日光下向飛鳥井中納言難波少將中園近江權介慈光寺大膳權大夫左右寮以下地下數輩今朝出立云々

○廿八日癸亥晴陰午後漸陰夕雨入夜沛然

溫厚院七回忌正當也室墓參施(脱)我鬼修行有之非時一同賜之往時如夢忽過七年追慕哀悼送長景　來月七日改元ニ付參賀獻物以下昨日被仰出之旨妙門室ゟ相達　書通中院黄門今日仁門灌頂ニ付　親王御使相濟言上了之趣被示之彼卿三卿之故商量之予御肝煎ニ付被示之者也　安達清一郎來面談　日光下向中御門右大辨宰相今城宰相中將四辻中將樋口右馬權頭地下官人數輩今

日光下向大炊御門右大將長谷美濃權介北小路極臈細川差次藏人等地下敷輩今日出立

朝出立云々　甲谷兵庫正月以來下向于中國今夕歸參

○廿九日甲子陰

大高玄蕃(大垣臣)來進歌書以下書籍五六部面會賜茶菓　室向母堂家老母

近日所勞之故所向也宿于彼家　文通八條前黄門返却所借置之書記類

今日法中參　內也圓滿院室院家法光院以下各來謝　竹屋前宰相小倉

中將石野治部大輔高松左兵衛權佐并地下出納以下出立(各日光下向也)

●四月大

○一日乙丑天晴風寒雲東南方行

當賀如例予痛所未治之間猶不出仕　來廿一日　賀茂祭ニ付自八日晚

御神事自十九日晚到廿一日晚御潔齋之事觸來　甲谷兵庫歸京ニ付進

土產　右京大夫(哲長卿)來訪所勞　妙門諸大夫山本筑後守來此度彼門

室家賴木崎木工六位取立ニ付小折帋被相談預置了　高野中將(祭使參向也)

明日御馬拜借願之旨被示之仍下知于御厩了

○二日丙寅快晴

戸田和州來談上田傳次會津藩士同上　室今夕歸宿

○三日丁卯晴午後薄陰入夜雨下

進狀於博陸許時勢之儀ニ付内々所存申入之處同意給之旨被下答書

戸田和州文通又宣諭卿公愛朝臣同上　長谷川捴藏來談世事

○四日戊辰雨脚沛然午後北風寒吹雲南出夕霽

河合源太夫備前藩　歸國ニ付爲暇乞來面談遣烟草入扇等　四辻中將伺天氣書狀到來相役六條黄門ゟ相達了此次妙門侍取立小折帋殿下内覽之儀頼遣予御世話之故彼室ゟ被相談之處所勞籠居仍與奪籠居之間以相役入内覽先例也領狀之旨彼卿被報之

○五日己巳快晴坤風頻寒吹

六條黄門ゟ昨日所頼托之小折紙殿下内覽了被返之仍妙門留守居召寄返却勝手ニ披露可頼旨示了又妙門室總繪圖兩三日中可致注進殿下被命由九日妙門圖留守居ゟ進之依相役ニ差出早々殿

下へ可被上示遣了

九日松木返狀相役ゟ被廻越仍遣之

同被傳之仍其由相達了　烏山三河介執次參入大阪町人革師三人御厩御
用御出入申付之旨届出之　四辻中將道中ゟ被伺　御機嫌書狀之返翰
相役ゟ被達之仍四辻家ヘ爲持遣　佐藤幾之丞昨年中當家普請金取扱
ニ付賜紋服割羽織如此野服文付雖不可然近年依所望遣之
○六日庚午晴雲東北歩辰刻過雷鳴四方ニ發一聲甚大若霰歟微雨下其後時々雨午後晴寒
冷泉中納言久世前宰相等文通　津田彥左衛門備前藩來河合源太夫自分
等兩人ゟ進鮮鯛一掛　松木中將自道中日光幣使下向自加納宿所發也御機嫌伺狀來
勝手向昨年宇都宮年番之處今日大垣ヘ引渡自今到明年三月大垣年番所
取扱也昨年中精勤無異引渡濟ニ付山田善兵衛宇都宮家臣也文付麻上下料三百疋先
例也遣之別段昨年類燒等ニ付多端繁用之故文服割羽織雖不可然趣意注于昨日條料五百疋賜之
○七日辛未晴寒冷深午刻後陰
今日改元也昨秋輦下騷擾況迫　禁闕之條古今未曾有也保元平治之亂於
內裏戰鬪之處後世人稱元治之亂然而年號爲元治有去年之役不快之旨或

人申之依之可被改元之旨關白被執申仍有改元已刻有仗儀上卿内大臣忠房先被申行條事定之後改元之儀有之參仕公卿失念少々雖有記臆之分不及記之傳奏日野大納言資宗奉行勝長朝臣云々仗儀如例歟可尋　同上ニ付御所々々准后等可參賀也仍名代三條西少將（當役名代近習之人可用之旨先達說有之）を以賀申了又生鯛一掛兩役組合進獻于　禁裏久世前相公催之參賀獻物等相濟旨催名代等之人被示之名代以狀謝遣了　未時前相役當番ゟ被觸示云

改元治二年爲慶應元年之旨被　仰出候仍申入候也

四月七日　光愛

三條殿

加承返却了　改元慶應之旨注于一紙御世話門室（妙法院）相達之　改元ニ付所々ゟ進獻御肴鯛一掛賜之旨使番持之畏申如例（集會之相役ゟ一同總代申入之例也）件肴一尾贈于戸田和州一尾一同領賜之　野村左兵衛來談關東事情

○八日壬申陰雲東北行時々細雨依夕晴雨不定

九日吉田祭御再興之事妙門留守居示達了

自山階宮被下團扇烟草

自阿野相公羽林達迗回章云
來九日十日等之間外記史生參入　詔書御加署之儀可申入候仍爲御心
得申入候也
四月七日　勝長
權大納言殿　三條大納言殿　帥大納言殿　六條中納言殿　柳原中納
言殿　新源中納言殿　野宮中納言殿　右衞門督殿　左大辨宰相殿
左宰相中將殿
追申御廻覽可返給候且重服者未著陣正忌等御方々御加署無之樣と
存候也
加承順達于新源中納言了　相役六條中納言示迗云來廿四日　吉田祭
御再興被　仰出云々又御世話門室可相達旨也　戸田采女正今日巳刻
御暇參　内ニ付來於此寓居待案内而可有參上也仍巳斜入來近日發足歸
國暇乞旁來臨予室等面會羞茶菓飯等予ニ被贈鮮鯛一掛室ニ養老酒三瓶

等別段今日彼是世話ニ付白銀十枚到來再三相理之處段々無據趣意彼家來申之依雖不本意受納了家中男女一同被贈金銀有差午半過武傳雜掌來時刻宜可參　內旨申之此後參　內畢　後刻津輕越中守戸田采女正來今日參　內　御對面　天盃等御禮也於戸田ゟ在京中扶持之事被謝之

左大辨宰相故障籠居之事被告之三卿故御肝煎ニ所被告也

○九日癸酉陰雲東北行夕晴

遣使於戸田采女正旅寓賀昨日參　內濟來臨ニ付種々贈物之事謝遣之

左大辨故障之事　親王ニ言上中院黃門三卿也可被言上旨與奪之處領狀

外記史生宗岡玄蕃少允帶束來持參　詔書令僕布衣雜色可令著之處類燒後未具且寓居事々不具不便之間平服之儘令受取之尤於內々方也其旨僕ゟ令示置之了受取之諸大夫可然之處重服中也仍令洪胤受取之僕持參於內々方予著雁衣須著衣冠也然略義而覽之之詔書剛紙如例同紙懸紙有之納于覽筥蓋可寫取之處差急之旨史生申之仍後日寫可進示之了卽加署正二位權大納言臣藤原朝臣ト所注予之座之下ニ書加名字二字者也訖令僕返授了史生卽退出了　御厩下役人來此度革師願立之義ニ付伺申之旨卽及答命畢　河島八右衞門內藤七九郎垣藩臣等

來近日歸國ニ付暇乞也面會賜物有之（河島紙入扇五本家老也內　烟草入扇三本側用人云々）藤　此次當家造
立之儀申談了　松平肥後守使來昨出勤風聽也　新宅圖草稿出來

○十日甲戌晴雲東北行又寒時々雨午後晴

以使覽咏藻（來十六日御法樂）於前殿下十三日可申出旨被示之　六條中納言前
左衞門督等文通　戸田和州來臨面談移時　松平肥後守來臨過日出
勤ニ付吹聽且籠居中訪問等之事被謝之　予左手痛同容之內近日少々
和減

○十一日乙亥晴雲東南行北風又寒吹

前左衞門督（重德）來談羞酒飯　小野崎五右衞門（垣藩）歸國ニ付暇乞來面會
賜扇三本煙草入等　大鷹(高)玄蕃（垣藩家老）同上面會遣扇五本紙入盃（二口）等　岡
本豐前守　太田社御祈禱神札（予次郎丸等兩人分）奉納之爲御初穗寄附金五十疋二
包（兩人分也）祝著拜納了　佐竹山城當年始昨冬寒中等書狀到來　六條中
納言文談

○十二日丙子快晴風自西南方吹來寒
戸田大和守來臨面談公私數个條　進狀於內相府被他行云々　戸田
釆女正明日發途歸邑ニ付爲餞(餞)別贈唐紙一本絹地画二枚等自室贈扇子一
箱入十本　高野中將來廿一日祭使勤仕ニ付和唐兩鞍皆具拜借十七日申
出度之旨被示越御厩御用掛非藏人ニ加下知訖　重德卿文通
○十三日丁丑晴巳時以後陰雲東北行及深夜雨降
自內相府忠房公賜昨日所進書狀之返翰此中被示云先比內々願申當家諸大
夫今一家再興之儀博陸ニ被談置博陸ゟ御時宜被伺申之處　思食も不被
爲有ニ付何時成共勝手ニ表向可出願且稱號ハ以千葉可願申云々先以過
分之御時宜感悅之至也　進狀於前關白內府等兩公前條之事全厚配之
段畏存速可參謝之處痛所未得清快猶出仕次第可參入拜謝旨申入訖抑此
事年來予執望也　祖父公御出身以來令懇願給之處時節不到來令薨給
其先考君御代時到加田一家被再興近比六位侍再興之事企望未得機會追

追熟慮之處於侍ハ隨分又再興非難歟如諸大夫ハ其機會不又失此節內願
可然歟之趣春來頻存之仍先比前關白ニ申入置者也然而今日如前條被示
下恐悅之外無他　　頭權辨勝長朝臣招僕被示云口上書被相渡左云也
來廿四日　吉田祭御再興左右馬寮參向之事　春日祭御再興已前昨冬
之准例を以被行候間參向之儀御下知可有之候事

四月

又同朝臣被送消息云

追言上來廿四日支干
相當候可令存知給候也

吉田祭左右馬寮役御馬之事可令下知給被仰下候仍先內々申入候也誠
恐謹言

四月十三日　　　　勝長

〆　三條大納言殿　　　勝長

續愚林記（慶應元年四月）

報領狀之旨訖　卽召左右馬寮下知之今度振合巨細未心得之間奉行頭權辨可伺申歟或催方大外記ヘ可尋知旨示之畢　戸田釆女正歸國今朝出立ニ付遣使於蹴上邊令見送了後時挨拶使來　右馬大允（友習）依所勞　吉田祭代勤願書差出之卽奉行勝長朝臣許ヘ令出之處領狀云々　重德卿文通

○十四日戊寅雨下辰刻後雨休夕快晴月清

前左衞門督來談　吉田祭右馬寮依所勞代勤依請被　聞食旨頭權辨招僕於非藏人口申渡卽其旨下知後刻代官參勤人體山口右馬大允來申御請　高野中將明日御馬拜借之儀被申願御厩下知了　戸田釆女正家頼北村寛治自今日出勤吉田圖平與交替也予以下一同ヘ贈進小銀　予痛所近日追々減快

○十五日己卯陰巳時以後快晴南風

賢所御法樂明十六日也依今日詠進御題爲勅題（御宸筆也）仍御短册之上之折目ヨリ下ケテ認之若書損之時可切續之料ニ如此認之旨先達諷諫也又文匣

二重ニ納テ中ノ文匣加名封外文匣書緘字之封加之以使屬之奉行越前權介里亭遣之ヘ落手云々

大邑丹後守來上京ニ付爲屆入來也

○十六日庚辰快晴南風吹

松平飛驒守來三个月詰上京屆云々　大島吉之助吉井幸介以上薩藩士津田彥左衞門備前藩等來面會談世事於大島ハ初而所來也進金五百疋仍賜扇七本紙入殿中烟草入盃二口等津田過日進鮮鯛仍今日遣扇五本烟草入盃等

一門坊官二條宰相上京ニ付進鮮魚一臺又森田將監一門家來當里坊留守居也來面會遣一獻　吉田圓平近々出立歸國今日賜暇遣盃且賜金貳百疋北村寬治出勤後初而遣盃　頭權辨吉田祭參向ニ付御馬幷馬具拜借之儀願之旨昨日被示之仍今日下知之了於御馬ハ御厩ニ下知於馬具ハ御用掛非藏人ニ指揮了

○十七日辛巳晴陰雲東北行

實允文通　二條宰相一乘院門跡坊官來面會昨年來當里坊借用之儀謝之暫雜

談遣扇五本烟草入盃等幷白銀二枚　來廿四日　吉田祭ニ付當曉子刻ゟ祭
式濟迄御神事之旨觸來

○十八日壬午晴南風雲脚如昨日但時々陰夕より雨灑

戸田大和守來臨面談公私數个條　松平修理大夫家老島津伊勢來此度
上京ニ付安否訪問云々進太刀馬代白銀十兩唐紙一束琉球盃一箱等予日來所
勞之間今日申置歸去云々　津輕越中守來明日發途歸國ニ付暇乞云々
家傳注進附于頭權辨許落手云々如左

小奉書四ッ折上包美乃紙如例

元治元年十月廿二日還任權大納言　　實愛四十五歳
同年十一月十九日著陣

實愛二男母同公平　公勝

文久二年六月九日誕生
元治元年十二月四日叙從五位下三歳

每歲四月一日可注進也年々失念今年又過日有催促仍以狀延引之事謝遣了　鄙妾下宿老父年賀六十一祝儀有之仍盃肴料五百疋賜之自余賜物如例年今年初度下宿也　光愛卿書通

○十九日癸未雨降午刻後屬晴夕雲收天遠晴

殿下齊公敬以內狀被尋下所勞賜晒布一疋此次戶田大和守へ脇差身和泉守兼定作一振賜之可傳之旨等被命之進返書厚謝申之　同上刀劍戶田和州へ傳達之處後刻戶田來臨唯今殿下へ參上畏申之旨被談之　小松帶刀歸國ニ付爲暇乞來面會談時勢之儀爲餞別遣紙入扇五本等　今日松平飛驒守大村丹後守等參　內兩士來畏申拜　龍顏賜　天盃之事後時兩人ゟ參內ニ付太刀馬代如例　室章子向於千種家今夜宿於彼家　鄙妾還參

○二十日甲申晴雲東行浮雲西奔午後陰及夕小雨沃

來廿四日　吉田祭御再興ニ付當日　禁中　親王准后等へ參賀不及獻物重輕服者翌日參賀等之事當番相役久世前相公被示之　同上之儀妙門

室ゝ相達之　通熙卿忠至等書通　鴨一社總代梨本淡路守來如例進
葵桂等　贈末廣二本於菩提院過比得度ニ付被贈昆布答禮且爲歡所遣
也　花園大夫來談之義有之　室自千種家還渡　予風邪平臥加養

○廿一日乙酉陰雲西行小雨間々止不降續
今日　賀茂祭也予日來所勞未得淸快之上風邪相加昨今平臥旁不出仕近
衞府使左中將保美朝臣服飾以下可尋祭議每事如恒歟　花園大夫來談
六條黄門有書談之儀

○廿二日丙戌陰時々陽景現照景氣如楪天
前左衞門督來談　公允朝臣文通廿四日參賀名代相賴之處領狀　尹
宮ゟ所勞訪問賜鯉一尾　予風邪順快

○廿三日丁亥陰天象似昨日午後時々雨下雲東北行入夜晴
重德卿公愛朝臣等文通時勢慷慨之儀示合之　予風邪昨今追々順快然
而猶服藥加養

○廿四日戊子晴西風寒

今日　吉田祭上卿辨參向其余舊儀御再興有之依之設神齋可參拜之處日來痛所且風邪不能沐浴之間今度不能搆神事仍又不得參拜令洪胤參拜奉納青銅二十疋畢上卿九條大納言道孝頭權右中辨勝長朝臣等參向云々依之又　禁中　親王准后等可參賀之處不參以公允朝臣賀申了　公允朝臣名代濟之事被示之仍遣狀謝勞了　文通戸田和州贈鯉一尾自彼方被贈鮓肴等　六條中納言有文通　中院黄門來問予所勞　來月廿七日　賀茂下上社御法樂和歌詠進被觸之　山口右馬大允來今日　吉田祭寮務無異之旨届申之廿五日左馬寮同上來届

○廿五日己丑陰辰時後晴

重德卿公愛朝臣忠至等來談　室章子向於今城家夕還渡　銀裝野太刀一振今日買得之此太刀柄幷鞘等在丁子襷文之文也當家所用製作古代之物歟雖近過七八十年余隨分結搆也仍買求之代金五十金遣之了

○廿六日庚寅晴西南風吹
六條柳原等兩黄門文通再三有之　明後廿八日一橋中納言會津中將桑
名少將等參　內被　仰出旨觸來　予風邪痛所等大略清快明日可出仕
用意之
○廿七日辛卯晴東風午後陰自黄昏雨降
今日可出仕也辰半時沐浴著衣冠差貫（今日賢所木造始ニ付所著奴袴也）出門先詣于關白殿
出仕ニ付伺申安否謝引籠中訪問給且賜物等之儀殿下謁見給時節柄之儀
其外雜事數个條談申此次諸大夫再興內願御時宜邊之事畏申入尤勝手次
第可願以千葉舊號可願申旨等殿下命給畏申了次參　內　賢所假殿木造
作事相具小時　出御云々仍兩役候十八間廊下事了　入御以表使賀申又
予出仕ニ付伺申　天氣別段以兒伺申御氣色了御祝酒等有之未刻退出參
准后殿以表使伺申　親王准后等御機嫌准后上臈於八百出會有報答次詣
近衞殿出仕ニ付安否伺申所勞中被訪問之儀幷諸大夫再興一件等畏申了

次向尹宮謝申所勞中被訪問之事次詣于前關白殿同上前殿下被謁見巨細
畏申諸大夫再興一條厚謝申不日可出願旨申入置又次郎丸連年加級之事
伺申可然旨被命近々可申上旨申入置訖此余時勢不穩被心痛之旨條々被
談之於予慨歎案勞之旨申入數刻談申次向山階宮所勞中度々顧問之事謝
申之了黄昏過還宿　今日出仕之事今朝相役加勢等以廻文各通如例觸遣如
例所勞中訪問之家々遣使告出仕謝顧問了　戸田和州被賀出仕被贈鮮
鱗二種遣使謝之　被觸來十一日　神宮御法樂和謌詠進之事

○廿八日壬辰甚雨午刻後晴

午刻著直衣參　內今日一橋中納言松平肥後守同越中守成瀨隼人正等參
內一橋肥後越中等ハ御用談所被召云々於成瀨ハ歸國御暇也仍出會有之
別段予面會少々談時勢之事肥後守面會出仕後初而也先達兩敬取結祝著
之旨相互述之時勢之儀少々談之又殿下以下談合之條々有之未斜　出御
肥後守出仕後初而　御對面有之次隼人正御暇同上了　入御　夕於小

御所下段殿下右大臣尹宮常陸宮内大臣一條九條兩大納言等幷兩役同座一橋中納言松平肥後守同越中守等談合有之此度大樹上阪長州征伐之儀ニ付議論有之所存雖申述不被行痛歎之至也不爲判然分散殿下以下召御前（武士等勿論不被召也）衆議有之猶又不斷而各退下三武士退出予二更過還於寓居　由緒書今日令差出如例　今日於　内内府（忠房）謁見次郎丸加級申上之儀伺申可然旨被示之小折紙入見參無別存之趣被命之　成瀨隼人正來　御對面御禮申之

○廿九日癸巳晴雲南行

前左衞門督來談　井田五藏（大垣家臣）來面談進美濃紙十帖遣紙入扇子等成瀨隼人正使來昨日於　宮中面談祝著之旨贈太刀馬代（銀貳枚）報祝納之由了　花園大夫來　被觸來月十一日　神宮御法樂詠進　室兩姫等向今城前黄門家夕還渡　御厩御用之儀ニ付伺出之旨有之

○三十日甲午陰晴催薄暑

遣使於成瀬隼人正旅館贈太刀馬代銀枚一昨日之答禮也　成瀬隼人正來
明日出立歸國ニ付暇乞云々　巳半刻著直衣向轉法輪侍從公恭朝臣面
會小童加級之事談之申文令一覽此次諸大夫再興願之事同談之各無所存
之旨彼拾遣答之次向頭權辨家加級申文披露相頼之處領掌

申文如此

中鷹以表爲面如圖折之

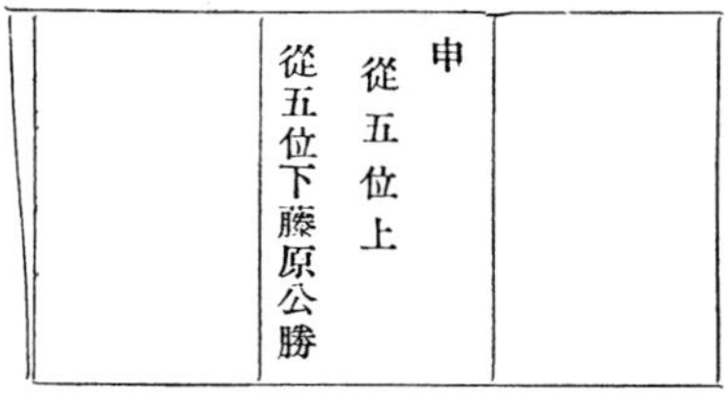

家例書小奉書四ツ折

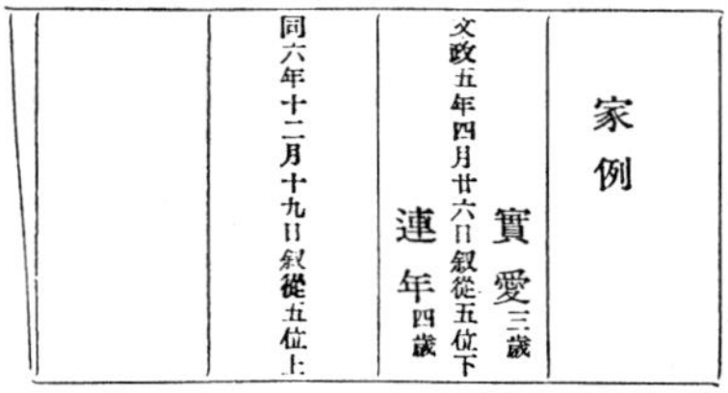

叙日同上

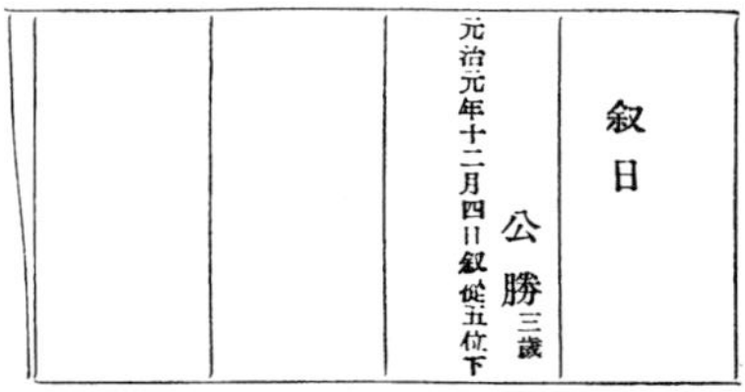

叙日
公勝三歳
元治元年十二月四日叙從五位下

上包大ナチシ如圖

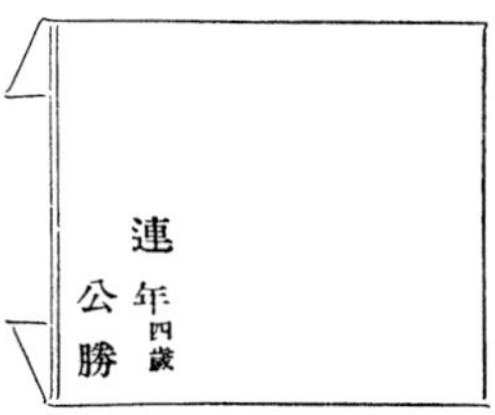

上包片書實愛男ト可書歟
今度職事書加之披露也

右之通以予一例申上次參　内今日當直也御用閑之間終日寫物或詠唫等

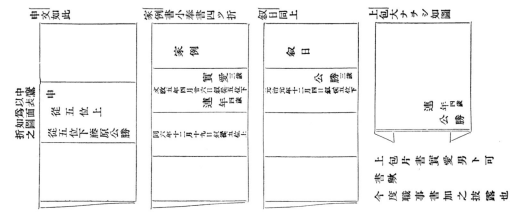

逘長景御厩御用之儀少々有之　今夜宿侍如例　被觸來廿一日　賢所御法樂詠進奉行雅望朝臣

●五月小

○一日乙未晴陰午刻以後陰

當日幸甚　昨日當直宿侍今朝在　朝當賀之儀如例朔　親王同於此御所申上了午半斜御用濟退出向內相府々々被謁見諸大夫再興願書入覽無異存早々可差出旨被命之又裏辻少將島津伊勢高崎左京以上薩藩人等於同席被談國事不遑記之移數刻又於此第長谷川揔藏尾藩有面談日沒前還於寓居　當日之事如每月　戸田和州今朝入來之處予參　內中ニ付參上於　內談判公私之事　松平相摸守ゟ直書到來水藩之儀ニ付有倚賴之事被贈國座紙一箱

○二日丙申陰未時後小雨沃

書通六條中納言　安達清一郎津田彥左衛門野村左兵衛等來面談

遺使於所司代役宅役料申出手形裏印賴遺是先例也　花園大夫來談

未刻斜之比頭權辨勝長朝臣送消息云

賢息從五位上之事。勅許候珍重存候仍早々。申入候也誠恐謹言

五月二日　勝長

〆三條大納言殿　勝長

謹畏奉之報請文自是之旨了　以予一例申上之處無異議被　宣下恐悅々々卽神佛幷先靈等奉告拜謝了著衣冠差貫御禮回勤　禁中（表使）親王（同上）准后（同上）以上御所々々殿下（二條取次申置）鷹司前關白（同上）內府（近衛諸大夫申置）一條大納言（取次申置）九條大納言（同上）鷹司大納言（同上）以上　勅問衆次披露職事（甘露寺頭辨取次）以上

宣下御禮定格之先々如此此余相役廻勤定格也然而相互入魂不往來申合也仍不及行向亦別段詣前關白（近衛取次申入此次諸大夫再興願書入見參之處無御所意早々差出可然之旨被命之）畏申又任近例向轉法輪家（取次申置）風聽了黃昏前還寓　上下祝酒有之祝著々々

一門親緣家々吹聽如例

○三日丁酉陰雨午刻前より雨休申時後雨入夜沛然

辰斜著布衣（蒲萄白裏）向野宮家中納言不在家云々仍願書渡彼家來宜申傳旨示之願書如左四ツ折上包（ナリカケ）

當家諸大夫（實躬）以來到（公兒）數家召遣候儀（家記）他家。記等明瞭ニ付代々企望候。處（實義代）加田家再興蒙。恩許深畏入候未經數代。輙相願候段恐惶之至。候得共中院家近代數家再。興召仕候儀何卒今一家。諸大夫舊號千葉家再興。偏所懇願候以格別之。御憐愍願之通蒙。敕許候ハヽ重々莫太之。朝恩實以可畏存候此旨。宜預御沙汰候也

五月三日　實愛

野宮中納言殿

黄門歸宅之上可申入旨彼家臣申之（當時武傳一卿飛鳥井中納言東行中也仍一名也又不向彼家者也）次向中院家謝予所勞中來訪之事了還寓　贈肴料金貳百疋（交肴可贈之處任便近來遣料二百疋）於頭

權辨許謝昨日加級申文披露之儀此便遣請文云

愚息從五位上之事　　實愛

敕許之旨謹畏奉候。也謹言　　實愛

五月二日

〆

花園大夫來談侍從申望之事　前左衛門督來被談國事　殿下內使來有

被內談之事　戸田和州嫡孫節句初祝儀到來　自所々昨日加級歡使

多來不遑擧記　夕室向桂峰院方初更後還渡

○四日戊戌陰時々小雨及夕屬晴

有容通富光愛重德等卿文通　自殿下以封書有被示下之趣　次郎丸

加級賀使多來不遑擧記　戸田和三郎來賀同上之事被贈肴料白銀貳枚

今日　賢所御假殿地曳礎立柱等ニ付巳刻可參仕之處依所勞不參相役觸

遣之　戸田和州嫡孫節句初ニ付爲祝儀贈檜甲一基

○五日己亥晴午時後快霽薄暑

端午佳節祝著々々　巳半刻著直衣奴袴詣于内府第取次申置次參准后表使ナ以申入親王御乳人准后上臈等出會有報答賀申當日次參　内當賀　御對面如例午半過退出參於關白第博陸被面會有談合之儀之後還寓　公允公靜等朝臣實延幷地下數輩來賀又賀使贈答家々如例　次郎丸來一宿　戸田和州嫡孫初節句ニ付贈物答禮肴一折到來　今夕上下祝酒如家風祝著々々

○六日庚子晴天象時氣如昨日

前左衛門督重德來談　次郎丸還向於松个崎邑　午半斜著直衣參内國事御評議也然而御用無之三殿下内府柳原黃門等有面談之後申斜退出還於寓居

○七日辛丑快晴南風吹

前左衛門督文通　以使覽詠藻於前殿下御法樂詠進之料也　日光下向人々追々歸京今日今城宰相中將坊城辨等遣使於三條橋邊令待請相賀

了

○八日壬寅陰晴不定雲東北行薄暑大加入夜雨降

前左衛門督花園大夫等來談　松平肥後守來先比兩敬取結後初而入來也予謁見相互祝著之旨述之祝酒有贈答此後差茶菓談時勢之儀移時之後歸去肴一折被贈之後時遣使來臨答禮先令述之了

○九日癸卯雨下雲東北行夕雨休入晩陰又雨

吉井幸介來談　未時著狩衣詣于關白第妙門室申立之儀ニ付申入之趣有之次向山階宮被他行云々次向賀陽宮所勞訪問次向內府公第被謁談島津伊勢參會於同席談申國事黃昏還寓　左右馬寮來報申日光參向無異勤仕了歸京之旨

○十日甲辰雨沛然雲東北行夕晴夕陽赤巽方有虹

神宮御法樂和謌詠進附于日野亞相許了　通熙卿實潔朝臣等有書通

○十一日乙巳陰時々陽光薄照今日又寒冷老幼著綿入衣

戸田和三郎來談　新源中納言通富文通再三有之

○十二日丙午晴陰雲北歩午後陰及夕晴入夜月皓

被觸明日國事御評定幷胤保卿辭右衞門督使別當且日野黄門丹波國常照寺山陵順撿了歸京ニ付被免小番一ヶ度等之旨遣使於戸田和州家去二日以來當國丹波國等山陵巡撿相濟之儀賀之柳原同上賀遣了　島津伊勢薩州家老　荒木三助備前藩士等來談　妙法院門室申立　新日吉社御寄附物之事殿下段々御厚配有之以出格之儀白銀五拾枚可被寄附御治定ニ付銀子五拾枚後刻執次ゟ可相廻之旨野宮黄門ゟ示送之後時執次鳥山三河介銀子五拾枚廻送之卽召寄妙門里坊留守居召出相渡之殿下格別配慮可有厚謝趣示含之了　差次藏人來屆申自日光歸洛之由

○十三日丁未快晴北風寒

今朝近邊樹林郭公數聲啼後聞十町四方之人々又有此談白日頗稀事也

青木晟二郎來對州藩士也今日初而來面談進金五百疋賜扇煙草入盃口二燧

袋大和錦等　午半刻著直衣花田重襷三參　內國事御評議也殿下以下被參會
殿下拜談數个條國事緊要之分數ヶ條親王御讀書等之事件有之　未半各召　御前衆議了中半
刻退下　總持寺覺文上人ゟ狀來去月十三日數榮姬剃髮得度改名覺榮
之旨等申來　極﨟大江俊昌來屆申自日光歸京之旨　來十四日　春日社
御法樂和詞詠進附于日野亞相畢　新日吉社御寄附之儀ニ付妙門白銀
五枚到來家司等ニ三百疋來十四日返却但家司之分ハ令中受了
○十四日戊申天遠晴朝夕冷午後晩陰迄有暑氣
野宮中納言以狀示送云今明之內午刻比可參　內云々今日可參旨答遣了
戸田和州來談　公愛朝臣同上　午斜著位袍參　內野宮中納言被示
云先達願申家諸大夫千葉家再興之事雖不容易以　御憐愍如願被　仰下
云々謹畏奉之拜謝　天恩御禮个所文政度例談合尤可然旨被答之　御沙
汰之趣爲念注于一紙令一見無相違歟予問之尤如書注旨又被答之如左
先達而奉願置候家諸大夫今一家千葉家再興之事不容易候得共以格別

之　御憐愍願之通被　仰下候
此次日來出願之手續予話之昨日殿下被命今明日可申入由之旨彼卿被談
之　里第ニ再興　勅許之旨示遣之奴袴取寄之卽改著差貫以表使御禮
申入其報如例此後御禮廻勤順如左先參於　親王御直廬以表使申入准后
同上有報之後退出先是向一條家取次申置次向近衛家以諸大夫畏申之旨申入内府被面會被賀之此次時勢追々
切迫慷慨移時退出次向尹宮違例訪申任便風聽且九條取次申置也次申鷹司同上前關白亞相等兩所ニ申置也前關白近衛諸大夫チ
以申入前殿下被謁見被相賀別段畏申了此後時勢之事談申如内府賜一獻移漏數刻退出　轉法輪諸大夫チ以風聽申置近例也　關白二條以諸大夫畏之旨申置別
段厚謝申置了　野宮武傳取次申置等各再興御禮申了還寓秉燭過也　御禮回勤如左
御所々々准后　敕問衆　兩役
是文政例也然而當時役中相互入魂不往來仍亦今日略ゐ不回勤於本儀ハ
須回禮也　抑諸大夫再興之事近世御代々令懇望給殊祖父君御出身以
來御宿願舊記御搜索御書記多存在之御在世之間令盡力給之處時未到及
故殿御代令繼御遺志給纔及御成就于時文政二年也然而其時之事前後多

端實ニ不容易儀也然而不肖今度輒遂大望寔過分之儀也是全　先君令守
護給之故也可感厚恩　先世ゝ追孝子孫榮耀當時面目雀躍之至也偏　朝
恩畏感之外無之奉拜神佛　先世御靈神祠堂等奉告奉謝了　所々風聴
如例　今朝園池少將來中將申望之事有相談可然旨答了
○十五日己酉快晴如昨
午後著雁衣向常陸太守宮被謁見種々談申時勢之儀此後被勸一獻申斜還
寓居　令參拜範忠於先君御廟不遣參詣令奉告昨日再興之一條且畏申上了
○十六日庚戌晴天氣猶似昨烏午後暑加遠雷鳴
午刻前著直衣參　內當直也御用閑之間定功卿公愛朝臣等談世事　光
愛通熙等卿有書談　今夜宿侍　自戸田釆女正被贈日本書記(紀)通證和
訓栞康熙字典唐本等在京中厚配之挨拶云々
○十七日辛亥晴未刻過一陣暴風天陰申刻晴夕陰
殘番在　朝如例殿下令參給之旨旁不及退出此間戸田和州參會有面談未

斜殿下被參上　親王御讀書御書籍之事自余數ヶ條申承趣有之申刻退出

○園池少將來談花園未亡人之儀

○十八日壬子晴雲南行入楳今日又冷氣也

殿下賜狀有　親王御讀書之儀ニ付被示下之趣　遣狀於桑原新三位爲政示遣之旨有之　安立（達）清一郎因州藩新庄作右衛門備前藩今日初而所來也等來談

戸田和州文通有示談之趣此次被贈毛氈　觸來來六月中下旬之内　祇園臨時祭御再興被　仰出之旨同上廣橋中納言行事被　仰下之趣等

公愛朝臣書通

○十九日癸丑快晴白雲南靡氣候如昨日

園池少將來談花園家内之事　通凞卿忠至等文通　野村左兵衛來談

遣縮一反戸田越前守家領舊復本人再勤等之儀周旋相賴之故所賜也

青木晟二郎咊木金吾山田長三郎以上各對州藩等來面談彼國鎮定之事不遑記之

眉延姫參拜於世續地藏尊夕還渡

○二十日甲寅晴有暑氣夕冷
戶田大和守來談　未時參　內六條野宮兩黃門面談御用之儀示合之旨
有之申斜退出　內侍所御法樂倭謌詠進屬于飛鳥井中將許了　飛鳥
井黃門今日自關東歸京之旨被屆越先是遣使相賀了
○廿一日乙卯快晴東風暑氣加
六條中納言公靜朝臣等有書談　內府以狀被相招之間午半詣于近衞第
卽內府面談時勢之事移數刻此次今度千葉家再興人體之事申入洪胤可登用勅內存之旨
申入可然由被命之申刻前還寓居　花園家內混雜之儀有之未亡人心得方不宜且
雜掌役者進退無狀ニ付改正彼雜掌退身等之儀遣僕範忠洪胤令商量之園池少
將同行向所示合也
○廿二日丙辰天氣似昨日夕陰及深夜雨降
花園大夫來去月廿四日於途中藤木近江守典藥醫師寮召仕女失禮之一條日來
彼是混雜之處今日藤木爲理來事濟之趣被謝之　一乘院門跡使來末寺

和州金剛山大宿坊懇願御撫物之事依請被出之儀厚被謝之彼大宿坊ゟ進昆布料白銀十枚　同門室坊官二條宰相來同上之儀也面會雜談移時家僕甲谷兵庫去嘉永三年以來手本用向內外相勤十六年依之今日賜文付帷子

○廿三日丁巳雨下午後晴陰不定蒸暑入夜又陰雨沃

巳半刻著衣冠奴袴參　內東本願寺參上出會如例未時　出御　御對面了入御此後退出還宿所　室向今城家入夜還渡

○廿四日戊午雨沛然午後晴雲南行及夕雲収天遠霽

御厩御用詰使番上田右兵衛尉來面談自余安立(達)清一郎因州藩小森久太郎會藩手代木直右衛門同上等來談　通富卿公愛朝臣等文通　東本願寺使來金三百疋到來昨日參　內之禮云々是先例也

○廿五日己未陰不雨下入夜降雨

前左衛門督戸田大和守等來談又田中邦男前田長雄兩人十津川郷士等面談

殿下賜狀賀茂祠官混亂之一條一社傳奏柳原中納言處置如何歟次第有之
先此旨被示置之間兩傳申談置猶又可被示合旨等被示下尙又申合之上可
報申由進返狀了

○廿六日庚申陰夕晴

賀茂下上社御法樂詠進以使屬于奉行越前權介落手云々　巳半刻著直
衣參　內當直參仕也　胤保卿面談昨日殿下ゟ被示下之儀　同上之事
ニ付殿下以狀有申進之旨又柳原黄門同斷文通明日午後參　內可談合旨
所示合也　今夜宿侍如例

○廿七日辛酉晴雲南行夕又陰

今朝殘番之處有私用之間當番加勢治部卿早參入魂辰半時當番參勤相替退出
甲谷兵庫進　聖天尊之尊像一軀自今信之近年世上形勢不穩人心不安況
在要路寃罪難測又爲衆人被惡旁爲避災難可依賴信仰也日々先供華水奉
拜之不可忽之　重德卿來談　五畿內其外　山陵御修補悉卒業去日

奏聞之旨一昨日戸田大和守來臨被吹聽於此事ハ二千余年之荒蕪再興朝廷御追孝相立實ニ大功無比類然而重大之事件不容易之處此度成功感悦於予又同慶安喜之至也仍爲相賀可行向之處近日多用之間今日以狀賀遣之蝙蝠一握樽（伊丹酒一斗）肴（白銀五十兩）等贈之祝著之旨有返書　富田大和守來納御札如例　甲谷兵庫自今夕下向西國　未刻著直衣參　內柳原廣橋兩黃門參會昨日廣橋黃門示合之趣柳原黃門ニ談合何分殿下ニ兩人ゟ宜謝申旨柳原被談之此間殿下有參上仍其旨申入之處被承引猶有被示之趣再柳原談合（廣橋同席也）又殿下へ答申了此間面談及再三又殿下種々申承趣有之申半退出　立野直珍（呼大島員馬）來此般諸大夫家再興人體以直珍可撰當之旨申聞之處雖感喜之至難申領狀之旨苦情申之相當之辭狀無據相聞之間辭退之旨聞屆了　泉涌寺使僧來進菓子畏申　御廟以下御修復成之儀　右馬寮大允源友習今曉卒去ニ付左馬寮父子幷右馬少允等假服之事屆申之　尹宮違例爲訪問進羊羹一折　今城宰相中將來

澤井成田等進備前燒獅子置物賜盃二口扇五本等兩人同樣遣之

去比新調申付短刀造今日出來調進之是義家朝

○廿八日壬戌晴陰未時夕立申刻雨休晴曇不定

安立(達)清一郎因州澤井宇兵衛備前成田太郎兵衛同上等來談　柳原黃門來被謝昨日彼是配慮周旋等之儀　戸田和州來臨面談　賀茂惣代來先達以來一社混亂取調之儀願書差出之閣一社奉傳申出之條似越訴然而今日之處先預置之　戸田采女正家臣兩人非常當家守衛被申付之者兩人交替歸國ニ付面會遣扇幷金百疋等兩人同樣也

○廿九日癸亥陰未刻後雨沛然入夜猶益滂沱

早旦著布衣向學院講談詰了辰半刻退出還宿　有容通熙等卿忠至等書通　頭辨豐房朝臣以內狀下口宣二紙落手請文自是可遣之旨相報了卽刻下知于大內記修長朝臣大外記師身朝臣等如例先位之方下于內記官下于外記

慶應元年五月廿七日　宣旨

源忠昌

慶應元年五月廿七日　宣旨

從五位下源忠昌

臣所佩海老鞘卷之古形也隨分結構出來件刀身貞宗云々無銘トイヘ圧相州貞宗無相違云々

宜叙從五位下
　藏人頭左中辨藤原豊房奉
宜任河内守
　藏人頭左中辨藤原豊房奉
位記　宣旨等來月七日迄ニ野宮家ヘ可差出云々其旨示遣之（位記内記 宣旨外記）以一通各可下知之處繁雜忩劇之際以内状下之畢　室兩姫等密々下邊遊覽夕歸渡

●後五月大

○一日甲子陰時々雨灑雲東北歩

當日如例月　藤井宮内（薩藩）來談賀茂祠官混亂之事　午時前著衣冠差貫參内當直之事如例　賀茂祠官等一條相役武傳等有談願書取扱之事社傳柳原黄門示合之處不能勘辨之旨返答之間殿下ヘ當番六條黄門ゟ可被差上示談了午半斜退出　野村左兵衛來面談　自博陸賜狀賀茂一條ニ付予廣橋ヘ社傳柳原取調摸樣被尋問且過時願書差出之條不當歟之趣被示之明日迄可被猶豫進返翰了即廣橋黄門文通示合之明日朝可有來

尹宮
藏人

談旨被報之又柳原黃門書通取調向之事尋問之以返書粗被報之
ゟ被贈肴過日進菓子答禮云々　山階宮ゟ被贈青蕃椒進茄子
辨俊政以内狀下口　宣二枚

慶應元年五月廿七日　宣旨
源勝成
宜叙從五位下
藏人左少辨兼右衞門權佐藤原俊政奉

慶應元年五月廿七日　宣旨
從五位下源勝成
宜任信濃守
藏人左少辨兼右衞門權佐藤原俊政奉

報領狀之旨又於　宮中藏人少輔資生同二紙

慶應元年五月廿七日　宣旨
藤原次豐
宜叙從五位下
藏人中務少輔藤原資生奉

慶應元年五月廿七日　宣旨
從五位下藤原次豐
宜任駿河守
藏人中務少輔藤原資生奉

右面會之間答領掌之趣者也以上直ニ可下知之處此余猶可有之歟ニ付所

猶豫也皆位記　宣旨來七日迄野宮亭に可出云々

○二日乙丑陰時々小雨或又間々晴入夜又雨下

六條中納言廣橋中納言久世前宰相等來談皆賀茂祠官混雜之儀也不遑記之　詣于關白第廣橋黃門參會相共於同座殿下被謁見賀茂一條種々申承一社傳奏柳原より早々取調可申出旨可示傳旨兩人に被命之此後退出向柳原家黃門光愛面談前條之趣示談之此後桂峰院面談了還寓居　頭權辨勝長朝臣藏人侍從長邦下口　宣各二枚於頭權辨以內狀下之藏人侍從以一通下之

慶應元年五月廿七日　宣旨

在原成憲宜叙從五位下

從五位下在原成憲宜任大和守

藏人頭權右中辨藤原勝長奉

慶應元年五月廿七日　宣旨

右官位書于一紙略儀也如此
書一紙之時ハ內記外記等
に書分而可下也

慶應元年五月廿七日　宣旨

平正尹

宣叙從五位下

藏人侍從兼左衞門權佐藤原長邦奉

口宣二枚獻上之早

可令下知給之狀如件

五月廿七日　侍從長邦

進上三條大納言殿

從五位下平正尹

宣任左衞門尉

藏人侍從兼左衞門權佐藤原長邦奉

位記　宣旨來七日迄野宮家〻可差

出御下知之事

上包上下以紙捻結之

進上三條大納言殿　侍從長邦

各領掌請文自是可遣旨相報了　入夜博陸以内狀又賀茂之一件社傳申出方不當ニ付彌武家〻被下知於武邊可糺明被申渡且内府被申越旨有之其含可有之由等被示之

○三日丙寅陰雨入夜猶降似覆盆

戸田和州文通再應　殿下〻昨夜所賜之返書進之　巳半時參　内東使前田大藏大輔參上出會如例東照宮神忌濟御禮云々未刻過　出　御御

對面賜　天盃了　入御此後退出詣於近衞第內府被面談賀茂一條也自余時勢之儀少々申承又於此亭藤井宮內面談（同上儀也）之申半斜還寓居　光愛胤保等卿書通　前田大藏大輔來參　內　御對面賜　天盃等御禮也又同人太刀馬代贈答如例

○四日丁卯晴雲東北行浮雲或南行暑氣頗加

殿下內相府廣橋黄門等書通皆賀茂一條也不遑記錄之於內府再應賜狀去日來所到來之口　宣今日各下知于大內記修長朝臣大外記師身朝臣等不遺消息以剪紙皆下之甚略儀也入魂所下也口　宣職事ゟ所下之儘不書改下之但頭權辨勝長朝臣所下ニ官位書載于一帋之間其儘難下之仍書改下之如左（次奉書八ッ折如職事所下）

慶應元年五月廿七日　宣旨
在原成憲
宜叙從五位下

慶應元年五月廿七日　宣旨
從五位下在原成憲
宜任大和守

權大納言藤原實愛奉

權大納言藤原實愛奉

兩朝臣共領狀之旨報申之

冷泉中納言爲理來談予息女下冷泉大夫縁談之儀此事先年段々懇望然而予強ゟ不庶幾之間不及熟談之處追々以人有所望既難默止彼家先代爲景朝臣女　先君實昭卿籠中也以此由縁内々所領狀也依之今日此卿入來被談合愈所許容也

戸田和州來臨今日金二千兩拜借被仰付旨武傳申渡仍被來謝此事日來予所周旋有之故也

○五日戊辰晴暑加南風靜

午後著狩衣（紗色補薄紫香 紋袖括厚細）著袴（青鈍 藤圓）向松平肥後守黒谷第網代輿近習四人青侍三人守衞六人自余如例家老以下出迎玄關下座敷敷石等肥後守出迎於廊下誘引著座（方丈 客殿）時候挨拶且兩敬祝著過日來臨答禮述之引渡熨斗次茶多葉粉盆次祝酒（先第主ゟ予に 盃所望返盞）次茶菓此後雜談大樹上洛之事等且戸田越前守本領舊復周旋之儀相賴其後庭中逍遙於山上亭眺望再復本席盃酌又因所望卽唫二首染筆又盃飯移時酉半相辭出此所戌斜還寓居

今日行向

ニ付贈肴料白銀五枚又於彼方被贈縮一反　來七日午刻　恐所假殿上棟被　仰出且右ニ付自六日晩到七日酉刻御神事之旨被觸之

○六日己巳晴及夕陰深夜雨降

遣使於松平肥後守方昨日挨拶令申述之　内相府以近侍臣近日天文甚不穩可被修帝德旨天文者伊能某内々申之旨右ニ付密々有被談之趣　光愛胤保等卿忠至等文通　傳聞昨日來浪花上下通船悉差留之不知之間諸藩問合之處浮浪徒大阪邊屯集之故云々

○七日庚午雨灑坤風烈雲東北馳

中絕諸大夫家千葉氏再興ニ付相續今日渡邊瀧口洪胤申付此者先世より勤仕代々有由緒者也仍登用此者　高祖父君以來之由緣且故周防守範胤孫也旁抜擢之爲祝儀賜文付麻上下料金五百疋　千秋萬歲祝之畢　午上刻著衣冠奴袴參　内今日當直也　賢所假殿上棟午刻可有之也兩役參集事具之旨職奉行言上御塞等撿知之後具趣言上内々　出御御覽所日花門儀式　御

十日　戸田采女正答禮到來之通返贈之

覽有之兩役近習當番等候于日花門外北廊事了　入御各退入　恐悅以表

使申入賜御祝　常陸宮戸田大和守等文通　當月御月次和詞詠進觸

來奉行右大辨宰相云々　今夜宿直

○八日辛未陰晴不定坤風次雲艮行入夜又雨下

殘番如例巳半時當番加勢新源中納言參仕仍退出　戸田和州來談此次

予室以下被贈小金有差過日二千兩拜借ニ付所被贈也芳志受納之了

千葉洪胤千葉家相續ニ付予江銀七枚室以下進銀有差　前田大藏大輔

關東使來今日御暇參　內賜物御禮也　文通常陸宮

○九日壬申陰晴交雲東北方行

裏辻大夫爲父朝臣使來有障不面之　文通戸田和州　安達清一郎成

田太郎兵衞野村左兵衞等來談於野村ゟ肥後守使也過日行向挨拶且其節

所約　皇朝廿四孝一冊三忠碑一枚等被贈之又被需愚詠染筆　松平伯

耆守使者來今日上著届也　戸田采女正使來賀次郎丸加級幷諸大夫千

葉家再興等之儀加級歎太刀馬代白銀一枚等到來　小堀數馬來御厩御馬之儀ニ付申出之旨有之　廣橋黄門御用談文通有之久我三位中將堀川父子千種侍從愛宕大夫等近習再勤岩倉大夫伏原少納言等同新加等之事也

○十日癸酉陰雲東北行午刻後晴夕陽赤頽冷氣

文通通凞卿　裏辻大夫父朝臣使來談　今日兩役參集觸來予所勞不參相役六條黄門ゝ以狀示送了　久我三位中將堀川三位同新三位千種侍從伏原少納言岩倉大夫愛宕大夫等被加近臣之旨當番ゟ被觸示之

後刻同上人々來被申御禮　夕重德卿入來面談數刻　戸田和州有書談之儀

○十一日甲戌晴午快霽入夜月皓風涼

著狩衣詣于博陸弟松平肥後守同越中守等拜謁中云々仍以諸大夫過日小堀數馬申出御馬之儀伺申旨有之後時可申入旨示置退出還寓　後時前條之儀宜取計旨有答命　役料米五十石今日相渡云々家司等商量也

冷泉中納言前左衛門督戸田和州等文通
○十二日乙亥晴辰時陰晴不定夕晴
冷泉中納言前左衛門督戸田大和守等來談又嶋津伊勢大久保一藏右二人薩藩等同來談申時勢之儀　松平丹波守家頼井上六之丞來上京ニ付乞謁見進金三百疋賜扇煙草入等　賀茂社家岡本豊前守來進河鰭二尾遣美濃紙十帖　今日官位　勅問左大辨宰相補任右衛門督使別當定功卿胤保卿等叙正二位此余叙位等有之定功卿造内裏御用勤仕以來連々到當時精勤之間雖中絶未滿被推叙之旨被　仰下胤保卿去年十二月十九日分　宣下若者連年歟如正二位雖舊家多中一年或以二年申上之處去年柳原光愛卿以舊例元祖例云々幷廣橋伊光公例中一年ニ而被　勅許甚以過分非量之儀人々傾之況此度胤保卿以連年昇進彌非分之至也殊以舊例申望云々尤内願之旨聞之若於難被默止ハ可有仰詞歟無其儀被許了此後人々有家例者追々可企望又胤保卿當役勤勞非有之在役僅三个年也旁以今度昇進非分

之望也然而依請被　勅許是何事哉凡近比之儀事々皆如此有志之輩悲憤之外無他亦依超越定功卿推叙是又僥倖也但定功卿近來專蒙寵遇中外皆悲之又憎之當時之嬖臣也凡今度兩卿加役之事定而深子細可有之胤保卿姑帥曲侍當時時宜之女房也此擧兩卿相計之條誰不察知之名義改正上下眼ヲ注ク之時如此御政事慨歎之至也

○十三日丙子快晴頗催暑夕明月清風

安達清一郎[因藩]中沼了三[儒者]前田長雄[十津川郷士]等來面談　大久保一藏進唐紙一束煙草一箱肴料三百疋幷太刀馬代白銀一枚等上京所進也　書通冷泉中納言

○十四日丁丑晴時々陰雲脚不定暑氣漸加增

小堀數馬來面談御厩御馬之事兼來談之儀先年來以戸田大和守願申仍今日所招也進大鯉二喉賜茶菓家僕等ニ贈小銀之旨也　午後著布衣[麴塵]詣關白殿謁見大樹近日上洛參　內等之間儀伺申每事未定一兩日可有評

議旨被命之猶時勢之儀條々申承退出向尹宮被謁見粗如博陸申半許還寓
居　大久保一藏來暫面談　遣鯉二尾於島津伊勢許去比品々進上答
禮之心也
○十五日戊寅陰雲脚區入夜雨下
午刻參　内　賢所假殿造立近日可有引渡又　渡御等之事條々取調之此
次定功胤保等卿忠至等參會之間有面談　未半退出詣于近衞弟内府被
謁見千葉洪胤初官位近日申上度旨伺申且以勘例範胤範忠等例申上度趣
等申入尤可然由被示之此次雜談了申半刻還寓居
○十六日己卯雨灑終日沛然終夜滂沱
巳刻著雁衣參於前殿下千葉洪胤初官位申上度勘例以範胤範忠等例可令
申上旨等申入總而可然由被示之猶又面會時勢之儀其他内府與親子之間
事家中混雜之儀等被内談移漏退出向轉法輪初官位申立之儀及相談珍重
之旨拾遺公恭報之以丹羽豐前守應對也次還寓　大和守忠至來談多端

不遑擧記　進狀於博陸公戶田越前守家祿復古之事ニ付願申趣有之千葉平洪胤今度從六位下美濃守可令申上今日小折紙令書調前殿下內相府轉法輪等ニ令持參隱岐守藤範忠令同伴以予口上入內見旨令申述前殿下內府等無御別存旨被示之轉法輪同令一見旨令申入無所存旨云々此後武傳令入內見於月番方抑留明日可申出旨相示云々武傳ニ副使近侍相勸之

申文如左

勘例範胤三十五歳也於洪胤者廿五歳仍範忠十三歳之例所相添也

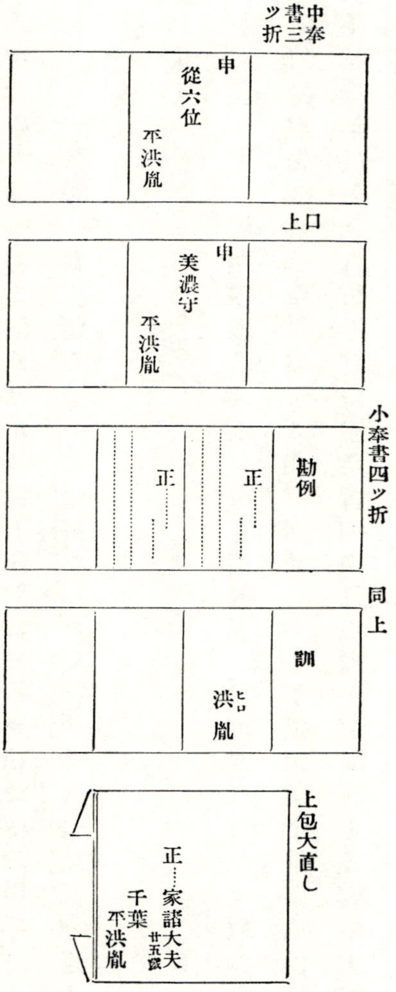

桑原新三位來內々被賴托之旨有之　野宮中納言中院中納言等文通
島津伊勢來謝申過日賜鯉魚　來六月廿二日　祇園社臨時祭御再興舞
人六人料寮御馬可引渡旨以書付下知于御厩了如例進請書
○十七日庚辰雨沛然午刻後晴
自殿下賜昨日所進書狀之返翰更進再答了　洪胤申文今日令申出屬于
頭左中辨勝長朝臣披露之儀令相賴領狀云々副使有之　花園大夫來
戸田和州文通　午半刻參　內國事御評議也近日大樹上洛參　內可有
之ニ付多被議此事此他多端也又殿下談話之事多有之今日右大臣初國事
掛之方々兩役等召　御前有衆評戌半刻斜事了退出還寓
○十八日辛巳晴雲南行夕雲又東北方歩
前左衛門督花園大夫戸田大和守等幷島津伊勢大久保一藏等來談　午
斜自　禁裡執次土山信濃介以狀示送云御用之儀ニ付諸大夫非藏人口ﾆ
可罷出旨頭左中辨命令之旨也如例承知之趣令返書即範忠[下﨟上]差遣之處

小時歸來報申云千葉平洪胤從六位下美濃守　勅許之旨頭左中辨有面陳云々卽召出洪胤予示渡之洪胤謹畏奉之幾久忠誠可抽之趣申含了卽御禮令廻勤

御所々參奏者所如例准后同上勅問衆五家攝當役一同不及加勢廻勤武傳中文有之故内見也披露職事頭左中辨等別段前關白近衛門弟且再興之儀初發來有關係旁早速令參謝者也轉法輪近例之間令行向等行向此余猶少々廻禮云々

諸大夫再興速蒙　天許今亦初官位有　勅許　朝恩之深畏感之外無他不肖過分之恩榮不可忘却是又　神佛之加護也先以告申畏申了　常陸宮有書談　賢所假殿造立成今日引渡也依之兩役參集可有之處予聊痛所有之仍不參相役觸遣了　虫鹿上野介町口右衞志等來執次役被申付御禮云々　桑原新三位來謝被免小番奉行此儀予取計之故也　有容光愛爲政等卿文通

○十九日壬午晴但時々陰雲行方不定

內相府（忠房）賜狀有被示越之旨進返翰又戸田和州文通　尹宮賜干鯛一箱樽代貳百疋等被賀次郎丸加級　巳半著直衣詣于博陸內相府等昨日洪胤初官位　宣下之事畏申之（先例御禮之事無之然而厚配有之ニ付別段所參謝也）次參　內御厩御用之儀ニ付有商量之事此次飛鳥井野宮兩黃門久世前相公等有面談之儀未刻過退出還寓　大野英馬（會藩士）來面談大樹上洛參　內之間儀　洪胤今朝於頭左中辨第申受口　宣（上卿予也）金百疋相贈云々加田範胤初官位之時申受口　宣是尤可然儀也當節多端之時每事省略之所存也仍今度不令申受口　宣是尤略儀也

○二十日（癸未霽雲姿不定時々陰）

戸田大和守松室河內安達清一郎加藤量平（此士戸田土佐守家來今度當家非常之時警衞被申付）等來面談自桑原新三位被贈丹酒一樽鯉二尾等是彼卿小番奉行御免之儀予取計之事被謝之爲答禮遣美濃紙十五帖之處又被贈粟田燒器物　進鯉魚二尾於尹宮昨日賜物答禮所進上也　今日臨期御評議有之旨觸來　未斜

著直衣參　內殿下右府尹常陸兩宮內府一條九條兩亞相兩役等參集一橋中納言會津中將桑名少將等參會會津中將面會去日行向之挨拶相互述之此次大樹參　內之間儀少々談之　殿下拜謁內々被示合之旨有之

一橋中納言ゟ當春所賜之足痛ニ付今度取替可被下ニ付自仙臺進獻之分眞砂栗毛可賜注一紙覽于博陸尙言上置可有之云々仍明日午刻後早々於御厩可被取替下ニ付彼是病馬幷取替之分仙臺進上之馬可牽來一橋所司代等ゟ武傳ゟ可被達申談又被下方之儀嚴重ニ不相成樣可被取替殿下被命ニ付其旨且明日御厩ゟ出役可取計由等執次ゟ加下知了　申半計殿下以下國事掛一同兩役一統於露臺下一會桑等面談大樹參　內其他長防處置之儀等有談判夕事了　入夜各召　御前衆議有之亥刻退出還借館

尾州隱居松平玄同使來上著之屆申來云々

○廿一日甲申陰晴不定

戸田大和守來談又左衞門督大久保一藏等來乞面會有障不謁見之

一

橋黄門ゝ被取替下御馬之儀取計濟之旨執次（鳥山三河介）屆申之　明廿二日
大樹參　內被　仰出之旨觸來時刻午刻夫々被催置之趣當番ら申來今夜
大津驛止宿夫より直ニ到著於施藥院改衣裳參　內之故時刻難測之故午
時與被催置旨也

○廿二日乙酉陰小雨

今朝大樹發大津驛入京可有參　內云々巳半許既施藥院參著云々予今日
當番也旁巳半過著衣冠奴袴參仕又關白右大臣尹宮常陸宮內大臣一條九
條等兩大納言被參會又一橋中納言會津中將其外武士等參上有評議等申
斜武傳兩卿爲勅使向於施藥院上洛之儀被慰勞之（得案內之後行向云々）歸參之後申半
許大樹參　內兩役出會如例予承口上（伺天氣且今日御使御禮等也）賜以女房申入了賜祝酒
秉燭前　出御於小御所（御曳直衣如例）大樹　御對面進太刀白銀二百枚綿百把等
了　入御直召大樹於常御所二獻之儀有之（男方陪膳也）了退下　於小御所下
段今般山陵御修補御賞秀忠公家光公等二代ゝ賜神號之旨兩役列座大樹

ゟ申達退入之後被辭退之處以武傳再應被仰下御請又戶田越前守同大和守等同上賞之儀以武傳老中等ハ被申渡云々　此後殿下以下國事掛兩役等各召于　御前大樹ハ被仰下之儀其外差懸候事共少々有衆議了退下大樹召於御小座敷賜茶菓殿下尹宮等御相伴懇々御談話等有之且長防之儀所置滯在于華城篤与遂評議公平至當之處言上可有之國家重大之儀ニ付可無輕擧又右等之趣尾張前新大納言今日隨從參內一橋中納言會津中將桑名少將其外ハも可申聞旨等被　仰下大樹敬奉云々移時退下同上　勅語之趣殿下被染筆爲心覺大樹ハ被相渡尾張以下拜見之上殿下ハ返上云々返上之儀有意味云々此後大樹　御對面以下御禮予ハ被申述以女房申入了

又　親王御直廬准后等ハ可有參上之處及曉更之間殿下ハ以武傳歎願於內被申上　親王ハ伺　御機嫌三卿日野大納言承之予以女房御乳人申入了

東雲大樹退出終及徹明

今日午前室兩姬以下女房等各向松ヶ崎邑一宿遊覽也且大樹上洛不容易

風聞滿耳人心不穩意外之異變實ニ不可測旁内々所向也
○廿三日丙戌陰夕晴入夜又陰雨
殿下今朝卯斜被退出　予書記等了午刻前退出　書通和州忠至昨日
之儀粗申入了　月次御會後日詠進奉行經之卿に觸遣了　前左衛門
督重德卿來談　今日申刻許室以下一同還渡　傳聞今日大樹猶二條城
滯在云々
○廿四日丁亥陰雨入夜雷電初酉刻過亥刻終
成田太郎兵衛備前藩　熊谷兵衛藝藩等來談　午上刻參　内尾張前新大納言
號德川玄同參　内也　御對面如例事了未過退出　於省中六條黄門久世前
相公等面談岩倉大夫息周麻呂御兒再勤被　仰出之儀ニ付不可然旨兩卿
意見也至當之事於予柳原黄門同意仍兩卿參　御前所存言上之處不被採
用云々不能是非閇口了　德川玄同來　御對面之御禮也　戸田和州
文通　遣使於所司代邸大樹上洛歡令申述之　眉延姫内々向於乳母

家彼婦夫重病ニ付尋訪之卽刻還渡　傳聞今日午刻前大樹出立今夜淀城泊宿云々

○廿五日戊子晴雲東北行西南風頗扇申刻過夕立

戸田和州來談　有容光愛等卿公靜朝臣等有書談　加賀中納言使來就上京太刀一口綿三十屯馬代黃金一枚干鯛一箱昆布一箱樽代金千疋等到來　大久保一藏來面談

○廿六日己丑晴雲東北行天氣似昨日但不夕立

殿下廣橋中納言松平肥後守戸田大和守等文通　一橋中納言使來過日御馬御取替被下取扱之儀ニ付晒三疋肴料金千疋等到來　長谷川捴藏來談

卽日挨拶使遣之

○廿七日庚寅晴天象類昨日夕晩立以後不晴

長谷川捴藏尾藩 安立(達)精一郎因藩 野村左兵衞會藩 廣澤富二郎同上 等來面談此中廣澤初而所來也仍肴料三百疋扇料百疋等進上之賜扇五本盃一口紙入等

申時一分土用入

松平肥後守ゟ爲時候訪問津島團扇廿本肴料金子千疋等　松平肥後守ゟ昨日進上物御答禮也　今夜殿下賜狀被下肴一折昨日進上物御答禮也
六條中納言戸田大和守等參會面談　今夜內當直參勤
午半許參　內當直參勤
如例宿侍

○廿八日辛卯陰時々細雨未後滂沱終夜不休止

早旦退出　殿下新中納言等文通　戸田和州來談　松平肥後守ゟ
暑中鯉二尾到來　來月十一日　神宮御法樂倭謌詠進被觸之奉行雅望
朝臣云々　未時著直衣參　內殿下被參入予廣橋等兩人ハ賀茂社一條
有被示談之旨此他予種々申承趣多端也又廣橋黃門久世前相公等有談合
之儀申半退出　自常陸宮暑中眞瓜一籠內々菓子等被贈之　暑中來
問堂上地下等數輩有之　次郎丸來逗留壯健成長喜悅々々　戸田釆
女正今度大樹隨從出阪今日伏水驛通行遣使訪之贈菓料銀二枚　渡邊
瀧口千葉家相續ニ付舍弟菊二郎渡邊氏相續仍今日面會賜熨斗昆布同人

ゟ進扇一箱金百疋等

○廿九日壬辰陰巳刻後時々晴雲東北行

著衣冠參於　親王御直廬伺申暑中　御機嫌御乳人出逢近比世上形勢不穩之處　宮中御規則廢弛法律不相立慷慨談有之此次准后同伺申上﨟八於

百面會有報答之後退出向賀陽宮暑中訪問且謝申次郎丸加級歡音物到來之事次向花園家園池少將來會相共未亡人面會從來家內不締之儀糺問向後改正之儀加炳誡了次向戸田大和守邸一同面會被勸一獻夕還家

○三十日癸巳晴陰雲東北行午刻後晴

遣使於尾張前大納言加賀中納言等過日贈物挨拶申遣之　戸田和州來談　戸田土佐守本家相續祝儀太刀馬代一枚白銀到來爲答禮同斷遣之

●六月小

內府忠房公書通

○一日甲午晴陰巳時後陰午後又雨降

當賀式如例月　巳半刻著直衣奴袴參賀如例　御對面訖未時退出參於
親王御直廬當賀以表使准后同申入如例有報答之後退出還寓　一橋黃
門明日發途下阪之趣使來屆申之　戶田和三郎來訪面會自余暑中來問
堂上地下等數輩　次郎丸今朝還向於松崎邑自去月廿八日所逗留也
今年涼氣未覺苦熱

○二日乙未陰晴巳時以後晴雲東北行蒸暑

文通戶田和三郎　戶田大和守ゟ暑中見廻砂糖一箱到來　暑中來訪
堂上一兩人地下十余人

○三日丙申晴曇雲東北步間々小雨申刻過夕立

今日內々祥忌也（御故殿眞實正當也）仍精進謹愼　加賀中納言參　內予依內々憚
日不參後時同賀來畏申拜　龍顏賜　天盃之儀又同上ニ付太刀馬代（銀五枚）
等到來　殿下賜狀有被示之旨今明日內外憚日ニ付五日報可申返答之
趣了　同上事ニ付六條中納言書通（雖正忌文通強不及憚況無余義用事尤一向不及憚雖宮中尙不憚之但自此方精々可）

斟酌也　戸田和州來談　松平備前守使成田太郎兵衛來彼藩臣數來談
懇意之儀謝之被贈肴料金千疋隈濃縮緬一反等　御廟代參藤範忠
○四日丁酉晴雲膚如昨日入夜夕立大降以後終夜時々雨
辰時著布衣參拜于清淨華院　御廟先奉拜故殿御廟次祖先御代々御連枝等御墳墓各拜之又故公平朝臣墓以下同拜之井家臣
列墓同手向花水畢今年初而所參拜也先畏申旨有之又籠祈願且告申千葉家再興初
官位拜任叙之儀了平洪胤役華水辰半刻前還寓　前左衛門督來談
暑中來問官武數輩
○五日戊戌晴風雲景色類于昨日但或雲南行午後晴
巳半許著直衣向於博陸家訪申暑中謝申過日賜肴之儀一昨日被下書狀報
答申置之次參　內午斜也今日當直所參勤也宿侍如例　自今日　歡喜
天尊立願祈誓之儀有之仍自明日三旬之間殊加謹慎
○六日己亥晴雲南行暑氣時節相應
早旦退出　千賀與八郎尾州家老進白銀三枚賜花臺盃二口扇五本等長谷川捴藏同藩島津伊勢薩家老

等來談　島津伊勢署中進金貳百疋檳榔團扇七本等　書通常陸宮此
次進茶之處賜菓子　進葛麵一器於博陸許其實戸田和州進上之處所傳
上也　定功卿忠至等文通
○七日庚子晴陰午刻後陰又雨降
巳上刻著衣冠向轉法輪訪署中次詣常陸宮同上次參于前關白別墅同上且
千葉洪胤初官位　宣下以前より厚配之事謝申之前博陸被謁見暫談話次
參　內今日　內侍所假殿　渡御內見也當役參集先例也少々申合等有之
午半退出　次郎丸來行向于戸田和州邸數刻之後還渡於此亭申刻過還
向于松崎邑　自博陸以狀賜菓肴昨日進物之答禮云々仍戸田和州許ニ
傳之了　署中來問之堂上五六人武家使數家地下十余輩來
○八日辛丑晴陰風雲景色又如楳雨天午後晴
進水仙粽十五把於前殿下依歌道師爲訪尋署中安否所進也　未半時著
雁衣祕色詣近衛第署中訪申內相府面會數刻言談之後日沒之程還寓

暑中來問人々數輩

○九日壬寅夜來雨沛然

來廿五日　聖廟御法樂詠進日野大納言爲奉行被觸之申御請之由訖

今夜戌時　內侍所假殿　渡御ニ付東庭下御可有之也仍申半斜沐浴著衣冠奴袴麻上下共如例參　內相役之內六條中納言久世前宰相等爲御見廻參向於內侍所又近習之內醍醐大納言神宮上卿也必有其撰例也云々日野大納言左大辨宰相自余殿上人四五輩等同上又非常附等參集此外供奉次將以下各參集云々被　出御祝酒　酉半前被出御服小時　出御云々仍予以下清手水了候于馬形障子下御鈴之後當番來詰須臾被召御服之旨兒被申出予以下參於朝餉先予取御笏傳于次人次人取之渡于職事予參左御袖御右袖通富卿候之御服言成卿久隆卿以上御服兩人束帶如例等參上哲長卿御緌出御　立御御茵不及撤却御直衣之時ハ御曳袴之故歟未知子細何分今夜御茵之上ニ立御之間不能左右著御々直衣先御單次御引倍支以上白也御引袴元より著御也了御復座之間予取御帖御檜扇等退候於乾方御袖等了御服之人退下之間予供御檜扇置御如例茵　御帖納御懷中

御見廻參于賢所之人々二夜三日神事衣冠單也

折タルワナノ方爲御右如例等退於臺盤所伺申御手水之儀直ニ可被召旨被　仰下仍予召
御裾頭辨豐房朝臣候于御手水間御裾人參進直移御於御手水間御手水陪膳豐房朝臣手長長邦傳供藤原助胤了
御復座陪膳以下退下於東簀子方之間予參進御手水之間其旨案內于　賢
所方之間既羞御羽車歟直ニ　出御ニ而合期歟之趣言上直ニ可被　出御
旨被　仰下仍退下候於南廊如例西上北面即　御出雅望朝臣御劍御笏長邦豐
房朝臣供御插鞋御裾不及奉取之豐房朝臣奉直之經弘庇殿下上戸同東一
間等令到于弓場給東庭依雨濕被用弓場令入予以下隨從候小庭屏風中給　著御々座東聊南方賢所之御方令向御此
方少々開御屏風　職事問御屏風御釼持脂燭殿上人等候于南方職事等在于北方兩
役近習內々外樣等衆候於小庭良久無音仍予問頭辨之處打合之通リ故可
無違却歟云々猶不審之處六位來自露臺下切戸入來於東庭御鎭座了之趣申之愕然先以
渡御之注進漏脫了然而　渡御注進之間御磬屈　御鎭座注進之上　御拜
可被爲有也然而先鎭座之旨言上不都合且鎭座之旨雖注進　渡御之申謬
歟難計之間先予參進於御屏風外唯今　渡御之旨言上了復座命頭辨彌御

鎮座歟可有實撿示之頭辨走向須臾還來愈鎮座了云々仝　渡御之告漏脫也仍又予參於御屛風外言上云唯今　御鎮座了云々復座次有　御拜了御咳聲之間御屛風　還御准初御本路女房取御劍退入之後予以下退入戌半斜也先以無異　渡御且　出御又無異恐悅々々　抑今夜　渡御漏脫仝奉行頭左中辨勝長朝臣疎漏之故也仍理可被申上示之附于當役被謝申之以兒申上了　此朝臣每度失錯連綿也如公事申沙汰無異難奉仕之條先邂逅也度々被誡仰之處尙如此　抑亦當役兩卿六條久世爲御見廻候于　賢所每事所加指揮也兼日奉行打合有之處及漏脫之條不行屆之間可被謝申歟相役示合置了　無異　渡御恐悅兩役一同以表使申入之先例也此後退出亥斜也　今夜供奉次將等縫腋壺胡籙馬腦帶紺地諸蒔繪太刀隨身袴用方色兼日公允公靜等朝臣被相談如先諷諫了

○十日癸卯陰午後陰晴不定夕快霽

今日於　內侍所御祝酒可有之午半比可參集之處不快之間不參仍所勞不

能出仕旨相役觸遣了　自殿下賜狀　賀茂一件書付被爲見之明日午半
比予廣橋中納言等可參仕之旨被示之卽廣橋黄門に傳示訖　明日　神
宮御法樂和哥詠進屬于雅望朝臣了　重德卿文通

○十一日甲辰晴雲南行午後快晴炎暑但風涼

午半斜著直衣參　內廣橋中納言小時參會　未時許歟殿下被參上予謁見
種々申承日來預申置　賀茂一條書類返上之此後又廣橋被召出予与兩人
賀茂社權殿御帖臺獅子繪形先例与相違一定歟ニ付彌近日爲點撿傳奏奉
行參向可被仰出ニ付傳奉人體柳原中納言甘露寺頭辨等被免替六條中納
言清閑寺頭辨等可被　仰下等之儀取計示之然而此御處置頗嚴重之間兩
人精々宥申之如前條只被免之方可然申入了此後殿下召　御前右被伺定
如先可被仰下但今日雖御德日昨日分可被　仰出旨被傳　宣且六條清閑
寺領狀之上ハ明朝傳奉同伴殿下へ可有參入可傳示云々傳奏奉行一時被
附替之條先例不分明仍先召清閑寺頭辨奉行被　仰下之旨申渡同朝臣ゟ

傳奏六條中納言へ傳宣且柳原甘露寺等傳奏被充同傳宣可有之當
番加勢卿へ示合又明朝殿下ゝ傳奏同伴參上之儀以狀六條黄門ゝ示送了
秉燭前退出　六條黄門來談前條之儀當惑心配之趣今日之時宜談合頃
狀可然旨示合了　戸田和州來談

○十二日乙巳晴曇又東北行坤風吹炎暑時節相應也

前左衞門督公允公香等朝臣來談　有容光愛胤保通熙等卿書通　嘉
祥米今日申出如例年　親王ゟ同賜之　來十六日嘉祥御盃勾當掌侍廻
文來

○十三日丙午晴風曇景色似昨日暑勢熾

小森久太郎會藩筑摩市左衞門桑名藩初ゟ面會ニ付進白銀二枚仍賜扇五本盃二口紙入等　來面談　午半著
直衣參番宿侍如例　川村惠十郎一橋中納言家來初ゟ所來也進白銀三枚
一橋黄門明日一先歸洛之旨以使告之　公愛朝臣忠至等來云々

○十四日丁未快晴東風曇西歩夕陰入夜雨下蒸熱

早旦退私　戸田和州來談　殿下以狀賜晒布一疋鯉二尾等日來　賀
茂一件配慮之儀被謝之　賜鯉二尾於島津伊勢暑中進物答禮遣之
一橋中納言今日歸京之旨以使告知之
○十五日戊申晴陰巳時後陰時々雨下入夜夕立以後雨
著雁衣詣于關白第日來賜物之事謝申之此次申承之旨一二箇條有之又戸
田越前守一件ニ付歎願申入置了退出還寓　大和守忠至文通　戸田
采女正ゟ暑中訪問養老酒三瓶到來　贈唐紙一束於松平備前守過日音
物答禮所遣也　賜扇子於侍下部等有差侍三本下部二本夏供奉之輩例年所遣
也　松平肥後守歸京之旨屆來使有之　胤保卿書通
○十六日己酉晴陰雲東北靡暑熾
嘉祥御盃可出仕之處暑邪相冒聊不例之間不參之儀相役以狀觸示之又勾
當掌侍奏者所以使申入之如例　今日嘉祥祝儀如例年　戸田大和守
來談　轉法輪侍從以使問嘉祥米拜領有無童形不被下旨答示了

今夜四時三分入立秋七月節晝之間雖炎熱自夕覺微涼

公允公靜等朝臣來談

○十七日庚戌晴炎暑酷

島津伊勢來談　戸田大和守書通　未時參　內今日一橋中納言松平肥後守同越中守安（阿部）倍豐後守等參上且國事御評議旁所出仕也　殿下以下面談不遑擧記多時勢之儀幷戸田越前守家祿一件等也此間既及黃昏了

入夜　御前評關白右大臣尹常陸等宮內大臣一條九條兩大納言當役武傳等參上如例艮隅御地面御張出ニ付有栖川宮立退且依之尹宮在所有栖川宮へ可被借下歟尹宮御厩拜借之事當時宰府住脫走之五人處置之事當秋御燈樓獻上無之双親番如昨年等被議定了然而脫走人之事長州處置之後可然歟申上了又兩宮在所之儀未決退下了　殿下傳　宣云東山院御舊地御馬見所共尹宮へ可賜御厩他所ニ可被移尹宮在所有栖川宮ニ可被下旨等　勅裁之旨云々恐入承了慨歎之外無之　於小御所殿下以下一同兩役一橋以下武士四人面會（內々於中段御透聽有之）防長處置之事毛利讃岐吉川監物

兩人召寄於大阪事情質問可有之猶又其上可伺申旨言上之此外枝葉之儀
少々申之了退散　殿下前條被言上又賀茂祠官混雜一件柳原中納言不
束處置ニ付差扣被　仰下頭左中辨勝長朝臣同上ニ付可被誡後來旨殿下
傳　宣明日夫々可取計旨予廣橋中納言等ヘ被命之夫々取計了子時過退
出還寓　親王御方論語御讀書被爲濟ニ付御智惠粥明日午半刻可賜兩役
三卿御師範等可召旨昨夜被申出之由三卿別當長順被示之夫々傳示之了

○十八日辛亥晴炎暑如昨日未時以後陰

午半刻參　內（直衣切袴）　親王御方論語被爲濟御祝御智惠粥御祝酒等兩役御
肝煎三卿御師範等可賜之也先以表使賀申之御祝酒御粥等賜之（予當役御肝煎等兩
度項戰之）　昨夜殿下被申渡柳原中納言差扣之儀兩役列座於役所武傳月番
野宮中納言ゟ中使日野大納言冷泉中納言等ヘ被申渡　賀茂傳奏中不取
調之儀有之不容易之間差扣被　仰下云々兩役申傳小時恐入御請被申上
且息進退伺以日野被伺申當番可被取計旨示之了又頭左中辨勝長朝臣同

上不束之始末予招同人於役所申聞向後屹度可被心得加譴誡恐入御請之旨也其由殿下へ申入以女房言上等有之事了申時前退出還寓　戸田和州來談　中川修理大夫ヨリ暑中訪問漬蕨到來　秋元但馬守ゟ昨冬寒中當年始等書狀并白銀一枚宛等到來

○十九日壬子陰雲脚東北向申刻夕立入夜晴

前左金吾重德文通　常陸宮以女房狀被贈下菓子一折以返書謝申之

祇園臨時祭ニ付今日社頭内見云々

○二十日癸丑陰天氣風雲似昨日殘暑酷入夜益蒸熱

戸田和州來談　公愛朝臣同上　治部卿右京大夫等文通　未半時著狩衣詣于殿下被謁見公私種々談申之趣有之頗機密之儀多申半許還寓　花園大夫來家僕小谷内膳先比來借遣于彼方之處永々借人之儀被所望此儀日來段々懇望又園池少將頻被頼乞之間内々既所領狀也　上田繁左衛門上京此度主人松平丹波守上阪大樹隨從也依之同人所上京也　來廿二

日　祇園臨時祭御再興ニ付當日　禁中　親王准后等參賀不及献物重輕
服者翌日參賀等之事以一紙妙門室〻申達之　一橋中納言明日下阪之
旨届使來
○廿一日（甲寅天明之後雷聲一兩其後雨下雲艮行蒸暑午後晴入夜時々雨沛然東方電光頻）
大羽順之進（戸田越前守家臣）來面會　午斜著直衣參番如例宿侍　有容通熙等
卿文通　明廿二日　祇園社臨時祭御再興事々今日用意之依之兼日被
仰出如左
來廿二日　祇園社臨時祭從當朝御神事ニ付服者前夜退出之事
社頭之儀雖無異言上御解齋及深更之間服者不及參宿之事
就來廿二日同上自當朝御神事社頭之儀無異言上後御解齋之旨被　仰
出候事
來廿二日同上卯刻　出御之事
來廿二日同上御再興ニ付當日　禁中　親王准后等參賀不及献物重輕

服者翌日參賀之事

○廿二日乙卯陰時々雨滂沱蒸暑甚未時後雷鳴終日雨入夜或休止或降覺微涼

今日祇園社臨時祭御再興卯刻出御々拜可有之也未明傳奏新中納言胤保位袍白生單青朽葉差貫奉行豐房朝臣束帶如恒等參上催促雜事天明之後先奏日時勘文於臺盤所附于內侍奏之依之先是臺盤所女房塞令付之小時奏了云々此後御覽所點撿當役修理職奉行等撿知如例卯半刻前事々具之旨傳奉言上散狀被附之先是御塞令付之以兒獻上之具之由申上了須臾被出御服云々如例御服奉仕之人商量之小時卯半斜出御之旨被申出當役淸手水了候于馬形障子邊當番殘留于役所應御鈴音被來加小選御服召之趣兒被申出予以下參進予候御左袖御右袖加勢通富卿御繰出御服ヲ繰出御服之人ニ相授也泰聰卿等候之御服永祜朝臣奉仕之有容卿衣冠單當役故衣冠單也非役之人ハ雖公卿束帶也永祜朝臣束帶恒如候之御服前先予倚立御茵於東方御屛風以面西方爲御服黃櫨御袍御引倍支自余如恒了如元供御御茵御復座之間予取御帖紙白檀紙近衞家流折形也御加冠之人ノ流ヲ令用給也御檜扇等置於御後階棚上層二退候於乾方御服御前等之人退入

之間予進于御前置御檜扇於御前（御茵之上以要爲西方如例）奉納御帖紙於御懷中（折目ノ輪奈ニナリ）

（タル方ヲ以御右方奉納之是近衛家說也）退下於臺盤所（闥之際）伺天氣召御裾之人豐房朝臣自簾下參

上候御裾予退候臺盤所下方卽御手水間ニ令移御有御手水（陪膳勝長朝臣益供資生）了

御復座御手水所役之職事六位等各經西簀子退入之後予參進于臺盤所闇

際伺御氣色直　出御之旨被　仰下仍予以下退入候於馬形障子下如先此

間　出御于弘廂（南面御座也關白不參之間藏人頭褰御簾）藏人頭獻御笏次供御贖物（散米解繩）次進大

麻（以上藏人頭供進之歟）次宮主著庭中座次使左近少將藤原言繩朝臣（束帶如恒但賜御衣著禁色挿頭花松枝）

（但渡時挿之歟）參進次宮主奉仕秡次撤御贖物次使就案下捧御幣　御拜（兩段御再拜令向巽方給）

了藏人頭申下御笏次　入御先是陪從發歌笛此間上卿鷹司大納言（輔政）自

內々方入下戶著殿上（端座薄狀上頭）小時藏人頭豐房朝臣昇小板敷仰　宣命之事

下折紙亞相拔足奉之取折紙置座傍次亞相居昇著厚帖（不揖歟東面）以六位召內

記仰　宣命之事次大內記修長朝臣進草亞相招豐房朝臣奏之豐房自小板

敷參取之經神仙門昇女官階參於朝餉（以兒奏之事伺申之後參上之事示于豐房朝臣）奏之了返給（豐房朝臣）

經本路次亞相仰清書次內記進清書又以豐房朝臣奏之事々如草一時了返給次亞相
召使於小板敷賜　宣命黃紙也使取之退出了次亞相自東一間降出無名門經
階下宣仁門等退出了先是　入御之事以兒被申出　此後當役奉職奉行
御覽所以下撿知御塞先傳奉以下東方ニ令廻出雜人等同令出拂假廊下以
下所々門々等締令付之如例追々伺申事々具之由以兒申上了　此後進
發列可見物之處昨日來疲勞之上蒸暑酷難之間入魂退出于時辰半前歟參於准后
今日御再興恐悅之旨　親王并准后等に以執次申上置直退出還寓　今
日參向人々使左少將言繩朝臣舞人六人皆地下樂人也挿頭花滲花云々哥人保建朝臣左兵衛佐
自余皆樂所云々傳奉同參向今夜神樂可有之云々後日可委尋　松平丹
波守家僕渡邊十郎兵衛來面會進金五百疋賜扇五本急須茶椀等　今日
臨時祭舞人所騎寮馬號檜林於院參町邊發病歟不堪乘仍牽歸引替之儀無音
但口付馬具等ゑ不及返上旨御厩詰者屆申之臨期之儀不能左右　以使
覽詠藻於前殿下即時加點被返下之

〇廿三日丙辰陰雲東北向午後時々晴
上田右兵衞尉御廐使番詰來面談御廐移替之儀　長谷川捴藏尾藩來歸國ニ付
暇乞面談賜盃一口扇子五握等　渡邊相模守來進革緒一筋是御廐御用
勤仕革師ゟ所獻上相州傳獻也　室向於今城家今夜止宿于彼家　右
京大夫哲長卿書通又後刻右衞門督長順卿同上
〇廿四日丁巳晴陰風雲如昨日午後晴殘炎盛
明廿五日　聖廟御法樂倭謌詠進屬于日野亞相許了　巳半刻著直衣參
内近習小番結改ニ付參集如例以兒伺定事了未時退出
〇廿五日戊午晴天氣似昨日炎暑殊强入夜猶蒸
前左衞門督重德來談　今朝室自今城家還　未半時著直衣參　内御
評議可有之云々如例殿下以下幷兩役等參會夕陽各召　御前衆議有之不
追舉記秉燭前事了退出還寓　北野天滿宮ヘ近侍令代參奉納御膳料青
銅二十疋

○廿六日己未陰辰時後晴雲南行炎暑如焚
大久保一藏歸國ニ付暇乞來面談世事爲餞(餞)別賜紙入扇茶器等　常陸宮
以狀有被示之儀立后幷前殿下相國或准后等　宣下可有之歟之事也此便
被贈下紀州製團扇二本　松平丹波守大樹隨從下阪ニ付自關東上登今
日伏水驛通行依之爲訪問洪胤爲使遣于彼旅宿贈鮮鯛料白銀三枚樽代同
貳枚等丹州依所勞不克直答旨以用人謝之洪胤酒饌料五百疋相贈云々
○廿七日庚申晴天氣如昨日暑又同樣申刻過雷鳴五六聲入夜電光甚時々陰蒸暑
來月廿三日　鴨社御法樂詠進被觸之奉行越前權介云々　七夕御會詠
進同上奉行源中納言　巳半刻著直衣參　內當番也　戸田和州參會
面談有之　宿侍如例　俊壽甲谷兵庫歸京去々月以來他國　今夕今城
前中納言室入來云々勸一獻之由也
○廿八日辛酉晴炎熱熾入夜猶蒸氣甚
早旦退出還寓　野邑左兵衞來談　戸田和州文通再三　進狀於博

陸公賜返翰有回答之事　智積院澤寮僧義亮來面會勸請　歡喜天尊御像持參進之予面會受之自今信仰禮拜可有之也兼而以俊壽所仰也昨日俊壽歸京今日同伴所持參也先以奉拜之追々可恭禮信任也件僧賜金貳百疋謝勞又　尊體幷御厨子勸請ニ付金壹斤遣之猶追々入來法義可說諭旨示置之拜禮當要之分少々聞之此後件僧退去了此後件　御像奉安置先供進華水香拜禮之畢

○廿九日壬戌快晴炎暑甚

辰半許著布衣蒲萄染白裏參於關白第昨日以狀申承之一條ニ付有申入之旨此次今日御厩見分行向之旨申入置之次向御厩此度當地所有栖川宮ゟ可被下ニ付御厩京極通　後院東方御林内ゟ可被移ニ付爲撿知所向也取次澤村加賀守參會自余詰合鳥飼等誘引之御馬見所御厩以下詰所々々等悉撿知之令出圖面引合之其外御調度類御馬具目錄等同撿知之畢巳半刻過還寓　於御厩面會之便今般御厩他所御移替幷地所等之事豫爲心得示合

置之訖　殿下賜状進返翰　頭辨下口宣一枚云

慶應元年五月十八日　宣旨

從五位下源忠篤

宜敍從四位下

藏人頭右大辨藤原豐房奉

不添消息以内状下之位記来月二日飛鳥井第ゝ可差出云々報領状之旨了

件口宣下于大内記修長朝臣以消息可下ゝ處煩敷ゝ間以内状遣之略儀

也近比多繁ゝ間毎度多如此須猶以消息下之也位記来月二日飛鳥井家ゝ

可出旨同下知了領状請文自彼ゝ旨使報申之　家僕小谷内膳先比来花

園家ゝ借遣置ゝ處依懇望自明日永可借渡旨花園家ゝ示遣之園池少將毎

事所預知也仍同家同申遣之又召出當人件ゝ趣申渡之當家々僕如元ゝ儘

所借遣也　今日名越祝儀如例

續愚林記

慶應元年
秋冬

○公 臨時

七月廿九日 賢所臨時御神樂假殿渡御後被行之

○私

慶應元乙丑年

●正二位權大納言藤原實愛四十六歳

●七月大

○一日癸亥晴殘炎酷烈入夜猶蒸氣甚

新秋之朔幸甚祝著賀式如例月　當賀可出仕之處炎暑甚難耐仍聊不快之間不參相役觸遣之了　來四日巳刻加賀中納言御暇參　內被仰出之旨（御服奉仕如例云々）觸來　來廿五日辰時　內侍所本殿引渡同廿七日巳刻御修理始等御治定之由同觸來　松室河內來有願申旨（別番之輩幷見習等二季賜物諸價騰貴ニ付加增□□）（旨也）相役示遣了

○二日甲子晴炎暑盛

覽詠草（公宴七夕御會料）於前殿下四日可申降旨被報之　實潔朝臣忠至等文通有之　室章子參詣お清荒神　加賀中納言來四日參　內所勞ニ付名代前田土佐守を以御斷可申上之處加養參　內被仰付畏存之旨使來申之

○三日乙丑晴南風頻吹但酷暑自夕微涼

六條中納言書通　智積院澤寮仙臺組義亮法師來面談　天尊禮拜之儀幷九字十字大事護身法其外法義聽聞之移時賜茶菓金百疋等

○四日丙寅晴白雲南行未半小雨蒸氣甚夕晴

巳半許著直衣差袴參　內今日當直也且加賀中納言歸國御暇參　內也午斜彼黃門參上兩役出會有之此後言上了未時　出御御曳直衣如例奉仕之於清涼殿代御對面了更參進賜　天盃了　入御於便所賜眞御劍鞘卷御末廣等是度々上京之賞云々此事過日殿下ゟ被尋當役所存雖不甘先無所存之旨相答了殿下被執申歟　來八日　親王中元御祝儀可被下ニ付午半刻兩役以下可參於御直廬旨御乳人被申出兩役申達三卿以下夫々通達三卿中ゟ與奪了此外御用談度々同女面會有之　御用之儀ニ付女房越後相役武傳等面談度々有之不遑擧記　戸田和州參會談私用移時　今夜宿直如例

加賀中納言爲御禮可來之處所勞ニ付延期之旨以使申越了

○五日丁卯快晴覺微涼午後殘炎熾夕復微涼

早退出　久世前宰相通煕以封中被示送云
追申先神祇官代迄ニ而猶可被引于　神宮哉之儀追而可申入候也
例幣　神馬四疋（二疋置鞍二疋不置鞍左右各二疋）被牽進候馬寮ニ御下知可然御沙汰可有
之候也
七月五日　通煕
三條大納言殿
報領狀之旨了別段以狀被示之不案內宜添心趣被示之今度　例幣祭祀舊儀御再興御用掛此相公所被仰付也神宮上卿奉行等雖有之其任ニ不堪之故歟名義如何人々可懷不審歟　戸田和州來談　渡邊出雲守烏山三河介等來畏申御厩御用掛被仰付之事　四辻中將來需染筆後刻調筆返遣之　松平若狹守ニ遣菎一箱暑中砂糖到來答禮遣之　三條西家內一同今日新宅移徙云々遣使賀之畢
○六日戊辰快晴炎暑如昨日

智積院澤寮僧義亮（傳灯大法師阿闍梨權大僧都法印慶順）來授九字十字等大叓此儀予年來所修行也然而今度又受之口傳等多有之彼僧以書付授之書余委細口授之依之賜白銀一枚蝙蝠一本等又去月廿八日勸請　歎喜天尊像信仰禮拜之處凡俗家　靈像安置有其憚碩德之行者ニ相托之方尊敬信仰之意可深重之旨再按殊當時借宅事々物々不便有其恐之上凡俗有憚之論相生聊之事雖有之障礙之說必可相生奉對　本尊却而有恐旁今日托于件法師奠供之事相賴日來粗所談也卽今日彼僧室ニ令遷座給件僧隨身退出以後日々奠祭供物等之事相托每月十六日可進寶賾也依之賜金貳百疋供進之料也別段百疋彼僧奠供ニ付遣之以後每月十六日都合三百疋宛可遣也又爲　奠體代進御札自今禮拜奠供等不異于　御像信心禮拜不可怠者也日々供華水香灯等又別段供進酒大根等（非日供）偏倚賴尊信者也

公宴七夕御會倭謌屬于源中納言許落手云々

戸田大和守來談

一橋中納言今日自大阪歸京之旨以使者告之

堅鐵尺壹尺二寸（或云々三寸）予年年二寸ヲ用ユ仍

今度又壹尺二寸也横ハゞ見計也

奥ヨリ卷テ上ノ方ヲ折

納于文匣加名封以口上遣之

中鷹紙以紙表爲面書之書法行數等如圖九十九三ニ書但強テ九十九三ニ不可限也

星夕同詠七夕琴　和謌

權大納言藤原實愛

まちわふるその妻

とのはゐ音よひゝ

まて星乃いゐかね

久良む

○七日己巳晴雲東北行殘炎酷

祝式如例年　當賀可出仕之處暑邪被相冒仍不參相役觸遣了　來賀

堂上地下官武數十輩此中戸田大和守面談有之　加賀中納言使來贈雁

衣料白銀卅枚鹽鱈一籠（三尾）等在京中懇情之挨拶云々　召左馬寮之處美

濃守友將來　例幣神馬四疋（二疋置鞍二疋不置鞍左右各二疋）被牽進但先神祇官代迄可被引

歟或可被牽進于　神宮歟猶可有御沙汰事々以大外記御用掛久世前相公

へ可伺出旨等下知之了　借宅　三寶大荒神奠供闕如之處今日令設之

八日加賀旅館へ挨拶使遣之

右馬寮故障中之間今日左右共左寮へ仰了

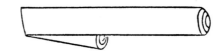

自今奉祭祀之修驗長泉寺法印來修祓云々

○八日庚午晴雲東北行又南歩炎氣酷入夜蒸暑

著布衣詣于關白第博陸御小快云々仍以諸大夫三ヶ條計申入此中戸田越前守所替一件有之自余當節柄御用談也事了還宿所　午半刻著直衣于親王御直廬准后御方也　三卿非常附以下參集中元御祝義賜之上臈等八百被相渡予分金三百疋准后以表使畏申了退出　來十日中元御祝儀可賜旨觸來　加賀中納言名代家臣前田土佐守來去日黃門參　內　御對面　天盃且賜物等御禮可來之處依所勞以名代申來　雅典有容胤保定功通凞等卿忠至等有書談之事

○九日辛未天氣風雲氣候等似昨日夕遠雷電光

頭左中辨勝長朝臣送回章云

大原野社近來追々。及大破於一社年限之修。覆ニ而ハ迚も難行屆之旨被。聞食深恐被　思食之。間今度御奉納多分被爲。在候新造同樣可奉加修理。

權大納言當時廣幡忠禮卿也然而此人爲源氏大原野社非氏神之間權大納言爲予之事無相違仍落手實愛承候之趣加筆順達了後日心得違

被。仰出候方今之勢世彌。御崇敬被遊候既。仁明帝嘉祥三年爲皇城。守
護閑院左府冬嗣申沙汰。勸請其後仁壽元年　祭祀被始行候　社柄。之儀
於藤氏も早可。奉加修理敬信之儀ニ。申迄も無之尤。吉田社殿舍再興ヨ
リも於。此度ニ　本社以下大破修。理之儀ニも候間其例ヨリ。不少可有奉
加物之旨。長者殿被命候事

右一番

追申當月中白川家に可被。附候但於重輕服者服明後可。被附之由同被
命候順路早々。御廻覽來廿日迄可返給候也

今度。大原野社御修理。之事。長者殿御命一紙入。見參候被任御所意。可
有御寄附旨。長者殿下被命候仍。申入候也

七月九日　勝長

權大納言殿ーーー廿五人

正親町三條殿に申入候三條殿姉小路殿等へ宜御。傳可給、、、、、、

續愚林記（慶應元年七月）

之旨勝長朝臣謝之

繪圖面二紙積書四冊四ッ折一紙等相添各無用之間不及寫留翌十日達于大理卿了

勾當掌侍廻文到來左云

來ル十一日兆を度おさらつき添りいまゝみあ〱玄うしいへのよし

加筆云うけ給いぬ書躰如左　久世前八座送封書云

追申猶又委細ハ外記局便宜有之

馬寮可申通と存候也

例幣　神馬四疋之中二疋置鞍被牽進于　神宮今年計有障者因注進更被引之　二疋不置鞍此

分於神宮設之如例神祇官迄引之　於毎歳ハ二疋置鞍不置鞍渡于神祇官代於　神宮更設

之引立

右之通御治定候何れ　例幣被　仰出候後可被申入候得共兼而申入置

候馬寮い可然御下知可給候也

七月九日　通熙

三條殿

報領狀之由了　前左衛門督重德來談時世之儀慷慨相別了　戸田和三郎來談　鳥山三河介（御厩御用掛取次也）來中元御褒美其外小堀以下被下物之儀條々伺申之

〔十五日妙門江挨拶使遣〕

○十日壬申晴類于昨日西南風頻扇雲艮行入夜蒸氣甚

巳半刻著直衣參　內當直也　今日中元御祝儀可賜云々然而相役不及參集例也然共六條廣橋幷加勢等參上如例於菊間女房駿河渡之予當役分五百疋　親王御肝煎ニ付同上等拜受了又御用多ニ付別段金三十兩（武傳被相渡）御厩御用ニ付白銀十枚（口向取次ゟ差出之）等拜領之如例以表使畏申了　今夜宿直如例　中元祝儀給祿等家內一同今日遣之

○十一日癸酉晴坤風騷雲東北飛申時夕立雷電及夕雷雨止深夜暴風雨灑

早退出　妙門室使來中元祝儀晒一疋代銀二枚樽代金三百疋雜掌二人金各百疋取次中江三百疋等來　頭左中辨勝長朝臣來謝染筆物之儀幷

過日廻文表書々損之事　松室丹波來談御厩之事幷時世慷慨之儀等

一昨九日久世前相公所申越　例幣之事（神馬之義也）召左馬寮下知之右寮可通達同示之了　又昨日於　内豐房朝臣以封中示送云（此朝臣北野臨時祭奉行也）

來月五日　北野臨時祭舞人料

寮御馬　六疋

右如昨年可令下知給候也

七月十日　豐房

三條大納言殿

追申刻限寅刻候也

今日御厩に下知了

○十二日甲戌夜來陰雨坤風吹涼氣及夕雨脚休雲南行

重德卿公愛朝臣等來談世事　大原野社寄附物之事轉法輪姉小路等に通達了　戸田和州來談　松室河内來畏申中元賜物之事進鮎　飛

烏井中納言御厩移替繪圖被爲見之抑留自是答之旨報了

○十三日乙亥晴雲南行暑氣雖相復頗有涼氣

戸田和州來談　重德卿文通　日野大納言息女坊城辨昨夜婚姻之旨自兩家有風聽　中元祝儀手元ゟ別段恩惠今日夫々遣之有差　戸田和州ゟ中元祝儀家頼共ニ有贈物

○十四日丙子陰細雨巳時後晴雲南行夕生涼氣月清

親王御方ニ御挑灯（朱白御紋付）二張獻上之（予御肝煎ニ付進獻是定例之由也）目六中奉書四ツ折上包美濃紙折懸包如例使者（青侍麻上下）准后奏者所ニ持參之所早速可有披露之

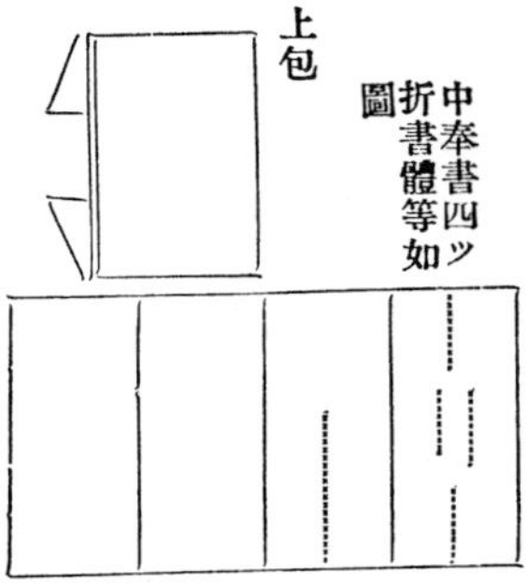

御挑燈（御紋附紅白）三條大納言

目錄所書載如此日野家之時不書名今度書付上也

於御紋ハ

禁裏御紋十六葉菊花也朱之方御紋白也白之方御文一方ハ朱一方ハ墨也結熨斗ヲ添載白木竪足臺

趣有報之旨申之　前左衛門督戸田大和守幷松室丹波等來談　松平相摸守此度因幡守任改之旨有風聽　今城宰相中將以下双親之堂上四人地下少々來賀　今日室兩姫小兒等祝儀如例

○十五日丁丑快晴東風暑相復自夕景有涼氣

中元祝儀如例式　巳斜著直衣詣于殿下賀當日（此次戸田越前守一條ニ付進封書）次内府第次參　親王御直廬准后同當賀以表使申入　親王御方以表使被報答於准后ゟ上臈面會有其報次參　内當賀兩役以表使申入其報如例　殿下右大臣内大臣九條大納言等　御對面如例　殿下内府等談於殿下ゟ數ヶ條談申不遑擧註於内府ゟ今朝彼公第玄關天井打貫炮丸落來板敷ニ打込二分余甚奇怪専及吟味未得捜索之旨被談之以之外驚存此度可被遂吟味旨申入了　飛鳥井黄門御厩之儀ニ付有談合　未斜退出還寓　中元來賀堂上三人地下數十輩等來賀又賀使贈答如例年　今夕中元祝酒如例上下有之

来二十日賢所御神樂御延引之旨被觸之女房差支ニ付御延引之事

○十六日戊寅晴東風午刻後陰雲西行或艮歩深夜晴

烏山三河介來進御厩新圖一枚昨日所命置也　鄙妾兄所勞不勝旨告來仍下宿　午斜著直衣參番宿直如例　於宮中飛鳥井中納言面談御厩圖面之事　秋元但馬守使來彼家來上阪ニ付安否訪問云々但馬守并隱居刑部大輔等ゟ菓子各一折到來

○十七日己卯晴陰風雲似昨日申刻過夕立雷電深夜又遠雷夕立降及曉天雨休終夜蒸熱

早旦退出　尹宮ゟ一兩日中可參旨彼示之仍未半刻著狩衣詣於彼宮卽宮被面談御厩之事以下數ヶ條不遑記之又宮中惑亂後宮甚混雜人心不服之事等故不能注之移時夕還寓　今朝前左衞門督來談　忠至書通

○十八日庚辰晴雲南行蒸暑自夕生涼氣月清

戸田和州來談　中院黃門同上　自殿下如例秋所賜之扇子五本宛當役加勢等之料坊城侍從被傳之仍卽時夫々相達了　一條亞相使來彼門流壬生桐麿一門義絕之處病氣差重ニ付御赦免願被申立之儀殿下へ被申

入之處無御別存仍當役ニも被示置之趣被申越報承諾相役可申傳旨訖
秋元但馬守同刑部大輔等ニ答禮茶菓一箱ッ丶相贈之使節旅宿ニ遣之
御靈御出祭如例

并非常付替之事附等相役六條ゟ以狀被示之

○十九日辛巳晴東風雲西行
上田休兵衛來乞謁件士細川越中守家臣也殿下以下所々立入姓名所聞知
也仍面談御厩之事時勢之儀等不遑擧記　未時著雁衣向常陸宮々被謁
見如例談話移漏被勸一獻夕相辭還寓　今朝一橋黄門邸中小屋燒亡仍
遣使訪之了　鄙妾自去十六日故障退出於宿之處願自今日引移于松崎
邑於此所可逗留也
○二十日壬午晴風雲如昨日午後陰生涼氣
遣使於山階宮謝昨日之儀了　覽詠草於前殿下卽加點被返下之　自
殿下賜狀進返狀　忠至文通
○廿一日癸未陰東風雲西歩時々小雨午後晴陰不定

著布衣詣于博陸第戸田越前守所替一條ニ付昨日賜狀被示下之趣謝申之
了直還宿所　戸田大和守來談前條之儀示談有之　昨日當番相役ゟ
廻章來左云
就來廿九日　內侍所臨時御神樂從廿七日晚到三十日朝御神事候仍申
入候也
七月二十日　通熈
今日又回文來當番相役加勢卿ゟ所觸出也
來月五日午刻　內侍所本殿引渡
來月七日辰刻　同御修理始
右被　仰出候仍申入候也
七月廿一日　長順
來廿五日巳刻法中參　內之儀同觸來　坊城亞相薨去右ニ付阿野大夫
故障等之事告知之遣使弔問之了

○廿二日甲申晴陰雲東北行坤風荒自夕時々村雨

重徳卿來談　戸田大和守文通　午刻前參　內當直參勤　來月二日　北野臨時祭內見ニ付舞人六人御馬乗試ニ付當曉寅半刻四辻家ゟ可牽渡旨奉行豊房朝臣示之卽加下知了（以非藏人番頭代安藝取次ゟ令申渡者也）　相役文談之事有之　今夜宿侍　明廿三日　鴨社御法樂和謌詠進屬于奉行爲遂許之處落手云々

○廿三日乙酉晴陰雲脚如昨日時々暴雨自夕生微涼氣

（廿五日召馬寮下八朔寮務之事）

早朝退出　來八朔大樹進獻馬松平若狭守ゟ可賜旨飛鳥井中納言（月番武傳）示之　未斜著雁衣（蒲萄白裏）行向于尹宮昨日被相招之故所祗候也　宮謁見時勢之事密話數ヶ條移時黄昏前還寓

○廿四日丙戌晴雲南行風涼

自尹宮被贈下泡盛一瓶海鼠等　爲柔來被需染筆　松平備前守使來過日贈物答禮遣之處又謝辭申來

○廿五日丁亥晴北風自晩陰涼冷深加
聖廟代參奉納御膳料青銅十疋　午前參　內法中參　內也未過　出御越中
國國泰寺同末寺願成寺以上紫衣御禮等小御所　御對面了次江州蓮花寺清涼殿
代　御對面也仍　入御于北庇外樣惣詰々替再　出御　御對面了　入御
此後逐電退出　殿下賜狀宇都宮移封暫延引之事一橋中納言ゟ言上之
趣示給之進返書畏申了　前條之儀戸田和州示送後刻同人來謝猶談合
之旨有之　尹宮文通　來月廿一日　恐所御法樂詠進被觸之奉行雅
望朝臣
○廿六日戊子晴北風吹夕雲東北行頗有蒸暑之氣
尹宮有文通　來八朔右馬少允代勤之儀出願左寮差出之卽武傳月番に
令差出了　戸田釆女正於大坂所勞之旨聞及仍贈菓子訪問之　爲柔
所望詠歌認遣之
○廿七日巳丑天晴雲東北行有殘暑

著狩衣參於博陸第一昨日示給宇都宮移封延引之事段々厚配畏申之了還寓　自今晚　宮中御神事來廿九日　內侍所臨時御神樂之故也

○廿八日庚寅晴雲東北行申刻夕立及日沒後晴

午刻著直衣參　內當番所參仕也　殿下參入拜談種々申承多密事不能記之亦戶田移封延引之事謝申厚配了　胤保卿面談是又宮中混雜密事不可記註　今夜依所勞退出伺定入夜退出加勢哲長卿晝夜勤番

○廿九日辛卯快晴夕時々陰蒸暑

戶田大和守入來被謝宇都宮移封猶豫之事日來段々厚配之事被贈狩衣地料（金貳萬疋）室に金十圓洪胤に同三圓等室洪胤等依此事有周旋之儀故也

秉燭前沐浴著衣冠奴袴參　內今夜　賢所臨時御神樂也酉刻過　出御御鈴了　入御此後賜鬮又兩役參於　內侍所御祝酒有之二更程退出

○三十日壬辰晴陰蒸熱雲東北行

遣狀於戶田和州許謝遣昨日音物之儀訖以返狀又被謝之　大原野社御

修補奉加金千疋昨冬吉田社之時如此以使附于伯家之處請書來　眉延姫參拜于
下御靈　上御靈等御社
●八月大
○朔日癸巳陰雲南行時々細雨灑午刻後晴夕快霽
當賀可出仕之處持痾發動之間不參如例以狀相役觸遣了　禁中親王等
太刀名札中奉書實愛上等書付之如例進獻藤原範忠雁衣勤仕之被留名札太刀卽被返下之如例云々　大樹進獻馬
御覽了　申斜馬寮牽來之馬具例之分副之令諸大夫請取之繫置于中門
内請取書遣之此後寮退出了小時松平若狹守家來爲申降來使番誘引之如例令
僕相渡之請書進之如先規　松平若狹守來畏申前條之儀是依當役中所
來也非役之時無此事失禮之至猶以時可正之　中山前中將今日太刀進
獻之處參　內被止中故不及披露由ニ付有相談於昨年ゟ雖被止參　內中
獻上云々仍相役示合之處昨年混雜中取調不行屆歟自今無獻上方評決之
旨有返答仍其旨中山示遣了　賀使贈答尹宮內府以下數十家又參賀地

下數十輩　書通賀陽宮　今日賀式如例年　範忠洪胤以下用人等當非番日制等今日治定自今可存知示渡了　高松圖書年來未勤之僕也今日ゟ出勤用人席也

○二日甲午快晴雲南行北風冷然老若著單

尹宮忠至等書談　親王以御使鳥飼中元御返御提灯進獻之分其儘被返下歟賜之畏御請可直答之處依所勞以洪胤報申了

○三日乙未晴雲東北行午後陰自夕小雨灑

著直衣參　親王御直廬伺御機嫌且畏申昨日中元御返賜提燈之事次向尹宮々面談近日宮中混雜其臭氣漸出于世間之間豫防之事此間慨嘆痛哭了多端不遑記之次詣陽明家內府他行云々仍還寓　野村左兵衛來談

○四日丙申雨降雲西歩夕雨休蒸暑

巳時著直衣詣于博陸第乞謁見小時被出逢談中昨日尹宮面談之儀移時又時勢之事少々申承午刻參　內當番也　親王御乳人面會御用談幷殿下

談申一條內々談合之又表使女房江坂同斷談合之趣有之　今夜宿退出
依所勞氣之故也酉刻過還寓休息　兩頭辨豐房勝長等朝臣送消息云
石清水放生會左右馬寮役御馬之事任例可令下知給候也誠恐謹言
八月四日　豐房
〆三條大納言殿　豐房
右一通
追言上刻限卯一點候也
例幣左右馬寮役御馬之事任例可令下知給宿紙拂底候間先內々申入
候也
八月四日　勝長
〆三條大納言殿　勝長
右一通
各報領掌請文自是之旨了　右馬寮少允來屆忌明之由　前左衞門督

久世前宰相戸田大和守等文通

○五日丁酉陰雨午後時々晴自夕又陰時々小雨灑

今日　北野臨時祭也仍拂曉沐浴著衣冠差貫參仕相役以下追々參集先御覽所撿知此後事々具之旨奉行豐房朝臣中上上卿以下散狀被附之此間御塞撿知了言上小時被　出御服須臾而　出御云々仍淸手水了候于馬形障子邊小選被召（自今年爲恆例式日之間不召日時勘文）予以下參于朝餉先予取御笏渡于次人々々渡于職事予參進於御後候御左袖也御緣出人御服奉仕人御前人御右袖人等追々參進　立御之間予取御茵倚立於東方（御屛風ニヨセ立ル也御表爲西方立之）次奉仕御服予取御左袖供御召帶御締リ御前之人被伺予伺申宜由勅答其旨示于御前御服了　御復座之前先如舊供御茵了取御帖御檜扇等（在御後厨子上）　御退候于乾方御前疊御裾御服之人取御袖了各退下之間予進于御前置御檜扇於御茵上（以要方爲御右如恆）次供御帖紙奉納于御懷中也（御帖折形被用近衞流仍折目ノワナニナル方ヲ御右ノ方ニナス也）訖膝退于臺盤所伺天氣召御裾（豐房朝臣候簾外實子）々々參進予退候于臺盤所下方卽移于御

手水間給有御手水陪膳勝長朝臣手長資生役送藤助胤了御復座職事等退于殿上方之間予參進伺　天氣　出御之旨被　仰下各退下候于馬形邊如先卽　出御于弘庇北面御座藏人頭褰御簾次供御贖物散米解繩次進大麻藏人頭役之歟各次宮主著庭中座次使藏人侍從衆左衛門權佐長邦束帶闕腋自余可尋參進次宮主奉仕祓次撤御贖物本人役次使就案下捧御幣　御拜兩段御再拜令向乾方給了藏人頭申下御笏次　入御先是陪從發歌笛之間上卿廣橋中納言胤保出下戶於內々方著束帶著座我座程哥笛止藏人頭等退出之間上卿移著大納言座上頭中臺盤上頭也居直東面以六位召內記少內記參進上卿仰　宣命之事歟卽進之清書非御再興初度之間不及草上卿披見了令退內記更以六位召奉行職事豐房朝臣々々々參進仰　宣命黃紙也可奏之由渡之豐房朝臣參朝餉奏之以兒只今奏聞之由伺申之後示于豐房朝臣每度如此了返授于上卿次上卿以六位召使賜　宣命使取之退出次上卿起座降中間經神仙無名等門退出經御後歟後日可尋此後入御之旨以兒被申出次當役撿知御覽所御塞等門々閇固之如例事々具進發伺申此後進發可見物之處逐電退出巳刻前　石清水放生會例幣等寮務如例可存知旨今日

下知于左右寮右寮代勤直願申服中之故也卽達于奉行頭辨許了　植原六郎左衛門來談賜紙入烟艸入扇五本盃二口等面談移時刻　遣使於松平肥後守許賀自浪花歸京了　戸田和州文通

○六日戊戌雨沛然卯半剋後雨脚休午後晴雨交

進書於博陸之處賜返翰過日内々談申之儀也不能注子細又戸田和州文通有之　鄙妾去月十六日ゟ故障籠居于松崎村之處今日忌明今朝所歸參也　左馬大允友將今度例幣舊儀御再興神馬被牽進於　神宮ニ付致參向度御暇願書持參之仍差出于武傳月番了　右馬少允　例幣代勤書出之奉行頭左中辨に令差了

○七日己亥晴辰刻後陰及晩頭晴雲南行

有容通煕重德等卿文通　松室河内來當中元彼中間別番出勤之輩賜物之事畏申彼輩ゟ進茶菓等　頭辨豊房朝臣招僕於非藏人口　石清水放生會右馬寮代勤依請被　聞召之旨示渡之卽下知于寮訖

○八日庚子快晴雲南行秋冷漸深加

戸田大和守來談　前左衛門督桑原新三位等有書談

○九日辛丑快晴雲南行如昨日自夕纔冷深加

拂曉相國寺內燒亡云々其程近之間著直衣參　內伺申　天氣表使如例此間兩役以下參集小時鎮火云々又尹宮被參會之間後宮嬪惑亂之一件談申之旨有之辰尅斜退出了於　親王御直廬伺申准后同伺申次向近衛第同上次還寓　戸田和州來談　後刻同人ヨリ被贈肴一臺　左馬大允友將勢州下向御暇願濟之事武傳ゟ被達之卽同人下知了　今朝近火ニ付花園大夫來訪自余官武使幷地下來向不遑擧記　戸田釆女正去月中旬ゟ於大阪病氣之處其實去月廿九日卒去云々以舍弟助三郎家督相續願之旨今日風聽有之遣使訪之出陣中卒去不便笑止之至也　同上八日丑刻卒去之旨告知之又遣使弔之　今日官位　敕問廣橋中納言胤保任權大納言山階宮文通　室章子參拜　御靈御宮下上共清荒神等之後向於母堂家今

夜一宿　文通内相府肴物有贈答此次申承之旨有之

○十日壬寅晴北風冷自夕秋冷益深月清

新宅造營追々可有之ニ付今日用掛藤範忠平洪胤兩人申付之又佐藤幾之丞（戸田采女正家來）山田善兵衞（戸田土佐守家來）等同申付之了　午斜著直衣參番今日閑暇小御所前庭逍遙秋色漸深百草花爭開又風冷水澄氣色足賞今夜月下又愛其景　宿侍如例　殿下文通戸田大和守同上　今朝室還渡

冷泉大夫來謝過日詠謌染筆被贈菓子　公愛朝臣來云々　來廿四日御月次詠進被觸催之奉行左大丞相公云々　自一橋中納言伊丹酒一樽到來昨朝近火ニ付爲訪問云々

○十一日癸卯晴雲東北行及夕陰入夜小雨沃蒸暑

早旦退出　過日近火ニ付爲見廻一橋中納言ゟ伊丹酒一樽昨日到來仍今日遣使令謝辭了　例幣右馬寮服中ニ付代勤依請被　聞食之旨頭左中辨勝長朝臣招僕於非藏人口申渡卽下知于右馬寮了代勤出仕人躰山口

右馬大允來申畏之旨　　有任朝臣來需詠謌染筆

○十二日甲辰雨下巳時後屬晴雲南行冷氣深催

戸田故釆女正遺骸今日伏水驛通行ニ付遣使令見送之出陣中於他邦卒去殊以悲哀追悼之至也

○十三日乙巳快晴深冷雲南行自夕晴陰交

渡邊出雲守參入有伺申御厩之儀ニ付之旨不及記錄子細

○十四日丙午陰及晩頭晴深冷

午刻參　內殿下被參入有談申之旨數ヶ條有之不遑記之但後宮混亂之事時勢之事戸田越前守移封家祿舊復等之儀也又胤保卿後宮之事內談有之申半斜退出

○十五日丁未快晴雲南行冷氣深名月殊清明

戸田和州來談　一橋中納言今日自浪花歸京之旨有屆　今日石清水放生會如例參向上卿源中納言重胤三木源宰相中將通善次將可尋辨權

右少資生等　宣命上卿日野大納言資宗奉行豐房朝臣　今夕月見祝如例

○十六日戊申快晴今夜又月清光

義亮法師來進　天尊寶牘面會聞功德其外九字十字等之事條々今月分三百疋二百疋供物料百疋奠祭勞謝之遣之又別段金三百疋奉納之是過日戸田和州ゟ金子到來ニ付所奉納也了

左右馬寮來屆申石清水放生會無異勤仕之旨　轉法輪侍從以丹羽豐前守有相談之儀不及記子細　石野三位本番所參勤之事觸來　今朝辰時沐浴著狩衣秘色裏薄紫參拜　下御靈社如例昇社壇奉拜兩殿再拜奉納青銅三十疋次參拜於　中御靈社上御靈御旅所也去月十八日御出以後當御旅所御鎭座是例也如　下社奉納同上當時住居之地上御靈地主神之故所參拜也雖不然參拜可有之也　已刻還寓今年先以世上平穩不相替遂參拜祝著々々

○十七日己酉陰時々小雨午後滂沱終夜沛然

已半時著直衣參　內當直也日來風邪聊不例之間今夜宿退出秉燭之程以

表使伺定之後退出還寓　次郎丸來逗留　右衛門督長順來廿三日巳
刻拜賀被相催之旨有風聽且音物內外斷之趣申來

○十八日庚戌陰雨午後晴雲南行夕快晴

以使覽詠草於前關白殿即時加點被返下之　御靈社祭祀如例年　次
郎丸參詣於　下御靈　中御靈等御宮近邊遊覽之後還渡　上下祝酒如
例年祝著々々

○十九日辛亥朝霧深辰半許晴深冷

安達清一郎來談　中西彥左衛門戸田采女正家臣進菓子料金五百疋賜紙入莨入
盃三枚重扇三本陶器等　次郎丸向於今城前黃門室家夕還來　市川元之
助大垣藩來

○二十日壬子快晴秋色深加追日促寒冷秋風頻吹

前左衛門督來談　明廿一日　賢所御法樂倭謌詠進屬于奉行飛鳥井中
將許了　石井左馬允來談

○廿一日癸丑雲東歩天氣快然入夜陰晴交

次郎丸還向於松ヶ崎邑　十津川郷士當家守衞之中千葉平作歸國ニ付面會慰勞賜扇子五本

○廿二日甲寅晴陰不定及夕陰深夜雨下

午半許著直衣參　內當番所參勤也　殿下尹宮等被參入兩公面談之儀有之及夕予飛鳥井野宮等三人召　御前有御評定之趣入夜退下　今日當直予幷加勢右京兆等兩人之處及夕京兆有違例之氣難澁之間令退出予所宿侍也

○廿三日乙卯雨降巳刻後雨休止及夕向霽雲南行

殘番在　朝當番加勢新源黃門參番之間相替退出還寓　文通通富哲長等卿　贈革文匣播州姫路製藍革緒重箱盛茶菓等於戶田和州許去月廿九日雁衣料二萬疋到來答禮所贈也以返書被厚謝之　右衞門督長順今日拜賀ニ付贈太刀馬折紙計於彼父子之處同樣有返禮　重陽御會幷來月十五日

石清水社御法樂等詠進之事被觸之奉行各冷泉中納言云々　明廿四日
御月次後日詠進之儀奉行左大丞相公ゟ觸遣之柳莒返上了
○廿四日丙辰晴雲南行朝初時雨灑北風寒早催寒冷
通富通熈重德等卿書通　戸田大和守來談　堀川三位來　親王祗
候被　仰出御禮云々
○廿五日丁巳晴雲南行風自北吹頗促寒冷
今朝　聖廟可參拜所存之處疝痛發動仍令代官參拜奉納御膳料　青木
晟二郎對州藩來面談　今日丁祭於學習院被行當役一人可祗候也兼日申
合久世前相公所候也如例賜菓子自彼院爲持送之　一門諸大夫中沼大和守來
訪後刻遣丹酒一樽逗留中相訪了
○廿六日戊午晴雲南行寒冷益加似季秋節
山中法橋殿下家臣來談世事進菓一折賜扇子五本紙入盃二口等　母君三十
三回御忌來廿九日御正當之間廿八日廿九日兩日御法會修行之儀下知于

寺門松林院又今日志之品餅親昵家ニ贈之畢　近日寒冷大加秋色深草木早催紅葉色陽景風雲又有晩秋之景色

○廿七日己未晴雲東歩時々陰及雲南行

書通新大納言胤保今日國事御評議因所勞不參之旨示遣之又明日小番之儀ニ付中院中納言有文通　戸田土佐守飛札到來移封猶豫之儀ニ付予周旋之事謝送之聊心祝之趣を以肴料金千疋來又彼家老共ゟ同上禮狀到來

○廿八日庚申晴陰夕霽寒冷深

午斜著直衣參番依明日正忌宿退出伺定秉燭過退出還假寓　母君三十三回御正當明日ニ付今日御逮夜於清淨花院有讀經布施二百疋如例平洪胤代參自余兩三輩參詣詰候如例　增祿米今日於勘使申落手了　被觸來月廿三日鴨社御法樂奉行爲遂

○廿九日辛酉晴雲東南行寒冷追日加

母君御正當殊今年三十三回御忌也今日又如昨日於同院御法事令修行施我（餓）鬼可令參詣之處日來所勞氣之間不能參拜令代官參拜又室章子令參詣香華布施物等如例松平丹波守戸田大和守等有代香（各白銀一枚被供之）又今日非時設有之年月早過如夢往時追慕濡襟　前左衛門督來談　久世前相公參議還任之事觸來仰詞云近來多端之御用精勤以格別之　思食被還任云々先年辭官之時在官年限如家例之處今度還任過分之儀也直任中納言之事兼々懇望也若内々所歎訴歟然而廣橋亞相頻吹擧之旨近日風聞所聞及也久世相公來被畏申前條之儀　今日法中參　内也予依正忌不出仕參内之僧侶等來謝

○三十日壬戌晴雲南行或東北行

遣使於久世家賀還任且來臨挨拶令述之　戸田和州來談　松平飛驒守實母死去ニ付假服之儀届使來　松平肥後守明日守護職邸引移之旨届使來　明日故周防守範胤一周忌ニ付附法事料金貳百疋賜之　戸

田故采女正ゝ香奠白銀一枚幷訪問菓料五百疋等遣之

●九月小

○一日癸亥晴及夕陰

當日祝儀如每朔賀使賜答又同上　巳半刻著衣冠奴袴（青鈍藤圓）參准后以表使當賀　親王准后等申入　親王御乳人出會被報答此次　親王小兒龜丸所勞（腫物云々）急遽難得淸快之間無據被下暇今日可被　仰出旨被談之種々雖申談無是非之間退出次參　內當賀申入（兩役加勢等以表使申入如例）日來御風氣之間參賀衆無　御對面之由也　殿下被參入之間龜丸一件其外時勢之儀少々申承猶又相役龜丸一條示合殿下申入置趣談合之了未時退出參於陽明家訪申安否內府留飲不快療治之間暫可相待歟之旨被示之心急之旨申之退出還寓　自當番新亞相示送云

從來四日四之日御評議之事

來十一月　大原野祭御再興被　仰出候事

增祿米今日家內一同頒賜之

龜麻呂

所勞之處全快之期難量之由乍御殘念御暇被　仰出候猶又快氣之上
可被召出儀も可有之事

九月一日　胤保

追申龜丸一件段々御子細於　御前拜承候猶拜面可申述候也

從戸田和州被贈鮮鱗三種　右京兆哲長卿來謝去月廿二日當番之日頓
ニ發病之間加扶持之事

新宅造營用掛上田繁左衞門今日申付之了

○二日甲子陰時々細雨未時以後屬晴雲東方行

遣太刀馬一代白銀一枚　於松平肥後守許賀昨日新邸移徙畢　室章子遊行于松
崎山　申時後著布衣（蒲萄白裏香淡厚細袖結練 薄物竹立涌文裏生絹也）向於內相府第相府被謁見時
勢之事談申數ヶ條黃昏前還寓　入夜室自松崎還渡　土田詮良來進
御札茶菓等賜扇盃等　宣諭卿忠至等文通　今夕酉時　大原野社假
殿遷宮有之依　例幣御神事中之故別ニ無御神事又私家假寓其上無人旁

不能搆神事氏人々或神齋或否區々云々

○三日乙丑快晴昨今暖氣及夕陰入夜霽星光爛々

當番相役加勢ゟ觸狀云

神嘗祭廢典之分御再興ニ付來十一日　禁中　親王准后等參賀不及獻物之事

右被

重輕服者來十四日參賀之事

仰出候仍申入候也

九月三日　長順

○四日丙寅快晴午刻後時々陰夕全陰入夜小雨下

午斜著直衣參　內當直也且今日國事御評議日也殿下右大臣尹常陸兩宮內大臣一條九條兩大納言兩役等參集如例召　御前有御評定事々不及決定此後　勅書拜見近年七八月兩月之間異變之處於今年平穩　御靈社祭祀如例被遂行之條　御安喜被　思召依之御心祝賜物有之云々畏存恐賀

申上殿下以下賜物有之若金子歟兩役ニ金廿片宛拜受之一同畏申殿下以
下又同謝申了退下　　眉延姬向於今城前黃門室家別莊今夜宿於彼家
以使覽詠草於前殿下七日可申出之旨被答示云々　　今晚宿侍如例

○五日丁卯快晴雲南步
早朝退出歸寓　　鳥山三河介執次中川宮內修理職等來御廐被移替之儀定御
修理方ニ而取扱之儀兼々願申之處武家申立之趣有之武傳飛鳥井ゟ達之
旨有之ニ付明日可出願此旨宜相含由申來　　眉延姬還渡　　例年今日
先君御靈神奠供有之供物以下每事如先規

○六日戊辰晴雲南行和暖
妙門本坊有栖川宮へ借渡武傳ゟ達ニ付御請ニ相成之旨屆來　　鳥山三
河介來昨日申立一件ニ付書取一紙差出之間抑留了　　午後著直衣參
內前條之儀武傳示談執次修理職等申立之趣當然之間宜被取計之旨了又
同上之事ニ付鳥山三河介上田右兵衞尉等面談有之未時許退出　　町尻

宰相戸田大和守等來談　遣書狀於因幡中將去比來狀之返翰也水戸家混亂之儀ニ付有倚賴之趣予日來心配盡力之處不得其効之間先其旨遣返書又此次國產紙到來之間唐紙一束贈之了

○七日己巳晴雲東北行午後陰晡時以後雨降

先比戸田和州ゟ所借遣置之金四百五拾片（作事料千兩之內貳百五十片非常手當之內貳百金等）被返却之

又宇都宮移封ニ付今日城地以下引渡日限先達治定之處延引ニ付爲內祝肴被贈之仍同慶之旨示送之贈酒肴了　准后御退出之旨觸來依御神事歟

○八日庚午陰晴不定雲東北行入夜夕立

前左衛門督來談　戸田和州文通　嶋津備後近日歸國ニ付昨夏以來在京御守衛相勤殊昨秋賊徒亂妨之時出陣戰功等可被抽賞之儀以狀內府公ゟ申入之處早速殿下へ被申入可被行旨被示之　重陽御會懷紙調筆以使屬于奉行冷泉中納言許落手云々

中鷹竪一尺二寸鐵尺横見計凡如圖納書凡竪一尺二寸或三寸也

穐日同詠菊花色々
和謌
權大納言藤原實愛
白か祢ま黄ゝゑ乃
いろもちなりひて富
もさの里凡菊凡ば
那可咲

以紙表爲面淸書之
文字九十九三ニ認如圖但九十九三ニ强ゐ不
可限也
奥ヨリ卷整之テ上ノ方チ折ル如圖

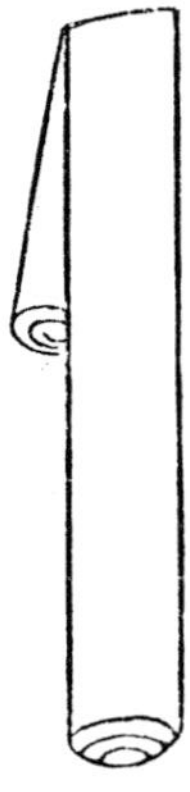

○九日辛未雲南行或東北行
重陽佳節祝賀如例祝著々々　來賀堂上地下幷武官使等不遑擧記又遣
使先々如例之式日　巳半時著直衣差貫參　內當賀申入　御對面詰等
如例　殿下尹宮內大臣面談公私等用事多端　未半許退出參賀　親
王准后內府等了還寓　內府忠房新大納言胤保權中納言雅典宰相中將
公誠等有文談　今夕如佳例酌菊酒下々迄賜之
○十日壬申晴陰雲東行及夕陰入夜雨降

重德卿公靜朝臣等文通　午半許著衣冠參　內當直所參勤也宿侍如例
神嘗祭廢典之分御再興ニ付明日參賀之儀妙法院室ゟ達了
○十一日癸酉陰辰時後雨降及夕雨脚休息
寅半許與出修飾了著衣冠奴袴天明追々人々參集　例幣發遣也殊廢典之
分御再興ニ付專有其催久世宰相（通熙衣冠白生單）御用掛之間每事加指揮　兩
役參集之間以表使賀申　神嘗祭廢典之分御再興之事了　事々具之間
其旨奉行勝長朝臣被言上被獻散狀等如例御塞撿知了以兒申上辰斜被始
陣小時　出御（御鈴如例）等　此間兩役以下候于馬形障子邊被召御服予候御袖（左方）
御服了供御檜扇御帖等次御手水（陪膳豐房朝臣手長長邦役供源常典）次　御覽　宣命草（有辭別之）
（故也）并清書等了須臾發遣之旨有注進其由予言上　出御于南殿　御拜了
入御如例此後退出還寓　今日上卿日野大納言（資宗）辨可尋　今日召
島津備後於假建（諸大夫間假建無官武士祗候間也）被褒賞昨年七月長賊暴擧之時速出陣進退
兇徒且長々滯京御警衛等之事賜陣羽織地（大和錦）二卷又同姓圖書同上之處
退出之次參賀于親王准后等了

昨秋歸國ニ付同樣賜物備後ゟ被言傳云々今日廢務之日雖俗事如此事不
可有　御沙汰也武傳等不心付之處殿下又不被心付歟不便云々　前條
備後來畏申　戸田和州來談　左右馬寮來報申今日寮務無異相濟之
旨　雅典重德等卿文通

○十二日甲戌晴雲東行又南行夕晴雨灑西風寒

前左衛門督來談　贈遣扇子一箱五彫本骨於島津備後錢（餞）別歸國　梅芳院下冷
泉家雜髮內々來談緣組之事初而入來之間勸一獻　戸田和州文通　義亮
法師進栗實一匣　公靜朝臣來談　松室丹波鳥山三河介等來御厩之
儀有伺申之旨不及記錄之　冷泉中納言以狀今度予息女冷泉大夫緣組
治定ニ付納幣日時來廿一日或五日等之內巳刻之事被談之答明日可報旨
了

○十三日乙亥快晴寒冷益加

通富重德等卿文通　室兩姬等遊覽下邊黃昏還來　大久保一藏薩藩士上

京ニ付爲土産進扇子料貳百疋烟艸一箱等安達清一郎因州藩小松左右輔松本藩山中法橋殿下家臣云々等來各面談時勢之事不遑記之　今小路治部卿依召來面談妙門末寺播州清水寺山材木之儀ニ付有申談之趣　義亮法師於智積院山内自今日一七ヶ日之間　歡喜天尊浴湯供華水洪等修行ニ付兼而告知之間令洪胤參拜金子三百疋爲供物料奉獻之了　青女二人自今日出勤

○十四日丙子快霽入夜月皓風寒

前左衞門督來談世事　會津中將ゟ以使贈太刀馬代白銀三枚過日守護職邸移徙歡音物之答禮云々　午半過參　內國事御評議集會入夜各召　御前有群議來十七日大樹參　內御取扱之儀其余長州處置御決極等之事有議論不及決著戌刻過退出　於　宮中內府一條九條兩亞相等面談又親王御乳人有御用談等不遑記錄之　明日　石淸水社御法樂和謌詠進屬于冷泉黃門許了　遣去十二日返狀於冷泉黃門息女冷泉大夫緣組結納日時來廿一日愛度可受納旨返答了　通富卿忠至等文通

○十五日丁丑晴雲東行秋寒如初冬

戸田和州來談　對州家老古川治右衞門留守居青木晟二郎等彼國切迫時勢之事談申之予兼々周旋遣之儀依有之願申且是迄厚配之事謝申之面談移時古川進豹皮一枚人參一兩目等賜紙入銀金物ツヽレ織烟草入同上扇五本等

津田彥左衞門備前藩來面談　圓滿院室御世話柳原黄門差扣申予預置之儀昨日申達ニ付留守居來万事宜願申之旨申之　右馬寮少允實母死去ニ付定式假服引籠之旨屆申之　前左衞門督重德有文通

○十六日戊寅快霽西風

奉納金子三百疋於　本尊如例月申下　寶櫝奠供如每月今日終日入夜共精進雖不誓申一身之意ニ而所謹愼也但於他所ハ不憚魚味如例　今日當番之處托于加勢右京兆其旨當番ニ觸遣了　午半刻著直衣詣于關白第謁見談申世事機密之條多端也不遑記之次參　內面談女房越後大樹參　內之節可賜御菓子且明日一橋以下參　內可有之歟其節菓子用意之儀次向于賀陽宮尹宮面談時勢之

事粗如殿下黄昏還寓居　自殿下賜狀明日大樹參　內延引廿日廿一日之內伺改之旨被示之　安（阿）部豊後守松平周防守等上京旨屆來大樹上洛先著云々　今朝重德卿來談　實潔朝臣文通

○十七日己卯晴陰不定及晩陰

今日大樹參　內延引來廿一日巳刻被　仰出旨觸來　前左衞門督重德來談青木晟二郎等來談世事　烏山三河介來御廐之儀ニ付有申出之趣不能書記　相役文通

○十八日庚辰雨降午後晴雨交

殿下前左衞門督等文通　大久保市（一）藏安立（達）清一郎等來談英佛兩夷艦攝海入津ニ付處置之儀幷長防之事等不遑記之內外之患難危急切迫實ニ悲歎之時勢也　富田大和守南都春日社祠官也中川安藝吉田社祠官等納　神札如例奉納御初穗家司等商量也

○十九日辛巳晴雨雲脚疾向艮西風午後快晴

今參殿下内大臣等第各謁見談時勢之事多端不遑擧記申剋後還寓居
小路治部卿來申去十三日談置返答 眉延姫縁組用掛洪胤申付之
内相府書通 入夜前左衛門督來談勸一盃
○二十日壬午晴西風疾寒氣大加
安達清一郎來談 三州總持寺上人文通先比數榮姫得度歡上人ゟ金三百疋本人ゟ晒一反本間左門以下家中ゟ遺物有差 殿下文通有之 未時著衣冠參 内國事御評議且一橋中納言會津少將桑名少將等參上依此事殿下以下面談等不遑記之 冷泉中納言明日吉辰ニ付冷泉大夫ゟ可被贈結納於息女晨子儀ニ付條々示合且依此儀示談數ヶ條有之 又飛鳥井中納言御厩之事有談合 夕於小御所下段殿下右大臣尹常陸兩宮内大臣一條九條兩大納言兩役等面談長州處置之儀不能細記此間内々出御有御聽聞此後於 御前衆議有之紛々不能決定更武家面談又有 御前僅被決了防長征罰大樹西進之儀伺之通被 聞食御内定也多端混雜也

殊夷船來於攝海内外患難一時臻危殆之世體悲存之外無他事了寅半剋退
出
○廿一日癸未晴陰時雨夕快晴
息女晨子冷泉大夫爲柔縁組之事先年來被懇望之處猶豫然而當春來又度
々被所望之間於冷泉家え爲縁家實昭卿廉中爲景朝臣息女也之間許諾今日依吉日可被贈
結納旨兼約也巳斜彼家司田中右衛門爲使來目錄之通到來
ちりめん　紅白一ひき
もはえ　一そこ
御をは代金貳百ひき　一けい
以上
予衣著狩召出使者面會祝著幾久敷祝納之旨答之使祝酒幷引出金百疋祝飯
料同百疋等遣之從者擔夫等賜青銅有差　遣使洪胤於冷泉大夫許前條
祝著之旨令述之大夫面謁有相應之報　又依吉日晨子鐵漿始有之祝著

々々乞需鐵漿於六家自家分與合ヲ爲七家俗習也　依前條之儀內祝上下祝酒有之　未時著直衣
參　內今日大樹參　內也入夜殿下被參入長征之儀ニ付薩州藩士大久保一藏
段々有申立之趣殿下被遲參云々殿下以下到兩役各召　御前薩州申立之
趣有衆評又殿下以下一橋中納言會津中將桑名少將等同斷被面談武士等
拒申又　叡慮同前旁薩論不採用旨被決了　戌刻過大樹參　內予以下
相役出會有之良久　出御於御學問所大樹　御對面有之大樹呈書長州處置之書
取也了　入御此後召大樹於御小座敷　御對面賜茶菓有　勅語防長處置之事戶田越前守免
愼止移封家祿舊復等之事此余色々有　勅語歟小時退下於麝香間以武傳被渡　勅答書過時呈書之御答也言上之旨被
聞食給暇長州一擧事濟之後更上京等被仰下更再於御學問所　御對面賜　天盃幷御劍鞘卷太刀錦陣羽織地云々
三卷等了　入御此後少々御用等了丑半許退出還寓　水無瀨宮御法樂
和歌詠進如例
○廿二日甲申晴寒冷深
內相府書通　義亮法師來進浴油供寶牘幷供物等面談　花園大夫來

問　明廿三日　鴨社御法樂倭謌詠進之　未刻參　內當直也今夜依所勞退出伺定入夜退出還寓休息　殿下右府相役等御用談有書通大久保一藏安立（達）清一郎津田彥左衛門其余諸藩士數輩來問大樹參　內之間事或面談不面之

○廿三日乙酉快晴雲南出北風寒木葉散

戸田和州兩度入來被吹聽　山陵御用ニ付先達自　朝廷拜借金貳千兩其儘下賜之旨且時勢之儀ニ付內談等有之　前左衛門督大久保一藏薩藩熊谷兵衛藝藩等來各面談時勢之儀　大樹今朝發程下阪云々近日夷船攝海碇泊未辨情實之處長征之事幕府相迫願申有　天許下向質ニ內外患難並臻國家安危之堺不省忌諱雖申議論不被採用於今非可逮力唯悲痛慷慨之至也治亂有數不及人事者歟奈何之　殿下有文通

○廿四日丙戌快霽午刻以後陰自夕雨下

外島機兵衛會津藩士來面談時務之事攝海來船之事等不及記錄之　諸木紅

葉近日追々染初
○廿五日丁亥雨灑雲西行東風夕雨休
聖廟代參如例月　午刻著直衣參　內武傳兩卿面談例幣之節被牽進于
神宮神馬扣用意之一疋近日牽還之上ハ可被繫于御厩之旨被　仰出ニ付
取扱方諸向ヨリ獻馬所司代以下ヘ被預置同樣之取扱之外無之歟如何可
然哉示談尤可爲其分所存之旨武傳卿相答此次御厩移替定御修理取扱申
立之事示談之亦右之儀殿下相役修理職奉行梅溪宰相中將執次等談合有之不遑
記之此後女房越後出會當冬御煤拂之節局向三仲間部屋々々疊替有談合
申斜退出　廣橋大納言拜賀遣使賀之　一橋中納言以使告云火急可
下阪之旨自大樹申來難差延大事与相聞之間發途下阪云々未聞子細但若
夷船之事歟
○廿六日戊子晴雲東北行時々陰和暖
當番久世相公ゟ浪花夷人一條急迫ニ付自大樹一橋中納言會津中將等呼

下書狀幷同斷老中書面等被廻覽之又會津中將被留置之處追々切迫ニ付可被差遣歟否之儀所存可申旨被示之可被決衆議由報申了　重德卿文通　戸田大和守來談浪華夷人猖獗之事　進狀於博陸許前條之儀所存申入之旨有之

○廿七日己丑晴陰相交自夕雨降

青木晟二郎（對州藩）澤井權次郎（備前藩）等來談時勢之事　午斜著直衣詣關白第謁見談申時勢之事於今ハ可被召諸藩之外無之旨所存申入之處殿下又內々被示云唯今會津中將与內々告送云於大阪兵庫開港之事幕府自免了依之會津恐縮差扣居云々於然ハ無左右可被召衆諸侯旨申入尙條々談申此趣可奏上旨被示之間直參　內右之趣參　御前申上了自余種々申伺之後退下於役所取計等有之酉半退出　又殿下內府幷飛鳥井中納言等文通又相役以廻狀示合之義有之　今朝飛鳥井中納言謝一昨日時勢之儀ニ付可有廻覽文書及遲行之事　參　內中野村左兵衞來幕府兵庫開港

自免ニ付肥後守愼居之旨申來云々　戸田和州來云々　今日官位
勅問久世宰相兼任右權中將於家初例近日内願且表白以願書歟申云々然
處今日被　許了無據願意之故被　許者歟
○廿八日庚寅晴陰午後雨下自夕終夜滂沱
前左衞門督來談　殿下文通　午刻著直衣參於殿下第博陸謁見兵庫
開港差止メ右ニ付老中安(阿)部豐後守松前伊豆守等甚不取計ニ付不取敢爲
愼置夷人及應接之處日數十ヶ日猶豫此旨一橋中納言申越之間内々可及
言上且此儀ニ付條々申承趣等有之又於此第一橋中納言家臣河邑惠十郎
爲黄門使面談前條之趣申越宜相含旨申來次參内府第謁見前件之旨自余
時勢之事種々申承又薩人藤井宮内面談等有之次參　内當直也　參於
御前關白被示之趣傳奏尹宮參會被候于　御前時勢之事種々議論有之後
退下　宿直如例　大乘院門跡ゟ御世話柳原黄門籠居予世話之儀心
得ニ付三百疋到來　堀田相模守來上京届云々　中院中納言來正二

十月三日挨拶使遣之

位　宣下御禮云々

○廿九日辛卯陰小雨夕晴今日寒氣甚加

早旦退出　殿下文通再應有之　前左衛門督來談世事　今日國事御評議有之且一橋中納言會津中將桑名少將等參上可有之依之申剋前著直衣參　內殿下以下先是被參入三武士參會於小御所下段殿下以下兩役武家等面談去廿五日一橋黄門下阪以後之次第有演說內々　出御有御聽聞兵庫開港之儀ニ付老中安〔阿〕部豊後守松前伊豆守等不心得之次第殆欲誤玉體ニ付兩人令籠居置之處如舊出勤自余事々者不都合之事共一橋中納言談申之仍關白被奏達各召　御前被盡衆議議論區不決定又三武士殿下談合等有之又有再評安〔阿〕部松前兩人官位被召上於國許愼重ゐ之　御沙汰可相待旨大樹に以武傳可被達旨決定以封書自武傳早申達云々此外時勢之儀數ヶ條有評議不遑記之丑剋過退出　今朝戸田和州來談世事切迫之儀

●十月大

頭辨豐房朝臣來月十一日春日祭左右馬寮下知之事被示之
三日兩寮へ下知了

○一日 壬辰曉來雪降天明之後猶紛々辰半後晴紅葉菊花之上積雪其風情足賞夕快霽

當日幸甚々々夕刻迄精進但於他所ゝ不憚之　當日可出仕之處疝痛相冒仍不參相役觸遣了　前左衞門督岩下左次右衞門藩薩澤井權次郎藩備前熊谷兵衞藩藝等來面談時勢之事　殿下以書狀賜看進返書謝申了

○二日 癸巳晴雲南行寒冷深

常陸宮文通　江見陽之進藩備前青木晟二郎藩對州等來談　午半時著衣冠參　內國事有御評議殿下以下參集　御前衆議如例亦殿下常陸宮內大臣一條大納言面談多繁之儀不遑記之又前左衞門督戶田大和守等參會時勢切迫危殆ニ付種々談合有之二更前退出　今日室有物詣

○三日 甲午晴天象似昨日時候頗和暖

安立清一郎(達)江見陽之進等來談大樹東歸治定之旨既一定天下治亂可有今日云々歎息之至也　著直衣詣博陸第謁見前條之儀談申既一條依之一

橋中納言會津中將等急速下阪可引留周旋之旨被談之此事幷大樹以尾張前新大納言今日呈書之儀等種々談申之退出　午半過參　內當直也國事御評議前條大樹呈書且東歸之件々可被議定云々　右大臣以下參集入夜關白被參上呈書奏聞云々又種々有議論唯因循不斷長歎之外無之又關白尹宮內大臣前左衛門督等別段面談　今夜宿直

今日新宅礎之儀有之

○四日乙未快晴雲向南

大久保一藏安立（達）清一郎澤井卯兵衛伊東佐兵衛植原六郎左衛門長谷川善兵衛等來談時勢之事又吉田俊男同上　戸田和州來談　大樹以封書辭職一橋中納言相續相願置脫走可歸府之處於伏水一橋以下之輩抑留之今日未時二條入城可有之一定之旨殿下兩役ゟ被示之書狀有廻覽天下多事之時殊外夷迫近海殆燒眉之急也又防長征討之事要　朝廷願申今欲脫走失職掌誤其任幕府於今ハ天下之人不可應指令之勢必然有何面目而入洛慨歎之至也　申半比著直衣參　內殿下右大臣尹常陸等宮內大臣一

條九條等大納言兩役等參集又一橋中納言會津中將桑名少將小笠原壹岐
守等參上入夜於小御所殿下以下列座一橋以下被呼出面談內々　御出有
御透聽一橋一昨日來大樹欲東歸之始末今日二條入城迄之儀談申之且外
夷等軍艦二十艘計迫攝海追々談判有之處先年來條約雖取結幕府限之約
定ニ而於　朝家未被許經月日於今ハ既難猶豫是非　勅許之事切ニ申乞
之若相拒ハ忽可開兵端西洋國々近年戰爭熟達器械相長於日本ハ事々物
々不具足百戰百敗忽可成焦土開闢以來神武之　皇國可成外夷之屬國又
皇統如何　寶祚之所も恐入依之大樹苦心焦思於職掌不被堪之間以件四
人歎願仰願ハ外夷所望之通可被許之旨申乞又四人之輩利害得失申立御
許容之事願申之然而於此事ハ戊午年以來　神宮御初御誓願之儀且人心
不居合迚も難被宥許之事殿下以下被議論之然而武家頻迫申強而歎願之
再三再四辨論之双方千言萬語空移時不相決殊右決答期限來七日故明日
午時迄必可被決樣迫而申之仍殿下以下召　御前有評定猶同上不被決前

左衞門督重德憂國赤心之間被召之被相議又武士有議論於今ハ幕府夷狄應接術計無之云々此議論對談中徹明

○五日丙申晴

昨夜評論尙不被決於幕府ハ無術計之上ハ在京諸藩士等被召集外夷應接可被仰付先議論可被尋旨ニ付被召集數十八人參會於虎間兩役四武士列座殿下以下於簾內被聽問之藩々之士等申所存十ニ七八皆同議仍不被採用之此間追々時刻遷延又及夕景武士等頻歎申逼迫仍又有　御前於今ハ無是非可被宥許歟先央被決之了但今一應熟思深案一同可有之旨也即退下小時被下　宸筆條約御許容可有之　叡慮御決極之旨被　仰下一同於今ハ決心了戊午年以來奉　叡旨攘鎖之議を主張之處到今日如此於今ハ無力唯悲泣切齒發胸痛幕府失政體不奉　叡念殆損國體殊不盡事理況自生紛擾延時日及切迫倉卒之間要　朝家誣執柄以下當路之輩遂之誰可服之哉然而　朝家不被拒奈何之悲憤慷慨之外無他　前條　御沙汰書兩役

列席呼出彼四武士渡之
條約之儀　御許容被爲在候間至當之處置可致事

大　樹ゟ

右一帋
別紙之通被　仰出候ニ付而ハ是迄之條約面品々不都合之廉有之
不應　叡慮候ニ付新ニ取調相伺可申諸藩衆議之上御取極可相成
事

兵庫之儀ハ被止候事

四武士拜戴厚畏申之又此便過日大樹呈書以武傳被返下云々　就可被
定國是衆諸侯可召登旨大樹ゟ被　仰下亦安(阿)部豐後松前伊豆守等今般夷
船之義ニ付大罪雖被恕召寄於京師可預于守護職所司代等旨同被　仰出
了　召出現任公卿等條約御許容不被得止事之次第被　仰聞先是　勅
問衆御尋可有之處蒼猝不被得其儀ニ付其旨被示下之了　以上御用了

二更過退出　內相府被贈書狀昨今之次第慷慨憤懣之余內々有被示談之趣無益之旨明朝可答申也　今日藏納如例

○六日丁酉快晴及夕陰

內相府內使藤井宮內再度來面談　安達清一郎植原六郎左衛門等來面談又野村左兵衛來不及面謁　內相府久世宰相中將等文通　一昨日御沙汰之儀諸向達ニ付今日妙門圓門大乘院寳鏡寺室等今日夫々申達了　右馬寮　春日祭代勤願書昨日差出ニ付今日奉行頭辨許ゟ令差出了　轉法輪贈右府寳萬七回忌ニ付今日彼寺門ゟ代香範忠葩令備之彼家贈青物

○七日丁戊快晴陽光和暖午後時々陰

十一日頭辨招僕於非藏人口代勤依請之旨被申渡即下知于左馬寮了

十二日名代出仕之者來申御請代勤山口右馬大允也

今日新宅長屋立柱有之

內大臣六條中納言戸田大和守等文通　前左衛門督安達清一郎等來面談　今日予當直之處不快之間加勢治部卿參番相托領狀其旨觸遣于相役了　今日御評議可有之觸來不參申遣了後時相扶可參旨殿下垂命之旨相役被傳之難扶之間宜被沙汰報申了　進封書於博陸相役傳進賴

遣殿下被入手之旨廣橋亞相報之時勢之儀ニ付心付之趣有之ニ付申入者也　入夜戌半許六條黄門來今日御決評之趣被傳談之多繁不能筆記之

○八日己亥晴陰雲西歩巳時後雨下

自飛鳥井中納言回章來昨日御評決之儀有子細御猶豫之旨殿下被命之旨也即達于廣橋亞相了　前左衛門督安立(達)清一郎伊東佐兵衛等來面談伊東歸國云々仍遺扇盃等　進狀於殿下賜返翰　長谷川善兵衛進封書

東久世大夫來昨日元服之禮被申置云々

○九日庚子晴曉來西風荒吹雲東歩或南行北風寒

戸田和州安達清一郎長谷川善兵衛等來談皆時勢之事也不遑記之　頭辨豐房朝臣送封中云

來月十一日　春日祭參向ニ付

一疋　廣橋大納言　　二疋　油小路中將

右御馬拜借之事前日十日子剋迄ニ里亭ゟ可引立御下知可給候也

十月九日　豊房

三條大納言殿

頭左中辨勝長朝臣同送封中云

來月廿四日　賀茂臨時祭舞人料寮御馬六疋

右如當春可令下知給候也

十月九日　勝長

三條大納言殿

追申剋限丑半剋候也

各加承改封上包帋用同返却了　治部卿右京大夫等書通　大島友之丞

青木晟二郎等來不得面談　東久世大夫來出番御禮云々

○十日辛丑晴雲南行西南風寒

午刻著衣冠參　内今日治部卿代書之間所參番也　於宮中重德卿公

愛朝臣等面談時勢之儀　宿退出　四條大夫來乞面談予參　內中故
他日可被來明朝可示遣也　澤井卯兵衛來御警衛人數少々上京之旨申
來云々

大樹政事輔翼之事一橋中納言へ申付ニ付官位一等昇進可ニ付夫々願被仰出歟所存被尋下旨廣橋亞相傳之無所存旨報申了

○十一日壬寅快霽雲南行或東北歩
今日當番之處夜來有痛所之間托于廣橋亞相之處領狀仍其旨通達于殘番
了　今日御評議有之云々仍不參同達了　安達清一郎野村左兵衛等
來談大久保一藏來不面會　頭左中辨示送云來月廿一日　北祭內見舞
人料馬三疋清閑寺侍從右兵衛佐藤島藏人等分辰刻里第ニ可令牽云々
松平丹波守今日上京云々遣使於途中令出迎之丹州直答被謝云々　隆
平有書談
○十二日癸卯晴陰午時以後降雨
前左衛門督重德來談　春日祭　北祭等御馬拜借之儀夫々今日下知于
御厩了　大理長順卿文通

○十三日甲辰陰晴雲東南行午後晴

安達清一郎上田休兵衛等來談　戸田和州入來有面談　殿下野宮中納言等文通　今日未時新宅有立柱上棟等

○十四日乙巳快晴夕雲東北行入夜薄陰暖氣

今日御評議不參相役申達了　小松左右介吉田俊男等來談　久世宰相中將文通今日御評議之事ニ付所存被尋下之旨有之卽報申入了　松平丹波守上京歡交肴五種一臺以使贈於彼旅館　前左衛門督重德卿來談　妙門使來末寺小折紙有相談先抑留殿下可內覽也　新宅地祭明朝可奉仕旨仰于陰陽助保源申御請明朝可勤修之旨

○十五日丙午雨下雲西歩風荒吹申時過雷五六聲

今朝地祭有之　進狀於殿下戸田越前守移封差止之儀今日幕府可相達ニ付申入之旨有之又前條之事ニ付戸田和州書通再三有之　參於殿下拜謁先時申入之儀ニ付有申承之趣此後時務之事數ヶ條申談移數剋申時

戸田越前守奥州棚倉へ移封之事沙汰止之儀今日幕府ゟ申渡云々日來予所周旋也

前參　内當直所參勤也　兩役文通且以封書言上等之儀有之是殿下被
命之事依有之也　戸田大和守内獻短刀新藤五國光作棒鞘今日傳獻以藤丸上之
處　御滿足之旨宜申傳由被　仰下之　今夜如例宿侍　妙門末寺大
乘院門跡諸大夫等官位申文有相談今日殿下入内覽寫如例進上之了
○十六日丁未晴雨雲東行西風寒
早朝退出　觸來新源中納言因所勞當役加勢理被　聞食之旨　大和
守忠至有文通後時同人入來吹聽宇都宮移封止之事且被謝前件日來段々
盡力之儀　野村左兵衞來面談　戸田助三郎故采女正舍弟今度爲養子父遺領無相
違相續幕府許容之旨有風聽遣賀使了　四條大夫來面談有内願之儀
遣使於松平肥後守方宇都宮移封止之事幷過時以彼家臣野村左兵衞示越
之儀等謝遣厚配了　松平丹波守使近藤由膳人用云々來丹州上京ニ付被贈
太刀馬代銀二枚紗綾三卷代銀五枚十等面會祝著之旨示之近藤ゟ進金五百疋
賜紙入烟艸入扇子五本等室ヘ丹州ゟ贈物近藤ゟ進物有之仍有賜物

十七日 安立（達）清一郎へ杉折肴物遣之

安立（達）清一郎進皮茸一箱白珊瑚箸二十前等　今朝奉納金子三百疋於本尊如例申出　寳牘之處行者風邪未勤修了之間近日可持參旨報申之

今日晝夜精進禁酒是家中限也於他所不憚之不及誓申唯一身之愼也

○十七日戊申晴雲南行時雨灑

戸田肥後守旗本士宇都宮之分家也來上京乞謁見兼日所約也面會遣熨斗昆布盃勸酬有之雜談羞茶菓彼士進太刀馬代銀三枚別段杉折鮎肴物等一筐到來　常陸宮内相府等文通且有賜物各肴也夫進答禮了　青木晟二郎來面會を不得

野村左兵衛來新造宅手當金不足ニ付日來内々談之然處千五百兩今日持參之内々武家ゟ借用也返濟方等之間尚可談合也彼士兩三度往來ニ付白銀三枚不取敢遣之了　一橋中納言會津中將桒名少將唐津侍從等參内有伺申之儀ニ付參集之事觸來

○十八日己酉快晴午後時々陰入夜時々雨子刻過地震

大和守忠至來談　遣使洪胤於野村左兵衛方昨日金子之儀謝遣了

午斜參　內當直參仕　今日會津中將桑名少將唐津侍從等參上伺申之儀可有之依之殿下右大臣尹常陸兩宮一條九條兩亞相等參上於小御所面談防長處置遣大小監察等糺問之事伺申之殿下以下召　御前御評有之如伺被決以武傳申渡云々　今夜宿退出戌半許御用了退散　小笠原佐渡守同壹岐守等使來兩敬之處久々無音此頃壹岐守上京ニ付通懇親度旨兼而有談合佐渡守ゟ餉唐津燒花活樽代五百疋壹岐守ゟ肴料五百疋等到來　松平備前守使來時節訪問也　內相府有文通

○十九日庚戌快晴終日長閑也

別當長順卿文通前左衞門督同上　戸田和州入來　松平丹波守入來（大樹隨從上京也）初而入來分流以來初而本庶於當家面會殊今日彼元祖忌日云々祖先靈神令誘引給者歟祝著々々勸酬羞飯茶菓等室息女等各面會盡歡入夜歸去今夜直發途下阪也令人見送之了　丹州予ニ金二千疋（端物料千疋　肴料同上）室ニ千疋別段內々金三百兩被贈之品々相含所被贈也又家內男女上下一

同有贈物又丹州家來用人以下昵近之輩六人召前賜盃酌自余於次遣一獻
了

○二十日辛亥快晴如昨日陽光和暖似春景

義亮法師持參　尊牘奠供如例又　天尊講式借用之　遣使於小笠原壹
岐守邸過日音信答禮令述之佐渡守ゟ
美濃紙五拾帖　肴料白銀壹枚
壹岐守ゟ　交肴三種　壹臺
右相贈了　午半著衣冠參　內當直參仕　於省中藏人左小辨俊政下
口宣　一紙如左（本紙計也禮紙上包等無之面會下之時皆如此）

慶應元年十月二十日　宣旨
大僧都宥海
宜任權僧正
藏人左少辨兼右衞門權佐藤原俊政奉

僧侶官位共下于辨官定例也同人爲大辨爲下別辨也非大辨ハ同人ゟ返獻可然也
妙門末寺僧也予妙門御世話之故上卿予へ所付也

右一覧寫留直下于同辨了　又公紀朝臣實允等面談於公紀ゝ彼朝臣侍
從申望之儀被示合之於實允ゝ此後之闕之時侍從申望之事小童公勝令申
上度旨示合置了　戸田和州内々　親王御方ゝ小鳥（瑠璃黄火焚小燕等）獻上予傳
進之處御滿足之旨被仰下　今夜宿直　今日官位　敕問忠敬朝臣七十
歳任右權少將自余辨官轉任加級地下數輩等　宣下之分其他今日取計有
之分各來畏申云々　御玄猪申出（名札三條大納言）如例年

○廿一日壬子陰午後雨灑入夜沛然及曉休

早旦退出　園池少將大和權介花園大夫等來談皆權介大夫等兩人侍從
申望ニ付有被談合之旨　前左衞門督來談時務　一橋黄門使來政事
補翼ニ付車寄ヨリ參　内被　仰出之御禮云々　水無瀨宮御法樂和歌
詠進屬于奉行重胤卿了

○廿二日癸丑晴雲南行時雨寒灑

午半剋參　内今日副番參勤　親王御乳人御用談有之又公愛朝臣談時

務之儀　申斜退出詣關白殿謁申時務之事數ヶ條申承又予拜借金〈禁中拜借也〉之事ニ付有申入之旨移漏秉燭過還寓　花園大夫來被相談侍從申望之事

○廿三日甲寅晴雲南行時雨灑午後快晴

安立（達）清一郎熊谷兵衛等來談　堀田相摸守使來上京ニ付奉書一箱〈二十帖入〉到來使面會了　戸田和州有書通　午半剋參　内當直參仕如例宿侍

於　内頭左中辨勝長朝臣送消息云

追言上來月十五日支于相當日可令存知給候也

大原野祭左右馬寮役御馬之事可令下知給被　仰下候仍先内々申入候也誠恐謹言

十月廿三日　勝長

乎三條大納言殿　勝長

卽下知于左右寮了但御馬四疋之旨也同加下知畢

藏人右中辨今日拜賀以使遣太刀馬如例

○廿四日乙卯快晴六合清朗陽光長閑

早旦退出　公愛朝臣安達清一郎等來談時務　未半許參　內國事御評議如例無爲差事來廿七日大樹參　內之儀被議定　殿下內談過日予內願拜借金之事可被借下御內定之旨戶田越前守家祿舊復愼赦免等之儀自余時勢急務數ヶ條入夜退出　次郎丸來逗留　小笠原壹岐守四品宣下賀遣之卽答禮之使者來謝之　妙門使來准院家迎接院權僧正　宣下ニ付取扱被謝之百疋到來同人來上卿御禮百疋進之　三條西少將來諸大夫河村初官位申上ニ付種々被相談之　松平丹波守家老以下用人等數人ヘ遣臂袋幷立聞馬具等昨年新造ニ付取扱之挨拶遣之

○廿五日丙辰快晴如昨日似春景

參殿下畏申昨夜被內話拜借金之事戶田家之儀等今日以封書申置訖於此第飛鳥井中納言面會彼卿示云當春願中拜借金千五百兩之事願之通被借

下此旨達申云々報畏後商量辱之趣了以諸大夫殿下ニ御禮申入置了退出戸田和州來談　去十七日野村左兵衛持參金子千五百兩今夕以洪胤野村宅ニ令隨身及返濟了元來右金子借用之事甚不庶幾之間可及返却內存之處從　禁裏拜借金之事成就之間今夕疾速所返濟也　被觸　神宮御法樂奉行雅望朝臣

○廿六日丁巳快晴類昨日

次郎丸遊覽下邊幷本宅造營場等　午半斜參　內當番參仕　拜借金千五百兩武傳於役所被相渡入手了向武傳候所申御禮謝取計了別段御禮等不及申上　宿久世相公羽林參仕仍退出　戸田和州ゟ唯今二條ゟ呼出有之旨吹聽右ハ越前守慎赦免家祿舊復等達可有之也卽以封書其旨申入于殿下是迄厚配畏申了　及深更和州ゟ愈越前守慎赦免家祿舊復等達有之旨被風聽　大原野祭右馬寮代勤依請被　聞召旨頭左中辨招僕示之卽下知了以代人御請申之　隆平有文通

○廿七日戊午快晴如昨日

遣使於戸田和州賀遣昨夜風聽之儀同慶安喜之旨申入了　著狩衣麴塵詣于關白殿昨日拜借金願之通被相渡之事厚謝申之又戸田越前守愼赦免家祿舊復等之儀殿下段々懇情之事深畏申之了還寓　次郎丸還于松崎

戸田和州來謝昨夜達之事春來予段々周旋盡力之儀猶被談殿下以下謝禮之事　午斜著直衣參　內當直也且今日大樹參　內可有之也殿下尹宮等參會後剋大樹參上出會如例方今不容易時勢不堪憂苦辭職願申之處蒙盛寵之　御沙汰不堪感激恭奉了且其比品々不束之到惶悞之趣言上之幷伺申　天機之旨被申之以女房申入了　入夜　出御于御學問所上段御座也殿下以兒被召自雁間參上於中段端方尹宮殿下著座之間予伺天氣召之自庇參上於中段端方等參上次予告召於大樹被候于鶴杉戸內々々自南庇參上進出於中段此間殿下被進登於上段被誘引大樹々々同參上於上段有言上之趣先例予承之通云々仍不注之　勅答猶天下耳目一洗治內地充實武備禦外侮之事可勉勵之旨此後殿下大樹共退于中段著座大樹奥　次御陪膳日

野大納言參進御手長藏人權辨持參御手焙御多葉粉盆等獻奉行渡之日野供之次御菓子次殿下大樹尹宮等居菓子殿上人役之次御茶次殿下以下茶賜之頂戴茶菓了本役之人撤之御膳以下供進之通逆ニ撤却之御茶菓等撤了御陪膳御手長等退下先是各供了之間暫御陪膳御手長等退入撤却之時更參進也次大樹退出次尹宮次殿下等退入次　入御次日野進出撤御手焙御烟草盆等了此後一統退入　大樹御禮被申上以女房申入了　殿下內々被議之事等有之此後殿下尹宮等退出大樹先是退出了殿下拜謁之間拜借金之事戶田越前守一條等厚謝申了　殿下右府等有文通之事　今夜宿直如例　山口右馬大允來　大原野祭右馬寮代勤被　仰出御請御禮云々　花園大夫來　春日祭參向ニ付馬具拜借願云々　今日官位　勅問　宣下人々皆來申御禮

○廿八日己未晴雲南行

早朝退出　安達清一郎來談世事時務　文章得業生菅原在正來今日元服昇殿等御禮云々　石井左馬大允來談

○廿九日庚申晴雲南行天氣風雲似昨日

戸田和州來談　被觸柳原中納言自今被免差扣之旨　胤保卿書通

園池少將有來談之事　今城宰相中將來面談又同卿息定時來八日元服

ニ付兒惜入來贈扇子五本　二條宰相一門坊官來面會

○三十日辛酉晴雲南行入夜陰

午半斜參　內副番參勤申半刻退出　向戸田和州邸面會賀移封止越前

守免愼家祿舊復等之事此次談合之事有之秉燭比還寓　小笠原壹岐守

使來爲時候見舞樽代五百疋肴料同上等到來　藏人左少辨右少辨等拜

賀遣太刀馬如例親緣家也　瀧川播磨守來取締役被申付御禮幷　賢所

御修復御用掛御禮等申之

●十一月大

○一日壬戌陰小雨沃及夕屬晴雲南行

當賀如每月　午時著衣冠奴袴參　內當賀如例　御對面詰又如每朔

於省中內相府廣橋亞相日野黃門等有面談申刻許退出　殿下ゟ賜狀進返狀　戸田和州來賀自余參賀僕數輩　野村左兵衞來談過日返濟之金子何用ニ而も可相用ス本懷之旨申來何樣ニも難受納旨固辭了　小笠原壹岐守ゟ菓子一折國產鯨等到來　通熙卿文通

〇二日癸亥晴曇雲南行時雨灑

戸田和三郎來　小笠原壹岐守ゟ昨日答禮菓一折茶一壺等贈之亦此程松平肥後守取扱金子之儀壹岐守同樣心配之儀ニ付扇（絹地金銀画）一箱盃三口（雪月花）一箱等遣之了彼金談甚不甘之間却而厚謝遣之者也　山田善兵衞明日出立東行ニ付遣金三百疋祝酒料二百疋（今度格別相祝遣之）紙入烟艸入扇等又鈴木三郎兵衞明日出立歸國ニ付羽織料五百疋別段五百疋（昨年類燒ニ付）三百疋（恒例也）貳百疋（祝酒料同上）等遣之　大嶋友之丞青木晟二郎等來談　戸田越前守同土佐守等ゟ遣直書各一通賀愼赦免移封止家祿舊復等之事　遣狀於總持寺上人幷附弟覺榮（末姬也當夏得度號覺榮）等贈書狀幷品物等　冷泉中納言

文通

○三日甲子晴陰時雨雲南行寒氣加北山雪白

藏人權辨資生送消息云

追言上來廿三日支干相當日。可令存知給候也

吉田祭左右馬寮役御馬之事任例可令下知給之旨被　仰下候宿紙拂底
之間先內々申入候也資生誠恐謹言

十一月三日　資生

〆三條大納言殿　資生

報領狀請文自是之旨訖卽命于範忠下知于左右馬寮了　午半刻參番

春日祭　北祭　吉田祭等ニ付御馬幷馬具等拜借之儀夫々取計下知了

冷泉黃門面談息女晨子婚姻之儀數ヶ條　今夜宿侍　久世宰相中將

今日拜賀歡使遣之此卿八月廿九日還任參議九月廿七日兼右權中將於彼家兼任初例也以一家例願申又本家久我ゟ歎願有之所被許也　室章子

向於今城家入夜還渡　今朝從殿下賜狀有對州粮米之儀ニ付被示下之
旨有之卽時對藩ゟ内々示遣之後刻彼藩青木晟二郎來謝申之

○四日乙丑晴雲南行寒景深長

早旦退出　殿下以狀賜菓子一折以返書淩謝申之了　書通戸田和州
贈鯨菓等　吉田祭右馬寮代勤出願奉行ゟ申達如例　小笠原壹岐守
使來過日遣物之事謝送之　壬生藏人　北祭舞人參向ニ付寮御馬明日
乘試願申之旨奉行頭左中辨被達之卽下知于御厩了

○五日丙寅陰巳時以後降雨及夕雨脚休止

戸田和州有文通　午半許詣殿下謝申昨日賜物次參　内副番參勤御用
閑之間申斜退出還寓　小笠原壹岐守下阪之旨以使告知之　廣橋亞
相以廻文告云依　春日祭參向ニ付十日出京十二日歸洛云々　藏人權
辨招僕於非藏人口申渡　吉田祭右馬寮代勤依請之旨卽下知之代勤出仕
人體山口右馬大允來申御請　下冷泉大夫來需染筆

○六日丁卯陰霧深辰半過霧晴雲散
前左衛門督安達清一郎等來談時務　未半過參　內國事御評議也然而
御用無之由殿下被示之秉燭退出　大原野祭御再興ニ付諸向一兩日達
有之仍妙門室ニ相達
來十五日　大原野祭御再興ニ付當日　禁中　親王准后等ニ參賀不及
獻物輕服者御神事後重服者來二十日參賀之事
戸田土佐守ゟ書狀來移封差止之儀予周旋之事謝之內祝金二千疋到來家
僕等ニ五百疋ツヽ來
○七日戊辰晴雲南行時雨沃風寒
前左衛門督戸田大和守等來談息女晨子緣組ニ付爲祝和州被贈金百兩
大野又七郎唐津藩來面談　爲理卿公愛朝臣等文通　今城前中納言嫡
孫定時明日元服也仍贈太刀馬折紙於前中納言宰相中將新冠等又別段差
籠地一卷交肴一臺等贈遣之　室章子參詣於護淨院黃昏過還渡於此寓

居

○八日己巳陰霧深辰半後晴終日陰晴不定

午刻前著直衣奴袴向於今城家賀今日元服於玄關言置次參　內當直也

今城宰相中將男大夫定時元服昇殿從五位上等御禮被申上於御三間　御對面於申口賜　天盃此間予加扶助者也　戸田和州小鳥ウ深山頰白ソ鳥等內獻予傳獻之　御滿足之旨被　仰下　今夜宿直如例　今城相公羽林大夫等來謝　內府公靜朝臣隆平等有書通之事　眉延姬內々參拜於聖廟彼邊遊覽夕還渡云々

○九日庚午晴陰雲南行午後晴

早朝退出還寓　戸田大和守來談又四條大夫入來　內相府文通公靜朝臣同上　遣隱岐守藤範忠於花園家賀明日出立南都下向春日祭ニ付長者神馬使下向如當春且相訪了　花園大夫來前條ニ付暇乞云々

○十日辛未晴雲東歩深夜雨降暖氣也

今日　春日祭使已下發遣也丑剋前沐浴著衣冠差貫參　内此間事具云々
先於參内殿奏　宣命此事當役不關係也又御覽所以下撿知有之此便令付御塞如例
先是使參入今日左衞門陣ゟ經敷政宣仁等門幷階下參於弓場云々使以下
參上事々具之旨奉行職事藏人權辨資生言上獻上散狀且使可令立於弓場
哉之旨伺申可令立被　仰出立了由又言上須臾　出御云々予以下候於馬
形障子邊今日　主上御直衣奉仕女房沙汰也簾中御出也令動御簾給之間職事召使
々左近中將晃朝臣參上藏人居衝重藏人頭勝長朝臣勸盃此間舞人於東庭
舞求子了退出次牽立餝馬次勝長朝臣參於臺盤所簾下申立御衣紅擣御衵內侍出之
賜于使々拜舞了退出次　入御此後再撿知御覽所以下御塞了向于使休所
相訪此後進發行列可見物然而窮屈難堪之故退出　參向上卿廣橋大納
言胤保辨頭左中勝長朝臣自余可尋　戸田大和守有書通　青木晟二
郎小松左右輔等來談　戸田和州內々賴ニ付金子三包借與之　明日
神宮御法樂倭歌詠進附于雅望朝臣了　御月次和歌詠進被觸之奉行經

之卿云々　奉納金五拾疋二包於　大田社申出　御牘予次郎丸兩人料
也祝著々々
○十一日壬申晴雲東行時々陰和暖入夜晴月清
春日祭也仍可參拜于　吉田社之處不得其儀令美濃守平洪胤代拜奉納青
銅二十疋申下　寶牘祝著々々　遣使於花園廣橋等賀南下訪留守中了
三條西少將新甞豐明等參仕衣裳僮僕衣體幷進退等被談之夫々答諭之了
○十二日癸酉晴雲南行夕陰小雨降出
青木晟二郎來談　著布衣蒲萄白裏香絲袖結向尹宮謝申戸田越前守舊復一條次
向前左衛門督第金吾面談被勸一酌移時次向近衞第内相府他行云々仍直
還寓　安立（達）清一郎進國產鹽餡　冷泉中納言書通
○十三日甲戌陰小雨自夕終夜降續暖氣
公愛朝臣來談時務之事　午半參　内當直且國事御評定可有之也殿下
尹宮内府一條亞相自余兩役等參集不參多有之　入夜召　御前衆議有

之無爲差事小時事了退下　今夜宿侍如例　左右馬寮來屆申　春日祭御用了歸京之旨　花園大夫來謝南下訪問之事

○十四日乙亥陰午刻後霽雲南行時雨

早旦退出　戸田和州來談　前左衞門督重德文通　來十六日巳刻內侍所本殿　渡御日時定陣儀被　仰出旨觸來

○十五日丙子晴雲南行時雨

今日　大原野祭御再興可參賀也仍午後著位袍奴袴參於准后賀申　親王同賀申也次參　內同上以表使賀申也此次戸田大和守內々獻上之小鳥しまこ以藤丸傳獻之了又柳原黃門面談之後未半過退出詣于內相府々々他人面談中暫可相待旨也仍相待之處良久移時之間猶他日可參旨申置之退出還寓　今夜頭左中辨勝長朝臣下口　宣一紙如左

慶應元年十一月十二日　宣旨　官位如此一紙ニ書載甚略儀也御用多之旨謝送之

豐臣利義

續愚林記（慶應元年十一月）

從五位下豐臣利義
宣叙從五位下
宣任大内記
藏人頭左中辨藤原勝長奉

右以内狀宣下知旨且位記　宣旨來十七日中飛鳥井家ゟ可出旨可下知旨等示之報領狀之趣了　今朝直下知于大内記修長朝臣大外記師身朝臣等内狀或切紙を以て内々入魂下之了甚略儀也然而多事之時如此但官位書載于一紙之故到來之口　宣其儘難下之間書改ゟ下之如左

次奉書八ッ折如例
慶應元年十一月十二日　宣旨
豐臣利義
宣叙從五位下
權大納言藤原實愛奉

同上
慶應元年十一月十二日　宣旨
從五位下豐臣利義
宣任大内記
權大納言藤原實愛奉

於消息ハ省略了兩朝臣共領狀云々位記　宣旨之事以内狀示遣了　渥
見祖太郎來進鹽引鮭一尺盃一箱等　抑大原野祭氏輩或神齋或否區也當時假寓毎年不具不便旁御用之他先神事略之仍今度不及神齋之沙汰也

上卿新大納言胤保參向辨可尋
○十六日丁丑晴雲南行時雨灑風寒
奉納金子三百疋於　本尊如例申下　寳札奠禮如例月又今日禁酒肉精進
如例於他所ヽ不可憚也　伊王野平六因州藩來談　內相府公愛朝臣等
文通有之　左右馬寮來屆大原野祭寮務無異之旨　來二十日進獻御
口切如昨年不被召臣下廿二日戌刻　賢所本殿　渡御被　仰出且右ニ付
自廿日晚到廿三日朝御神事等之儀觸來
○十七日戊寅晴陰雲東北行或東南歩午斜霰散
新嘗會御內見也仍午斜著位袍差籠參　內殿下參上兩役加勢職事等參集
如例殿下廣橋亞相野宮黃門等召　御前良久有被議之事歟不知子細後聞
內侍頓ニ所勞御無人ニ付有被相議之趣云々定而可有子細此間空移時及
日沒　出御先　御出於御學問所其後中殿南殿神殿等　迂御夫々有被
仰合事了黃昏　還御于御學問所此後兩役退下女房內見有之此間予六條

黄門柳原黄門等早出　戸田和州來談　自今夜搆神事服者姫者（愚妾八ヶ月）月水女房等令退出但於姫者月水等令居於別屋自余改火行水張四目於居間門等如例明日新嘗祭ニ付一夜神事當役例也

○十八日己卯晴雲南行

今夜新嘗會也仍申半斜沐浴等了著位袍奴袴（青鈍藤圓）白單等（帖檜扇等懷中）參　內殿下被參入兩役以下參集如例日沒比大齋上卿日野大納言（資宗）著仗座有召仰黄昏過小忌御燈供了此間當役著小忌（前後籠之）共纓日蔭蔓於冠巾子如例御塞撿知等又如例事々具旨言上戌剋前　出御云々仍手水等了候于馬形障子邊殿下示給御服之旨各參進御服奉仕堀川三位（高倉侍從所勞之故也）同新三位候御前衣紋予候左御袖御服了予供進御檜扇御帖（奉納御懷中）等了退　出御殿下示給各候于南廊卽　御出內侍二人執劍璽（劍大輔內侍璽小式部內侍此間當役候南簀子）在前後次將扶持之命婦無人不供奉　御於南殿（御帳臺前令向南給）關白被候御裾次輦御輿源宰相中將（通善）役劍璽乘御了　行幸此間關白降西階被供奉內侍等濕地之間不供奉

内々之方ゟ神殿參會實ハ命婦無人故也當役武傳等下東階經階下候橋樹西頭　御輿令進給之
間御左方列外ニ供奉如例　入御于神殿劍璽如先關白兩役等昇西階參會關白
直ニ被參於隔殿内兩役候于南庇先脫御御服子殿下每度被示之以下參入帖之御服之人奉
脫之了退出南庇次御湯殿勝長朝臣長邦等奉仕之了著御御齋服了　還御
于隔殿大床子上次御手水了次寢具供了旨奉行言上當役ゟ申于殿下時申
伺申示于奉行采女申時到由内侍開御後戸奏之次　立御於中戸外關白被候御裾
令向南方給予伺見之示警蹕于奉行次神饌奏神樂此間人々相替休息良久計
程併御粥之頃各詰候小時神饌了　還御於隔殿大床子脫御服給當役參入帖置
之御座乾方置之脫御御服人奉脫之直内々　入御殿下令退給白地　入御之旨示
于奉行各休息移時事々曉儀相具旨奉行言上　出御旨被　仰出各詰候於
神殿卽　御出先御湯殿儀如宵著御御齋服又如宵　還御於隔殿此間寢具
供進又如宵於神座ゝ宵曉通用仍更不及供之寢具了先是御手水如先次時
申如宵儀次　立御於中戸外警蹕等又同上次神饌此間如先休息又計程詰候

（如宵）神饌訖　還御于隔殿大床子上予伺見之示采女誘引之儀於奉行采女代（越後）自南庇參于隔殿内頭左中辨誘引之（今夜此時采女誘引之事相示之儀傍人聞謬歟召御服人仍制止之）　采女退了御服脱御御服人奉脱之（先奉撤御幘歟不見之）當役帖置之（如先）　次著御帛御服予御左御袖ニ候ス著御了取御帖御扇（御右方在于大床子上）奉供之（如先）了退小時　還幸相具旨奉行言上當役申于殿下卽　還幸先　立御于南庇内侍二人執劍璽在于東西此間當役降西階候于庭上　乘御于御輿源相公羽林役劍璽如先御輿令進給之間供奉如先　還御於南殿御輿奉舁上南階之間予以下昇東階候于南簀子　下御令立于御帳前給劍璽持如先撤御輿左少將公允朝臣問名謁小忌上卿以下到辨稱名次　還御于清涼殿畢此後逐電退出于時丑半許也無異被遂之恐悅還寓解齋如例　卜合人々權中納言有容卿參議通善卿少納言宣足朝臣外記昌言史豐春侍從公考朝臣次將左中將隆晃朝臣少將公允朝臣右中將基祥朝臣少將公靜朝臣大忌公卿日野大納言（資宗）源中納言（重胤）奉行頭左中辨勝長朝臣

〇十九日庚辰晴雲南行今夜戌刻七分入寒
安（達）清一郎來談　午半著衣冠參　內當直也　賢所本殿御造營成今日自武家引渡也先例兩役立合云々然而今日相役各遲參仍予武傳兩卿職奉行三人等立合也未斜所司代參上云々仍各向於　內侍所所司代松平越中守以下武家輩修理職等候于十八間廊下東邊夫ゟ誘引之參本殿御內陣以下撿知之內外不殘巡見之所司代前行誘引之各了而宜由示于所司代了分散
今夜豐明宴也日沒人々參集如例　今夜宿可退出之間秉燭伺定置了
酉半斜　出御于朝餉奉行勝長朝臣奏外任奏先是被始陣儀　先以兒御服前御覽否伺申之上示于奉行了奉行參朝餉覽之了返給此後御服召云々仍予以下牽御服人參入予候左御袖御服了供御帖御扇等如例　入御之期伺申公卿堂上訖　入御之旨被仰下直ニ御出云々仍候南廊卽　御于南殿勝長朝臣取御裾內侍二人捧劔璽在御前後威儀女房一人從御後式莒以下如例於御粧物所著御御靴了　出御此間予以下候于御帳東邊南面西上　入御之期人々示傳了內侍出御屛風內臨東檻藏人左少辨引導之

暫居退入次内辨右大將謝座昇殿著座於東簀子職事示入御之期歟次開門次問闈司次召舍人二音此間物召音聲不優美進退輕忽不甘々此人毎事如此次少納言宣足朝臣就版内辨宣刀稱召世次公卿參列於標下世其旨官人申之開門以下毎度申之如近例内辨宣敷尹謝座謝酒了小忌上卿以下參上著座各著了予以下退入於御後次　入御右大將稱蹕於御粧物所改御挿鞋給　還御于中殿如例此後退出還寓戌半許

今夜宴會參仕人々

右大臣公純後早出　右大將家信　醍醐大納言忠順

日野大納言資宗　權中納言雅典　小忌六條中納言有容

新中納言公正　町尻宰相量輔　右衛門督長順

小忌源宰相中將通善　左衛門督行光　左京權大夫隨光

少納言　辨

宣足朝臣　通房

次將左

小忌隆晃朝臣　保美朝臣　公香朝臣　小忌公允朝臣　宗禮朝臣

同　右

隆韶朝臣　量衡朝臣　忠敬朝臣　基祥朝臣（小忌）　公靜朝臣（同）

松平修理大夫使來先比島津圖書同備後等賜陣羽織地御禮申來　丹羽左京大夫來上京届且安否訪問云々　戸田越前守同土佐守等ゟ書狀來越前守愼赦免家領舊復等之儀段々周旋挨拶申越之　書通宮内卿

故公平朝臣七回忌相當來年正月十一日之處年始之故引上之今明於淨華院修行法事往時如夢懷舊之外無他代官令參拜者也

○二十日辛巳晴雲東歩自晩頭陰

來廿二日　内侍所本殿　渡御ニ付翌日參賀獻物以下之事觸來左云

來廿二日　内侍所本殿　渡御ニ付參賀獻物等之事

可爲嘉永四年度之通之事

但參賀獻物同廿三日可然之事

重輕服者來廿五日參賀不及獻物之事

右之通被　仰出候先例兩役組合

生　鯛　一折

右之趣ニ相見候則武傳可被催申入候左御承知可給候也

十一月二十日　胤保

今日丹羽左京大夫堀田相摸守等參　內也依之可出仕之處聊不快仍不參之儀相役觸遣了　前條兩武士參　內ニ付太刀馬代銀五枚ツヽ等到來同上來畏申　昨今年回引上ニ付代香佛事修行等有之又家內一統遣非時等自山階宮寒中密柑內々肴等被贈下　松平肥後守ゟ同上鮮鯛一掛到來當役定例也　戸田大和守來談

○廿一日壬午晴雲東步間々時雨雲又南行

義亮法師來面會明日吉辰新宅移徙ニ付家內安全息災祈禱之事示之自今晩直可勤修云々法義之事少々聽之彼僧進密柑賜茶菓　野村左兵衞來談　明日　賢所本殿　渡御ニ付參賀獻物等之事妙門室ゟ今日申達之

如例予彼門室御世話之故也　昨今寒中來訪官武數十輩有之或進物之
方等有之不遑記之　新宅雖半作先雜舍向五六宇餘出來明廿二日申剋
吉辰ニ付可移徙所治定也依之自今日每事加催促所令用意家司等所商量
也

○廿二日癸未天晴雲南行六合清明

自殿下可贈狀賀今日移徙給賜二幅對掛物岸連山筆一箱鮮鯛一双等進返書畏
申了　申剋前今日申時吉日良辰云々著狩衣蒲萄白裏乘輿出門石藥師通東行自中筋經京
極通入新屋造營未及成功然而先以愛度今日入此家安喜之至也室以下各
還渡先奉拜　神佛謝申祈誓家中安全息災繁榮祝著々々　上下祝酒有
之　戸田大和守以下所々賀移徙酒肴等到來多有之先以表繁昌祝著之
到也　今夜　內侍所本殿　渡御ニ付東庭　下御有之仍秉燭著衣冠差
貫參　內此間事々既具了小時　出御候于馬形障子邊召御服山科宰相奉
仕之按察前大納言候御前衣紋予候御袖紅打御袴白御單同御衣御直衣等著御之訖予供

御帖御檜扇等如例直　遷御於御手水間陪膳右中將隆詔朝臣（今夜御劍將也／藏人頭一人引）籠一人渡御申沙汰候賢（所方仍御劍持候御陪膳者也）手長資生訖朝餉御復座（御手水之事以六位內侍所／ヘ案內有之兼而所申合也）御羽車舁上之儀注進（職事／申之）予奏之卽　出御仍候南廊　御出（隆詔朝臣執御劍／資生供御挿鞋）經孫庇下御東庭予以下自長橋下地上候於河竹架東邊　入御于御屏風內須臾一御羽車舁下之事六位來告（先是東庭下／御之事示遣之）予參於御屏風外言上之小時御鎭座之旨六位來申之予如先奏之御拜訖　入御各退下　今夜　渡御恐悅以表使申入如例　戌半許退出還家　今日還住本宅之儀武傳屆近衞家申入之自余追々可吹聽也　今朝辰時新屋清祓出雲路安藝守（下御／靈社）司也勤修之自余移徙之事每事內々惣而省略之至也　一門里坊昨秋長々借用之事今日出門前予面會彼留守居厚謝申之了門主ヘ茶一箱菓子料白銀五枚進之此外銀五拾枚贈之又坊官諸大夫等六人ニ銀三枚宛遣之留守居同貳枚別段金五百疋同人妻三百疋門番同上等夫々遣之有差此間之事夫々家司記委細注之　伊勢御師田中神主進一萬度御祓移徙忽奉之殊

ニ祝著々々
〇廿三日甲申雪降紛々未時後屬晴
半作之屋毎事未具然而昨日還住于此新屋尤所安悦也　巳時著布衣詣
于關白殿謝申昨日賜物進交肴一臺次向一門里坊謝申昨年來借用之事次
向近衞殿尹宮等昨年一門里坊借用之節厚配之事謝申之且訪申寒中了午
剋歸第　昨夜渡御濟ニ付自　内侍所賜交肴一折　前件ニ付所々
ゟ進上御肴自　禁中賜也　昨夜渡御後於　内侍所兩役祝酒可被下
先例也然而混雜ニ付今日可被下之間午半時可參旨伯少將昨夜示之然而
脚痛之氣有之不參之儀相役觸遣了　自殿下以使賜交肴昨日移徙被賀
下之　今日又所々ゟ賀移徙酒肴到來多有之又夫々答禮贈遣之有差不
遑擧記　今日　吉田祭也昨夜ゟ神事可參拜之處混雜不能參詣之間介
代官參拜了上卿冷泉中納言爲理云々　造營掛之者共爲祝儀金百疋遣
之雖半作昨日移徙ニ付所覡也　三條西少將戸田大和守等來賀移徙

○廿四日乙酉晴雲南行北風寒
今日北祭也拂曉可參　內ゝ處脚痛ゝ氣未相治仍不參ゝ儀相役示遣了
新屋移徙ニ付家內安穩災殃攘除御祈自去廿一日於圓山　御本尊御寶前
義亮法師修行之今日中日也仍奉納金三百疋了　今日猶所々ゟ賀移徙
有到來物　左右馬寮來屆申　吉田祭寮務無異相濟ゝ旨
○廿五日丙戌晴夕雲東北奔西南風荒吹暴雨入夜快霽
今日當番ゝ處日野亞相ㇾ相托其旨相役ㇾ觸遣了　文通前關白殿進上
鴨一翼芹等　前左衛門督重德園池少將公靜花園大夫實延等來談
三條西諸大夫河邑時庸初官位申文本人持參覽之不都合ゝ儀有之仍心添
遣了兼日公允朝臣ゟ所被談也　親王御茶口切來廿七八兩日ゝ內可被
仰出哉ゝ旨御乳人申出ゝ趣三卿日野亞相被示之兩日共御差支可無之間
被　仰出可然由可被答旨報之了廿七日被仰出旨翌日被示之於當年も臣下不被召由也
○廿六日丁亥晴雲南行西南風凜烈

前殿下戸田和三郎來賀移徙

國事御評議因所勞不參觸遣相役了

以狀被謝下昨日進上物　義亮法師來移徙ニ付家內安全息災御祈禱之

賓牘進之賜金貳百疋面會聽法義賜茶菓　資宗胤保通富長順等卿有書

通　松室丹波來談　近日寒中來訪人々數輩

○廿七日戊子快晴西南風寒

公宴御月次後日詠進之事以切紙示遣于奉行左大辨宰相御楊筥返上了

渡邊出雲守來有伺申御厩之儀ニ付之旨以範忠答命之了　牧修理來

禁裡附被申付今日參上御禮云々　寒中來問堂上地下等數輩

○廿八日己丑晴雲南行或東北歩風自西南方吹來

戸田和州來問面談　前殿下忠熙被賀下移徙賜酒肴等內府忠房同賜肴

大島友之丞青木晟二郎等伺申寒中安否進鹽鰤二尾

○廿九日庚寅晴雲南行或東北行

進交肴於前殿下謝申昨日賜物　冷泉黃門裏辻羽林等有文通　內相

府以使被需詠謌染筆　眉延姫向於今城前黄門室家逗留　園池少將有來談之儀　入夜轉法輪ゟ以諸大夫有談合之事彼僕之儀也不及記錄之

○三十日辛卯晴雲東北行寒威嚴

巳半著衣冠詣于殿下畏申過日移徙ニ付賜肴之事次詣于内相府同前此便昨日被命愚詠調筆返進之次參於准后殿寒中伺申　親王同申入准后上﨟於八百出會有報答次參　内當直所參勤也宿侍如例　戸田和州入來云々　寒中來訪堂上五六輩松平肥後守自余地下多來問

●十二月小

○一日壬辰快晴日光和暖深夜嵐烈吹寒氣凛々

當日幸甚々々　早旦退出還家　巳半斜參　内當賀如例朔　殿下談申條々多端此外相役等同斷不遑擧記之申剋過退出還宅　江見陽之進澤井權次郎等來伺申寒中進松魚五本鹽三俵等野村左兵衛外島機兵衛

八日江見澤井等へ寒中答禮之交肴一折遣之了

等賀申移徙各進金五百疋　戸田助三郎故采女正男也家督相續之儀賀遣之贈
太刀馬代銀一枚等　由良信濃守高家來上京ニ付入來且在留中宜賴存旨申
置之　眉延姫還渡自去月廿九日逗留於今城前黃門室家　戸田大和
守入來　寒中來訪堂上五六人也地下數輩

○二日癸巳晴雲南行寒嵐吹夕雪降埋地一寸許入夜晴

戸田和州入來越前守愼赦免移封止家領舊復等之事被謝之予に屛風一双
料金貳萬疋室同十五兩次郎丸眉延姫保姫米姫等各同千疋ツヽ被贈之家
中男女末々迄被贈金有差　外島機兵衞來面談　尹宮被賀移徙被贈
下三幅對掛物一箱千鯛一箱錫貳連樽代金三百疋等　本願寺ゟ寒中見舞鴨
一双一樽鶴齡三斤等到來　書通裏辻少將過日移徙之歡肴到來之間爲答禮
贈遣鰤一尾了

○三日甲午晴雲南行時々飛雪午刻後晴嚴寒

戸田和州來談　大原野社々司來納神札先達奉納物ニ付納之　寒中

來問堂上地下等數輩

○四日乙未晴雲東歩及晩陰曇深夜雨下

午半著直衣向尹宮謝申移徙歡過日賜物之事次參　内今日國事御評議日也殿下尹宮兩役等參集右大臣常陸宮内大臣一條九條兩大納言久世宰相中將等不參也入夜有　御前評多端不能枚擧又殿下尹宮等別段有面談之儀其外相役等談合之事不及記之戌刻過退出還家　親王御侍讀伏原三位御復讀侍從三位藏人權辨御復讀是迄通等被　仰出右ニ付侍從三位可被加近臣之間所存被尋下等殿下被傳宣旨當番柳原中納言ゟ示之無所存旨報申了　花園大夫來有諸問之儀　寒中來問數人有之不遑記之

自中川修理大夫寒中訪問國産白煎餅一箱到來

○五日丙申曉來雨下和暖夕屬晴雲南行時々小雨灑

進狀於博陸水戸民部大輔ゟ賜物　御沙汰書之儀心附之趣書進之賜返狀被悅喜猶可被伺改旨示命給昨日野宮黄門執筆御治定之御沙汰書　思召今日高家井法中等參内ニ付可出之處脚痛之

間不參相役示遣了

不洞撤殘念之間所申入也　安達清一郎松本鉄太郎等來談　進交肴一折於内相府移徙ニ付過日賜物答禮所進也　進御膳料於下御靈社還住於御境内之儀畏申猶家内安全息災無事所祈願也　草堂觀世音同前奉納之前條同事也　室眉延姫等向於戸田和州邸有招請予同被招之處斷辭了饗應有之戌刻過還家菓肴相贈彼方ゟ同上被贈之　由良侍從來參　内拜　天顏賜　天盃御禮也　參　内之法中同參入畏申拜　龍顏之事　今日予誕生日也如例祝著々々

○六日丁酉晴時々飛雪西南風寒吹又西北嵐凜々

午半著直衣參　内當番參仕　親王御乳人御用談有之此次　親王御讀書以下御稽古事毎事甚心配御時宜邊恐存之旨慨歎之趣被談之近來　宮中御時宜中外恐存之外無之　今夜宿直　右府公純有文通　雅德來需愚詠染筆　一門使過日引移之節音物并坊官以下遣物挨拶申來云々

○七日戊戌晴雲南行坤風寒

早朝退出　殿下六條黄門等有文通　野村左兵衞來面談　自常陸
宮被贈下肴笋筆頭菜等　妙門室ゟ來廿二日准后御有卦御祝儀如去安
政五年五月被　仰出旨相達了　次郎丸來逗留　寒中來訪堂上五六
人地下數輩有之不遑擧記

○八日己亥快晴午後時々陰雲東歩入夜晴上弦月酷
戸田和州島津伊勢等來談於嶋津ゟ爲寒中訪問進烟草一箱　女晨子冷
泉大夫婚姻之儀來十二日治定之處差支出來之間延引今日冷泉中納言幷
彼家等示合亦令勘之處來廿一日申時吉日良辰云々仍決定了　寒中來
問數輩有之

○九日庚子快晴陽光和照如春天入夜月有暈
丹羽左京大夫來上京後所勞今日初而所來也　妙門室ゟ攝州天王寺再
建之儀ニ付有申立之事昨日願書被附之然而條理不相立之儀ニ付可有再
考旨相示之書取返却了　官位　敕問蒙　宣下之人々各來畏申　戸

田和州文通　自中川修理大夫鳩味噌漬一樽到來　次郎丸還向于松
崎　寒中來問人々數輩此中今城相公羽林面會有之
○十日辛丑快晴長閑如昨日和融暖氣似中春
午半時著直衣參　內相示合之儀有之此間准后表使庵崎出來兩役輩乞面會
仍於廊下面會之處准后御有卦入ニ付生鯛一掛貝盡五種赤貝螺蛤赤螺蜆等一臺樽
一荷等被贈下之云々畏拜受夫々分配了御用了退出向近衞第予權大納言
辭退之事談申今日內府他行出門之期也猶可被面談之間一兩日可參旨被
示之次向轉法輪戶田和州三條西等各訪寒中皆所言置也於三條西ヘ家司
範忠從六位上加階可令申上處家例年齡相違之間彼家僕河邑氏例借用之
事賴置之了今朝令範忠兼令申入了次還家　山中法橋來面談　花園大夫來談之儀
有之　多賀社別當正覺院來納神札　戶田和州文通
○十一日壬寅天氣如昨日但夕時々陰
外島機兵衞來談　午剋著直衣參於　親王御直廬以表使今日御煤拂賀

申之早參可有之處脚痛遲參之旨謝申之且今日當直之間早出之儀同申入之如例有其報賜菓子此後早出參　內當番也　親王御乳人面會御用談有之　野宮中納言藏人權辨等有面談公私用事不及記之　殿下相役等文通　遣狀於中川修理大夫彼匠作近年相互通懇問兩敬同樣取計也昨年類燒後群書類聚一部被相贈其他暑寒訊問音信等連々有之仍厚謝遣之者也贈扇子彫骨十本一箱了　戸田和州入來云々　今朝頭辨豐房朝臣下口宣二枚武家官位也即時下知于大內記修長朝臣位方之大外記師身朝臣等官方之多忙繁雜之間以內狀下之略義也粗注于下知案　遣使者於戸田助三郎邸吹聽眉延姬緣組冷泉大夫來廿一日內々入輿之儀了亦戸田越前守同前風聽之畢　今夜宿侍如例　寒中來訪數輩有之

○十二日癸卯晴雲南行暖和日々似春景

野村左兵衞爲肥後守使來被賀眉延姬緣組之儀被贈手箱料肥後守書狀來遣返翰於同人許謝遣之畢　著布衣向於山階宮訪申寒中常陸宮面會被

羞茶菓談話此後被勸盃飯入夜退出還宅　定國卿實潔朝臣等有文通
被觸公宴御月次和謌詠進奉行越前權介云々　勾當內侍廻文來來十五
日御煤拂ニ付可參旨被示之如例　藏人左少辨長邦送消息云
追言上來年二月十八日支干相當候。可令下知給候也
春日祭左右馬寮役御馬之事任例可令下知給之旨被　仰下候宿紙拂底
之間先內々申入候也長邦誠恐謹言
十二月十二日　長邦
 タ三條大納言殿
報領狀請文自是可遣之旨訖　寒中來問堂上地下數輩幷武家使者等多
來或音物之方有之
○十三日甲辰快霽白雲南行天長閑
自山階宮昨日約申梅花賜也被添歌以返歌謝申之畢　高崎左京士薩來面
談　戸田和州來談　來年二月十八日春日祭參勤之儀下知于左右

馬寮右寮代勤之事直願申之卽奉行職事藏人左少辨に令差出之處落掌云々　書通公愛朝臣　鳥山三河介來有伺申御厩之儀之事　妙門里
坊留守居來有相談之儀不及記之

○十四日乙巳天遠晴不見一片雲及夕陰深夜雨降

戸田四郎兵衛戸田助三郎家老來伺申安否進金貳千疋家司以下夫々贈物有之予對面遣熨斗昆布幷紙入莨入盃二口扇五本等又別段賜文付服料白銀五枚當家勝手向助成取扱ニ付所遣之也　午半著直衣參　內相役面談明日御煤拂之儀條々示合之次詣于近衛殿家司範忠從六位上申上度旨申入無御別存之旨被報之此後內相府被面會予當官辭退之事談申之頻被抑制之然而所存決之間其旨申入十八九日比可辭申談申之此外時勢之事申承慷慨移時夕退出還家　自山階宮被賀移徙被下硯文臺等以狀翌日謝申畢　寒中來問數輩

○十五日丙午雨下雲西行東風夕殊滂沱及深夜休

今日常御煤拂也當役曉天可出仕之處本役加勢多人數之間申合定早晩參勤予遲參也仍午刻著衣冠差袴參仕此間各參集如例向於長橋局有酒飯秉燭之程御掃除出來仍撿知之了予早出還家酉刻過也　範忠從六位上加級申文本人持參於近衞殿覽之無御別存云々又轉法輪同令見之此後武傳月番ニ令内見非番之方共旨屆置也明日可申出由云々　十六日申出職事頭左中辨へ令付了

○十六日丁未晴陰雲南行時々雨下自夕寒氣凛々

奉納金三百疋於　本尊如例月　御寶牘奉奠供又如例於家内ニ禁酒肉他所不憚之唯一身所愼也　午斜著直衣出門向冷泉中納言家此度冷泉大夫縁組近日内々引越ニ付何歟賴存旨申置之次參於　親王御直廬今日暮御祝儀可賜旨也仍午半刻參集然而予當番早出之事以表使申入准后上臈於八百出會被渡金三百疋畏拜受之以表使御禮申入了　親王御乳人有面談之後早出參　内當番也宿侍如例　相役以下所々有書談　戸田土

佐守書状來且海苔一箱到來

○十七日戊申晴陰時々飛雪紛々雲南行

早旦退出還家　著布衣向於前關白殿別莊伺申寒中安否且予當官辭退之事伺申前殿下被謁見辭官可猶豫歟之旨被命之然而所存申入之處然上ハ可任意旨被示之此後近日　朝廷御時宜悲歎之旨內々種々申承之午刻前退出歸第　今日寄書獻上幷國事御評議等可出仕之處脚痛頻冒之間不參相役觸遣之了　內相府ニ進書札當官辭申之儀前博陸無御別存之間彌明日辭表可出之間其旨今日當職ニ可被談置趣願申旨申入之此次進海苔一箱五十枚入了

○十八日己酉晴陰午後陰自夕雨降

御厩御覽所常御殿御庭中へ被移建旨昨日御評定之由廣橋亞相ゟ示之不可說慨歎之至也近日御時宜每事如此此外御用之儀一二ヶ條示送之

巳時著布衣向轉法輪當官辭退今日辭狀可出旨申入之折紙令一覽無所存

旨拾遺公恭朝臣報之次向陽明家同前以諸大夫申入無存意旨被報之折帋
覽之即被返下此次本座之儀可有　御沙汰歟之趣内々被示之次向頭左中
辨第辭退折帋今日披露之儀相頼領狀也次歸第　未斜頭左中辨勝長朝
臣送消息云
被辭權大納言之事被。聞食候仍早々申入候也。誠恐謹言
十二月十八日　　勝長
ゟ三條前大納言殿　　勝長
報謹奉請文自是之旨了　辭退速被　聞食安心畏存者也御禮可廻勤之
處脚痛相冐之間名代之儀園池少將頼遣之處領狀也即同人被廻勤其ヶ所
如左
禁中　親王　准后　殿下　當番相役　陽明　披露職事甘露寺　轉法
輪　近代之儀也　入魂相互不行向今日不及行向
所々風聽如例　內相府賜狀有內々被示下之旨此次過日移徙之事被賀

之彼公籠中ゟ被贈白銀三枚交肴一折等以返翰謝申了　丹羽左京大夫
堀田相摸守松平越中守等來廿四日巳刻參　內被　仰出旨觸來　抑權
大納言還任之儀不肖之身過當之至也仍昨年可辭申歟之旨所存之處可猶
豫內府被制止仍及今年近代還任之人々當年或翌年辭申旁過日來內々前
殿下內府等談申之處頻被制之然而所存猶可辭申決定之間强申入之處然
上ㇳ可任所存被命仍今日所辭申也　今日節分祝儀如家風祝之祝著々
々

○十九日庚戌雨雪午後休夕屬晴雲南行

遣請文於頭左中辨勝長朝臣許此次贈肴一折昨日披露挨拶申遣了請文云

辭權大納言之事被。聞食之旨謹畏奉候也。謹言

十二月十八日　實愛

〆　實愛

今日吉日ニ付眉延姫荷物送遣于冷泉大夫家簞笥四棹長持六棹自余雜々

有之家司記委曲錄之用掛洪胤使者（參衙使物持也）副使以下到擔夫等有賜物於先
方同有之云々祝酒酌之賀籠千秋万歳祝著々々
○二十日辛亥晴雲南行或東步西風寒時々飛雪紛々
內相府日野黃門等有文通　澤井權次郎（備前藩）來談
○廿一日壬子晴時々飛雪余寒凜烈
巳半斜藏人權辨資生送消息傳　宣云
追言上　仰詞一紙令進入候也
可令列本座給被。仰下候珍重存候仍早々申入候也資生誠恐謹言
十二月廿一日　資生
ㄘ三條前大納言殿
副仰詞一紙（四ツ折上包有之）
議奏勅任殊國事勵精且有家例之間被。聽本座
不存設被許本座過分之至也然而兩役多辭退之時被聽之先例歟但菲薄之

身且近年多病懈怠之處蒙　天許況過當之　仰詞殊以恐存然而於八條内相府公後八條内相府公等御兩代之嘉澤實以畏存者也消息領狀請文自是可遣旨相報了　先以告申　神佛　先君御靈等畢　御禮廻勤可出仕之處脚病未及平癒昨今頗相惱之間名代之事三條西少將相頼了　○御所々々　○准后　○殿下以下勅問衆一統　○相役一統　○傳宣職事等也任近例轉法輪爲風聽可被行向頼遣了

遣請文於藏人權辨資生許且謝傳　宣勞贈肴料金子貳百疋了請文云

追申　仰詞之趣深畏奉候也

可令列本座被。仰下候旨謹畏奉候也。謹言

十二月一日　實愛

〆　實愛

所々吹聽如例　今夜　賢所御神樂也　出御御所作等有之可出仕之處脚痛之間不參之儀今朝相役觸遣了　眉延姬晨子冷泉大夫爲柔婚姻之

事今日申時吉日良辰之間引越於彼家内々婚姻可有之也今朝來專用意然而延引申時斜事々相具祝酒等有之申半斜晨子出門（爲内々之間不用掛袴等只用俗衣）網代輿打物等如例諸大夫美濃守平洪胤（衣雁）徒從之自余近習四人青侍三人以下如例女房三人内々先著扶持之秉燭到彼家其式有之尤密儀略式唯世俗所用之俗式云々大夫爲柔狩衣奴袴云々式無異了之旨戌斜告來之先以祝著安悦之至也亥半許洪胤女房等還參事々無淹滯旨申之欣悦々々

一今日引越ニ付夫々贈物以使（用人上下）（廰）遣之

一狩衣料　銀十五枚
干鯛　一箱
樽代　五百疋

一綾　一反
干鯛　一箱
樽代五百疋

一綾　一反
干鯛　一箱
樽代貳百疋

大夫爲柔に
一眞綿（三把代）　銀貳枚
文匣　一合

同人母堂に
一文匣　一合
美濃紙十帖

梅芳院（大夫伯母）
一美濃紙貳十帖

美濃紙　十帖
大夫庶兄幷妹二人同斷　伯三位（大夫従父兄）　冷泉中納言
文匣　一合　以上各竪目錄添之
小杉　十折
冷泉中納言室家此外彼家内男女一統有賜其差委曲注于家司記　別段
金子五拾兩所隨身也　隨從之家僕洪胤以下於彼方一統面會祝酒引出
物等有之　今日出門前身固反閇等之儀可有之也然而今度密儀且有存
旨之間不及其沙汰每事省略之儀也　御厩之内御馬見所當分御不用ニ
付今度丑寅隅御庭御取廣之内ニ可被引移旨過日御治定之旨御厩御用掛
非藏人以下取次等夫々可存知旨今日下知了此事甚以慨歎之儀也御厩御
建立御趣意不相失樣精々心配之處武家因循時日迂延不相果然而有志之
輩頗歎息之予又此儀甚以歎存之處今如此此儀去日國事御評議之日被決
了予件時不參之間御決議相役ゟ示傳之當時每事御時宜總而如此唯々恐

歎之外無之　戸田大和守幷和三郎等來賀今日婚禮之事　抑又眉延姫
化粧料年々金子二十兩ッ、（但中元十兩歳末十兩）可贈遣旨所約定也薄祿貧乏之家頗
過當之事歟然而當時此姫惣領也殊ニ室章子所生旁以精々鄭重可取扱遣
所存也但勝手向不如意近年松本宇都宮大垣等三末家輪番所賄也仍如費
用可成之分所省勿論也仍如此化粧料勝手向ゟ不可出金子所存也仍予納
戸金之内ゟ年々可遣所決定也爲後年注置之者也　女房三人爲先詰出
門前兼而遣於冷泉家令待請入輿事々所加扶持也件女房之内一兩人暫令
候于彼家兼々所約定也　輿網代鋲打女房料也當時無所持費用多分之
間不得新調仍今度所他借也後年可新調者也日帊用猩々緋自余打物袋同
用猩々緋總而俗儀也本儀可爲乘車然而類燒後事々不具仍專用省略況今
度之儀内々引移及來年可披露（此事少々有子細之間如此）契約也旁以今度省略之上所用
俗式也不可爲後鑒者也凡如此之儀時と勞を以て可有斟酌者也人倫之大
禮故用本式可然也然共今度之儀毎事前條如所注　抑此度縁組初發來

美濃守平洪胤專所取扱也又此祝儀用掛之事所申付也然而事々件々都合能遂其節尤所祝著也依之今夜直賜金子二百疋　凡此一件予所書記唯大綱計記錄之委細洪胤雜誌書注其細目事々所見于件雜記也　今日予可列本座旨蒙　天許今夜息女晨子遂婚姻重疊欣悅之至也

昨夜下冷泉大夫へ眉延姫內婚之事內相府內々申入了

○廿二日癸丑晴雲南行時々小雪

遣女房鄙妾鶴　於下冷泉家贈鰑二連饅頭百井籠一荷等是世俗稱部屋見舞也此次遣鉄漿壺一對一箱是又俗習也每事祝著々々　午刻著衣冠參殿下本座　宣下段々殿下厚配之儀仄ニ傳聞之間別段謝申之次參　內相府辭退前後彼是厚情之事謝申了次參　內當直所參勤也　今夜宿宮內卿へ相賴彼卿被參宿仍秉燭過退出歸第　今日准后御有卦入ニ付兩役組合御文匣一二番等二合進上之予催之今朝以使者進上之後刻披露之旨報之目錄中奉書四ツ折上包美濃帋

御文附御文匣　一番二番　二合

鍚

二連　一折

三條前大納言

廣橋大納言

飛鳥井中納言

六條中納言

柳原中納言

久世宰相中將

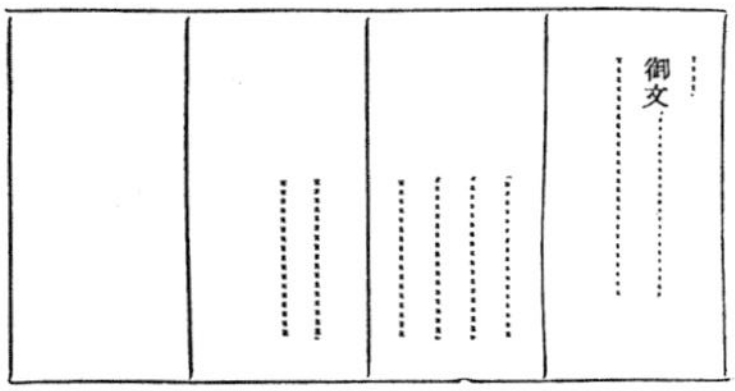

（御文付准后御文藤圓也緒鐶チ付如例青漆金文也）

獻上濟各示遣了　大典侍長橋等兩局又有卦也先例當役人別贈一番文匣（箔給）仍今朝以使者遣之了

○廿三日甲寅晴剩寒烈

辰時斜著位袍（官位御沙汰同當役武傳等不著直衣例也）差籠參　內今日官位　御沙汰也御用取計多端不遑筆錄　殿下內相府等面談數度有之柳原中納言大納言拜仕大原左衛門督參議裏辻少將中將轉任等之儀內々談申旨有之然而柳原裏

辻等ハ成就於大原ゑ御時宜不宜慨歎之旨兩公被談之長大息之至也此外時勢之事色々談申之　子刻過御用了退出　範忠從六位上加級今日令申上之處無相違　宣下所畏存也回勤如例　今日　宣下官位其外俗事等多有之登用之輩皆來畏申之　花園大夫來有相談之事不遑筆記

御月次未進之事可示遣之處失念及明朝由以狀謝遣了

○廿四日乙卯快晴雲南行

文通光愛卿賀遣昨日昇進了　今日武家參　內ニ付可出仕之處脚痛相冒之間不參相役觸遣了　眉延姫內々爲里披來肴一折三種隨身之祝酒有之祝著々々夕還向於彼家爲土產贈鳴一双酒一樽等今日內々之儀故自余贈答等無之來春表向之事可有之也　堀田相摸守來今日參　內御暇御禮也　松平肥後守使來奉書紙三百枚到來先達下阪之節爲餞別遣菓子答禮云々　遣切紙於越前權介御月次後日詠進之事申遣之處承知云々

前左衛門督文通

○廿五日丙辰晴雲南行或東行余寒烈

澤井權次郎佐藤兵左衛門等來談以上兩人備前藩士也　午斜參内自

今日日參例年之儀也年始御用取調多端也事訖日沒之程退出歸第　隱

岐守範忠加級口宣今日申下云々不申下位記之間不及官物等之沙汰

○廿六日丁巳晴時々陰午刻以後晴頗催春色

妙門ゟ歳末祝儀眞綿代金百疋三等到來　内相府忠房公文通内々申承旨有之

未時著狩衣詣於前殿下忠煕公過日本座之儀畏申之令謁見給色々時勢之事

申承唯慨歎之外無之申刻過退出歸家　花園大夫濃裝束之事被尋之間

十五歳中著用十六歳春ゟ不著用旨申遣了

○廿七日戊午快晴

戸田越前守愼赦免家領舊復等御禮使者家老恒川七右衛門上京ニ付今朝

來予面會爲謝禮

太刀一腰馬代黄金三枚　年々米二百俵　別段類燒見舞屏風一双

競馬犬追物　掛物三箱一幅貳幅三幅對等
以上予江被贈之
端物料金百両　年々金七拾両
以上室章子江被贈之
白銀十枚宛　次郎丸保姫餘年姫等江被贈之家司以下家中男女一同小金被贈之有差不及注之
大和守段々盡力舊復成就ニ付分知一万石之儀可願申旨被談之兼々予所示遣也所存之趣委細示談之了又七右衛門ゟ土産海苔一箱半切一箱副山形某ゟ扇子料二百疋等進之　午斜參　内今日歳暮御祝儀學習院賞罰小番不闕賞幷山陵御修補成功賞等夫々可有之也　歳末御祝儀五百疋親王御肝煎ニ付五百疋別段當時御用多ニ付金五十両御厩御用白銀十枚等拜受如例以表使畏申了　學院出精之輩御褒詞於雁間殿下被示之兩役學院傳奏學頭等侍座又有恩賜於鷺間代被授之懈怠之人々於同所被誡

仰之　小番出精之賞於八景繪間女房被授賜物非藏人於同所廊下賜之
如例　山陵御修補成功賞殿下以下官家御用掛之輩被賞之柳原大納言
廣橋大納言野宮中納言等爲賞家侍取立之儀被　仰出其實內願也日來竊
聞之又判金二枚絹五疋ッヽ等三卿へ賜之其他有差又戸田越前守元祖忠
次被贈從四位下賜鞘卷御劒同大和守鞍置御馬一疋自余武家陪臣迄賜物
有差　事了入夜退出還第　戸田大和守來恩賜御褒詞御禮也　內
相府有書談　御厩詰鳥飼等來畏申歲末拜領物　去月移徙幷過日婚
姻等ニ付音物之先々答禮物今日數家遣之一々不遑錄之
○廿八日己未晴陰午剋以後快晴雲東行天氣長閑也
眉延姬化粧料金二十兩今日遣之　同人ゟ使來鏡餠一重酒一樽等到來
祝著々々　午斜著直衣參　內年始歲末等御用有之如例參集也未時退
出還家　爲理卿書通　浦嶋六郎兵衛關東家人也先比青江次家太刀身進上
之仍爲答禮金三十兩遣之此劒高價之品也然而有子細僅三十金遣之專戸

田和州所商量也　進鯣二連樽代銀一枚等於尹宮去月移徙祝儀被贈下之品有之件答禮所進也　自余移徙幷婚禮等ニ付贈物之家々答禮今日數軒遣之　松平肥後守歲末祝儀紗綾二卷鯛一掛等到來例也　賜鯛一掛於大島友之丞青木晟二郎（對州藩士也）等寒中到來物爲答禮所遣也　宝章子内々參詣于護淨院小時還家　三條西少將入來被賀本座　勅許之事　近年多用ニ付家内男女一同賜小金別段殊恩也

○廿九日（庚申快晴）

文通戶田和州去日被贈屛風料（金五十）之儀謝遣之贈筑前燒水指一箱中鷹紙五十枚等　午刻過著直衣（差籠）參陽明家賀申歲末次參准后殿同上　親王同申入如例次參　內歲末年始等御用取調多端也　武傳面會去比拜借金年賦返上當冬七十金可返上之處明春迄延引之儀談合之兩卿云拜借後間も無之事故當冬之處不及返上明年より可有返納尤右ニゐ無御差支云々仍自明冬可致返納示合置申刻退出　吉田社　下御靈社　聖廟等代

參歲末御禮申上夫々奉納物有之或青銅或金百疋等也　奉納金子千疋
於圓山御本尊今年無異繁昌金銀到來等有之ニ付爲畏申所献備也　遣使
於冷泉大夫許過日婚姻濟ニ付贈遣白蒸一重錫二連等又昨日眉延姫ゟ一
樽鏡餅等到來ニ付贈遣塩鯛一籠三十枚　戸田和州入來年々被相贈七十
俵代金百兩隨身被贈之室ゟ別段被贈金子自余家內男女一同有贈物其差
別如例　歲末賀使贈答所々有之　今年無異私家追々吉事連綿漸繁
榮迎此年稍祝著無限喜悅有餘者也　除夜　神供其余賀式等每年如家
風祝之欣賀之至也

續愚林記

慶應二年春夏

○公

○私

正月十五日公勝任侍従

●正二位前權大納言藤原實愛四十七歳

慶應二歳次丙寅年

●正月大

○一日辛酉陽光長閑六合和融

玉體安々私家繁榮迎此青陽春祝著之至也　丑剋斜沐浴著衣冠奴袴青鈍
藤圓參　内四方拜　出御詰也設御坐不　出御云々爲當番之間夫々申渡訖
退出丑半斜程也睡於爐邊天明前櫛盥等了浴如例此間東方白先是寅剋家
司洪胤汲若水　天曙著衣冠奴袴青鈍藤圓把笏傳來物先奉拜　天照皇太神
次　賢所　石清水八幡宮　賀茂下上　春日大明神　同若宮南京等合四箇所吉田
聖廟　多武峰　多賀大明神　御靈八所明神　大田社　年德神以上各兩段再拜
自余平日信仰神社奉拜如每朝又奉拜　天尊幷奠供如每日華水神酒燈香之外供鏡餅一重如恒
其外護身法九字印等修之如例　次拜黑戸祝著々々　室以下相賀壽
加年　齒固雜羹餅鏡餅屠蘇以下賀式如家例總而祝著々々　試筆愚詠三首

讀書始如方　任例奉納　御鈴料青銅二十疋　內侍所申下御供米祝著々々美濃守平洪胤參向今日天象長閑風雲景色靜旭日昇東山嶺陽光和暖心神自然長閑也　辰半斜著衣冠奴袴如先具笏參詣於　吉田社手水先奉拜　大宮兩段再拜先畏申且祈申詠進和詞一首向寶前心中浮思之儘詠進之　次奉拜　若宮總而如　大宮一首詠進同上　次參拜　太元宮以上奉納青銅如例有差　訖下向還第巳半斜也　小選更著衣冠奴袴參　內今日當番也　兩役參集以表使當賀申入御祝等如例　今日關白以下攝家中自長橋車寄參賀予參於長橋參臺殿承賀詞以表使申如例召　御前常御殿也關白以下一同召也　賜御祝了退出如例年　朝餉御齒固　出御如例春　於御學問所當役武傳等　御對面又如每年　今夜節會臨期無　出御內辨內府陣後早出日野大納言續內辨出仕人々不及注之亥半過節會了先是年始御盃被召予以下七人出座予爲第一之間先召之旨承之兒被申出參進賜　天盃第二帖目ニ在之　天酌頂戴之了置於三帖目三帖目之末方膝退賜小土器獻大土器ニ盛豆大根等等退下於便所常御殿坤廊下也　有獻此後退下元日不賜扇是例也早春速

一橋中納言年始祝儀太刀馬代白銀二枚等到來
五日答禮太刀馬代一枚遣之

賜　天盃殊祝著々々　今夜宿侍如例　今朝獻上鹽鯛二尾於　親王
御方例也（御肝煎之故也）目錄以下如例委曲注于昨年記　今日大和萬歲參入如
例年　來賀堂上數輩幷使者且參賀地下等數十輩有之　常陸宮被賜
下鶴縑硯等

○二日壬戌晴午剋以後陰入夜小雨灑氣候和暖

早旦退出還家　今日俗式如家風祝著々々　巳半時著直衣差貫詣殿
下第二條　賀申新年次參敏宮同上次詣近衞第同上次參准后　親王御同居也
依先　親王年甫御禮以表使申入准后同上申入レ夫々其報答有之如例（親王）
（御乳人准后上臈等出會也）次參　內　當賀申入以下如昨　大床子御膳　出御如例
於御學問所有　御對面如例　大床子御膳陪膳以左中辨勝長朝臣益供
右中將隆韶朝臣藏人左少辨長邦六位可尋每事如例歟事了申剋退出
新年來賀堂上地下等數十輩　常陸宮に進菓海鼠腸等

○三日癸亥晴陰不定夕霽

年始式如家例　午斜著直衣奴袴（藤圓青鈍）參　内今日　親王家華族大臣著莚衆等御禮也尹宮式部卿宮常陸宮等參上花族大臣皆不參也著莚輩御禮等如例未時許事了　御學問所武傳近習外樣小番御免等　御對面有之當賀又如例　申時退出向尹宮賀申年甫宮面會祝酒等有之談中世事移漏退出向九條家賀申新年次還家　菊亭使來白馬奏問取計之儀願來新年來賀堂上地下幷使等多來此中安立（達）清一郎進太刀馬代銀三十兩等五日答禮肴料遣銀三枚了

○四日甲子快晴春光漸加風長閑日暖

柳原大納言今日拜賀也（去冬十二月廿三日任）遣太刀目錄幷酒一樽等後剋答禮肴一折幷太刀馬折紙等　午剋著衣冠差貫（青鈍藤圓）向柳原第賀拜賀次參　内

今日外樣輩幷在京武家等年始御禮也　一橋中納言以下參上當役出會有之　未時過於常御殿先著御御直衣（山科宰相宮内卿奉仕之）出御於小御所先外樣衆　御對面如例獨禮也六位在此未又元服後御禮等了次一橋以下武家總

五日肥後守へ答禮太刀馬代銀一枚等遣之

禮也（一橋下段自南庇也如例）余次松平民部大輔初度參内之間獨禮拜天顏賜御盃了入御如例申半過退出歸第御對面武士等來畏申如例松平民部大輔初參内ニ付賜太刀馬代銀二枚等松平肥後守年始太刀馬代一枚等到來今日披露始如例十九人加階有之此人々來申御禮如例今日上階之輩三人有之侍從右馬權頭左京大夫等及闕依之侍從申望之事一族申合有之小童次郎丸可申上治定了秋元但馬守家老大陽寺四郎左衞門來上京ニ付安否訪問也金三千疋到來大陽寺進絹一反海苔一箱等來賀堂上地下使等多來此中嶋津伊勢進太刀馬（代銀一枚）等昨日頭左中辨賜消息云

追言上剋限辰一點候也

白馬節會左右馬寮役御馬之事任例可被下知給依先内々申入候也誠恐謹言

正月三日　勝長

ゟ三條前大納言殿　勝長
報領狀請文後日可遣旨了　今日召左右馬寮下知之右寮重服ニ付願申
代勤卽奉行勝長朝臣許ニ願書差出如例家僕商量也五日代勤如願被聞食旨奉行被示之卽下知代勤本人來申御禮
○五日乙丑快晴南風風光彌長閑春景漸深
義亮法師來年頭　御寶札隨身之卽奠供如例祝著々々年始供進鏡餅遣彼
者宜計相托了彼法師進扇子一箱賜同五握盃一口等　前左衞門督來賀
面談世事　午斜著直衣奴袴參　內千秋萬歲詣如例　前關白殿參會
之間小童侍從申上之儀申入可然旨被命之拜任懇願宜被含申入今日當職
ニ可被談置由被答命之　申時許退出　來賀數十輩此中公允朝臣面
會此次彼朝臣中將申望拜任懇願之旨被相賴可含置相答了　柳原大納
言直衣始遣賀使　所司代松平越中守役邸ニ遣使大樹ニ年賀令申述之
如例年　今日領邑三年ヶ所農長等年始參賀予參　內中之故不面會賜

祝酒餅等進上物如例　今夕任家例室以下祝酒勸酬有之家內男女賜盃
遣酒肴祝著々々
○六日丙寅晴午剋陰自晡時前雨降
今日　先帝御忌日故不出仕辨備私用　大樹先比上洛濟其後下阪ニ付
白銀七十枚被相賜旨自武傳被達之　戸田和三郞以下來賀地下數輩於
戸田ヵ面會有之　左右馬寮兩人來依白馬奏左右二通令諸太夫（隱岐守範忠）
相渡之
上杉式部大輔明日上京ニ付綿五把到來
○七日丁卯宿雨晴天氣清朗
巳上剋著衣冠奴袴（青鈍藤丸）參拜　御靈社（兩段再拜先畏申且祈申詠進一首和謌表吉瑞祝著々々奉納青銅三十疋申出御札如例）
新年不相變遂參拜祝著之至也卽還家　午時前著衣冠差貫參　內當番
也　青馬宴會事々相具之間上散狀以下且言上具由午半被始陣　出御
先於朝餉覽外任奏次著御御束帶　出御于南殿內侍二人捧劍璽供奉命婦

左右二通共家僕兩人執筆之
此寫拭老眼相寫之間甚細字不分明也又書躰別紙ニ在之

左奏

左馬寮謹奏
合白馬壹拾壹匹
一七 頭安倍朝臣泰顯貢葦毛
權守藤原朝臣實知貢葦毛
助藤原朝臣懷產貢葦毛
權助源朝臣元泰貢葦毛
大允源朝臣友將貢葦毛
少允源朝臣友明貢葦毛
二七 少允……………
大……………
……………
……………
三七 頭……………
……………
……………

今年左壹拾壹疋右壹拾疋左右隔年也
右權頭當時闕官也依總ゟ不注名是例也
助義風昨年之通町奉行所ニ在之依本人不加署躰ニ注之先例也

右奏

右馬寮謹奏
合白馬壹拾疋
一七 頭源朝臣惟賢貢葦毛
助藤原朝臣義風貢葦毛
權助藤原朝臣誼益貢葦毛
大允藤原朝臣正信貢葦毛
二七 大允……………
……………
……………
三七 頭……………
大……………
右任例謹 奏如件
正六位下行大允藤原朝臣正信
從五位上行權助藤原朝臣誼益
慶應二年正月七日

正五位下行助藤原朝臣
從四位上行頭源朝臣惟賢
御監正二位行權大納言兼右近衛大將藤原朝臣

右任例謹　奏如件
正六位上行少允源朝臣友明
從五位下行大允源朝臣友將
從四位下行權助源朝臣元泰
慶應二年正月七日
從四位上行助藤原朝臣懷產
正四位下行權頭藤原朝臣實知
正四位下行頭　安倍朝臣泰顯
御監內大臣正二位兼行左近衛大將藤原

二人同奉從豐房朝臣候御裾勝長朝臣供御插鞋御靴等長邦持式莒如例於御裝物所改著御靴給之後　出御于御帳臺先是於朝餉予伺申　入御之期二獻御酒勅使之後　入御之旨被　仰下依相役武傳奉行職事近習等申渡了　內侍自御屛風中出臨東檻(資生引導之)暫居退入次內辨內府謝座了(兩儀故早)(速謝座了)昇殿著座次開門次問闈司次召舍人(二音)少納言著版內辨仰可召刀禰由(此間之事爲白晝之故陣官一々不告申內辨見定而直ニ被仰之)次外辨右大將以下參列標下內辨宣敷尹(又直ニ被仰之)次謝座謝酒了昇殿著座次內辨(左大將)右大將等下殿(先是日野大納言以下禮于內府之人々)先下殿

取白馬奏加署了昇殿奏之（此間兩役以下暫退入於御後）次白馬渡歟此間予休息於役所故不
及見次第事了御酒勅使宰相中將復座之間予以下退入於御後次　入御如
例此後於中殿白馬御覽有之如例
酉下剋宴了言上有之　賜御點人

々公卿

（臨期不參）關白左大臣齊敬　（臨期不參）右大臣公純　內大臣忠房（左大將內辨）
右大將家信　醍醐大納言忠順（內敎坊）　日野大納言光愛
冷泉中納言爲理　野宮中納言定功　右衞門督長順
（謝酒了早出）山科宰相言成　（御酒勅使宣命使）宰相中將公誠　（雜事綠所）公賀朝臣
右兵衞督基政　左衞門督行知　新侍從三位良義
少納言修長朝臣　辨長邦
次將左（劍內侍扶持）隆晃朝臣　公香朝臣　公允朝臣　宗禮朝臣　雅望朝臣
同右

隆韶朝臣（權内侍扶持）　通致朝臣　師前朝臣　公靜朝臣　實政朝臣　今夜宿侍

右衛門督今日拜賀也（去年十二月廿三日任權中納言）　遣使贈太刀馬如例（有答禮之）

如例　年甫來賀數輩

○八日戊辰陰雨入夜沛然及曉更雨脚休止

早朝退出還家　未時著雁衣（秘色香厚細袖）向轉法輪賀年甫此次小童次郎丸侍從申望之儀及相談拾遺公恭出會祝酒并一獻等被相勸侍從申上之事珍重之旨答之雜談移時出此亭次詣于近衛家侍從申上之事申入　小折紙覽之且拜任懇望之趣願意注一紙覽之總而無前後願書被留置猶當職可被談旨等被答之（申次近藤式部少輔）件願書云

今度愚息公勝侍從拜任之儀實所懇願候幼稚理運ニ相願恐懼至極候得共侍從加員之後諸家近例よりも早速拜任之輩不少ニ付而ハ家例ニも相協候儀何卒蒙　恩許度奉伏願候恐多候得とも昨冬權大納言辭退之節奉願置候趣も有之蒙　御憐許候ハ深々奉畏入候不存寄本座　宣下

とも蒙り過分之　寵恩之上猶又企望仕候段畏縮仕候得共懇願難默止
不省惶懼先々　御內慮奉伺旁此段奉願候若不苦被　思召候ハヽ何卒厚
御勘考之程偏ニ奉伏願候也

正月八日　實愛

近衛殿家司中

次向頭左中辨第申文披露之儀相賴承諾也申文寫左

中鷹紙三ツ折以紙表爲面如例

無官之時如此位ヲ書在官之時官ヲカク

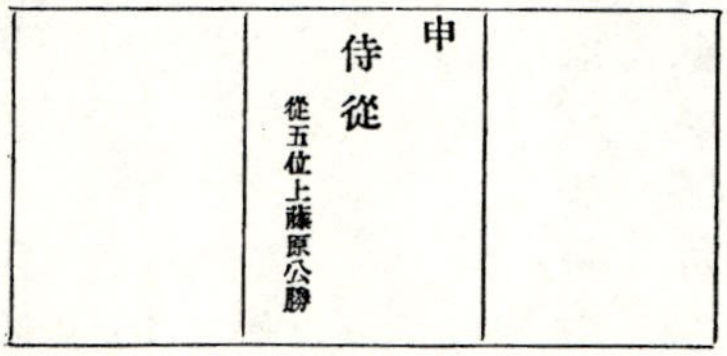

例書小奉書四ツ折書行如圖

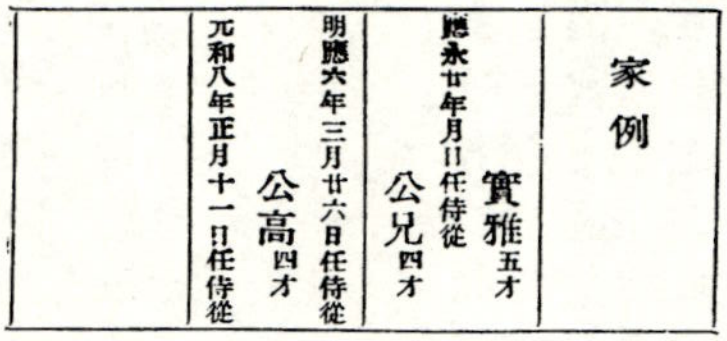

小包大ナチシチ用ユツ、ミ形如圖中文例書等一ツニツ、ミコムル也

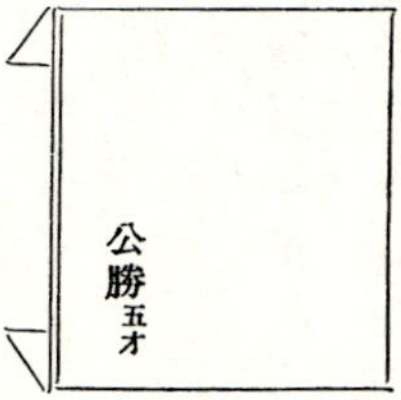

オノ字皆歳ノ字ヲ書也

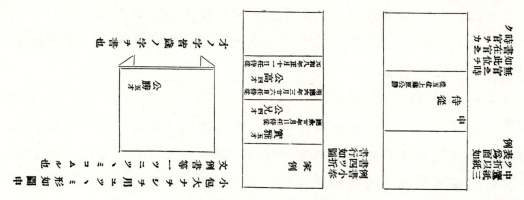

十一日所司代松平越中守役宅へ遣使白銀七十枚被贈之挨拶申遣之

次向常陸宮賀年始申置于諸大夫次詣于前關白第同上前殿下被面會被勸祝酒此次侍從中置之儀委曲申入之去五日殿下被談置之旨被命之次向三條西賀年始少將面會次還家　自妙門室年甫祝儀金貳百疋昆布一箱等到來
上杉式部大輔來三ヶ月詰上京屆也　小笠原壹岐守入洛之旨屆使來
左右馬寮屆申昨日白馬宴無異之旨來賀新年數輩　松尾社司來願申彼社祭祀再興之儀殿下以下所々出願之旨也進酒二樽

○九日己巳陰時々小雨雲東南行午後屬晴入夜又陰深更雨

今日外樣門跡并入道等御禮各不參之旨自當番觸來　大樹使由良侍從高家也來口上書隨身之左云

見返し付札アリ　正親町三條大納言殿

上洛相濟近々下坂ニ付白銀七拾枚。右之通被贈之

家司隱岐守藤範忠出逢參　內中之間退出之上可披露旨答之是家例右之取扱也於白銀ハ去日武傳飛鳥井ゟ被達之　年頭來賀數輩此中戶田和

州面會祝酒勸酬有之　公愛朝臣來需愚詠染筆　今日准后御方へ
出御始云々
○十日庚午雨下雲南行午剋後晴雲行不定
巳半斜著直衣奴袴向戸田和州第賀新年夫婦面會次參　内今日本願寺前
大僧正同新門新々門等三人參　内且諸禮也　未半過　出御如例先本
願寺次院家次諸寺次非藏人等相濟暫　入御於北庇供改御座了更　出御
田中坊醫師等　御對面訖　入御此後逐電退出還家　御對面御禮僧俗
皆來然而於本願寺ハ不來流例也　戸田和州來謝今朝行賀之事　來
賀數輩有之
○十一日辛未陰時々細雨餘寒凜烈北山雪白
神宮奏事始可出仕之處去八日來左脚發腫物其惱有之依今日不參相役觸
遣了　召醫師令診察非重事旨申之用藥　大野又七郎來面談　松
平丹波守年甫賀使林喜左衞門來太刀馬代（白銀三枚）同上次郎丸に（但馬代白銀二枚）自

十三日 丹波守僕旅宿へ遣使答禮贈

太刀馬代銀一枚
予ゟ同上
次郎丸ゟ銀一枚
婚禮濟答禮
同上
林へ祝酒料
以上遣之了

余室等贈物有之又昨冬眉延姫婚禮濟祝儀五百疋等到來林より進金七百疋予面會遣熨斗昆布賜物短册掛扇五本盃二口等有之室同面會林ゟ進物有之室有賜物

來賀堂上十人地下數輩有之　廻章到來左云御會始奉行左大辨宰相經之所觸出廻文也

青柳風靜

右和歌題來廿四日御會始可有披講各可令豫參給之旨被　仰下候也

正月八日　經之

四ッ折云

當日巳剋迄御詠進之事

加奉返却了十二日被改日限廿三日之旨經之卿觸示之依殿下正忌難被詠進之間被改日限候由也

○十二日壬申晴雲南行時々小雪散剩寒殊甚

辰上剋著衣冠奴袴參　內今日當番　賀茂奏事始也巳剋前御服御手水訖出御于小御所東庇御座一社傳奏六條中納言有容位袍白單淺黃差貫著圓座讀奏事目錄遣天許了　入御於上段此後退下如例於石灰壇有　御拜每事如例年

狀於河鰭大夫今度侍從闕小童次郎丸申望之儀ニ付有示遣之趣是一門順番申上之間此度彼大夫順番之處入魂所申遣也此事去四日以園池少將豫所談置也　前左衛門督參會於閑所談世事數剋　今夜宿直如例

柳原亞相來謝拜賀之日行賀之事新年來賀堂上以下數十輩　堀田相摸守來三ヶ月詰滿御暇近々出立ニ付爲暇乞所來也　御修法法務理性院大僧正使來贈御團　內相府賜狀侍從申望之儀內願之趣殿下ゟ內奏之間申文勝手可差出旨被命之　室參詣　御靈社幷護淨院等卽時還渡

○十三日癸酉快晴巳剋後雲出北風寒吹入夜薄曇

卯半剋退出歸宅　進返狀於內相府昨日被示下之趣謝申了　恒川七右衛門來賀年甫面會自余來賀地下數輩有之　前左衛門督河鰭大夫等文通　遣短册掛一箱於堀田相摸守餞別歸國彼僕馬場志津馬賜扇盃等

保姬向於濱姬方家暫可逗留也　腫物又一發頗難澁也然共非重事

○十四日甲戌陰雲東北行或西步東風巳時後雨及夕屬晴

巳半斜著衣冠奴袴向鷹司園池一條德大寺等賀新年次參　內御修法々務
理性院宮大僧正行雅參　內也申剋過　出御　御對面御加持如例了　入
御　　左右權頭攝家諸大夫申望度此比右權頭闕ニ付申上度申立今朝願
之通被　聞食了云々然而堂上之輩競望既四人申文差出有之右堂上申文
被爲引取地下申上之條不當從來規則堂上申文出有之跡ゟ地下差出之時
ハ地下爲引之儀假令以前地下差出有之跡ゟ堂上六位藏人等申文出之時
ハ猶地下爲引取之段定例況此度反之旁以不可然旨相役申談以狀殿下申
入之處可伺改由被答示依　出御之便言上之處可爲如伺被　仰下更其趣
殿下江申入畢　御厩本建物暫被相見合假建物可被取立歟之旨武傳飛
鳥井中納言被談假建不可然非假御厩之上御厩假建不當之旨相答了
申半過御用了退出　　堀田相州使來謝昨日餞別贈物自分賜物畏申之馬
場志津馬爲使所來也
○十五日乙亥晴陰北風雲南行

當日賀式如例　小笠原壹岐守年甫使來且賀昨冬移徙白銀十枚到來
親王御方御使鳥飼來元日獻上物鹽鯛二尾御返金二百疋賜之可直答之處差支之
間依浴中不能直答旨相報尚可參謝由答申了　重德卿西郷吉之助薩人等
來談世事　午斜著位袍差貫參于　親王御直廬畏申今朝賜物執事中置之次
參　內當賀　御對面等如例此後可退出之處今夜御吉書三毬打詰可參仕
退出之間無之故直在　朝自余相役各退出了　申半斜　勅問職事歸參
勅答獻上小時競望賜御點御爪點也公勝拜任侍從之旨當番胤保卿示之先安喜
之至也小選頭左中辨勝長朝臣送消息云
賢息侍從之事
敕許候珍重存候仍早々申入候也誠恐謹言
正月十五日　勝長
〆三條前大言納殿　勝長
謹奉之請文自是之旨相報了向於藏人所謝披露之勞了　抑今度公勝侍

從拜任之儀實ニ殊恩也近代多七八歳令任給之處此度五歳拜任過分之至
也然而近比侍從賀員之後凡家之輩超父祖近例早速被任人々不少依去八
日陽明家迄願申之處其后殿下ゟ被申入殿下具ニ被奏上今日無相違蒙
天許今度競望年長理運之輩非無之處幼稚之公勝蒙拔擢偏ニ是　聖恩深
畏存亦殿下執奏前殿下内相府等厚配尤所悅喜也昨年來吉慶連綿今又早
春有此歡追々繁榮祝著欣悅有余也　以表使申入御禮如例有報答此便
長橋局傳言被相賀　戌時過御吉書三毬打　出御仍詰候如例　不事
了之間早出御禮可廻勤之間相役所入魂也卽退出廻勤（相役不及行向是相互入魂如此）
○親王（取次申置）○准后（同上）○殿下以下勅問衆五家（但殿下内相府等段々厚配之禮以封書申述置了）○披露
職事（甘露寺取次言置）○轉法輪（任近例所風聽也）
亥剋過廻勤了還家　所々風聽等如例但多及明日　退出之後告于神
佛畏申了　上下祝酒等有之祝著々々　年甫來賀數輩　戸田和州
山陵御修補成功ニ付自幕府時服五相授之旨有風聽　公靜朝臣文通

○十六日丙子晴午剋以後晴陰不定夕陰入夜晴月明

辰半剋詣于前殿下第昨日侍從拜任御禮申入以前段々厚配偏御庇蔭之事深畏存旨以封書申入前殿下被報之御同慶之旨且可被謁見之處來人面談中故不能其儀由云々卽退出還家　遣請文於頭左中辨勝長朝臣許左云

公勝侍從之事

勅許之旨謹畏奉候也謹言

正月十五日　實愛

ゟ　實愛

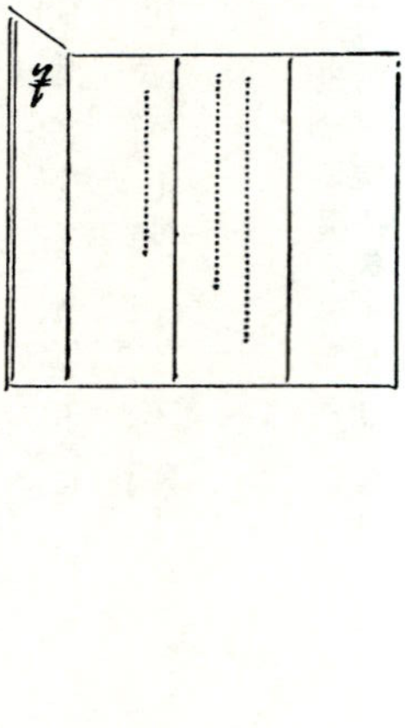

且披露挨拶金貳百疋贈之參　內中云々　戶田和州來賀後時同人ゟ爲祝賀被贈干鯛一箱樽代白銀三枚等使者へ引出物金百疋賜之　松平越中守來年帀禮云々自余猶一兩人來賀年始地下有之　侍從拜任歡使自所々多來　腫物凝痛之間午後平臥加養　三條西少將來賀侍從拜任之事　今夜節會詰難出仕之間相役柳原亞相へ以狀申遣了　宴會出

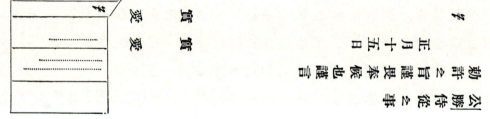

仕人々一門親縁等以使相訪了　今朝如例月　本尊ニ奉納三百疋卽御
賓牘來臨給如毎月奉奠祭
○十七日丁丑晴陰雲南行北風寒吹入夜雲收快霽
今日三毬打詰依所勞不參之由相役柳原亞相ニ申遣了此次小番以下不參
等之儀示合之了　戸田和州ニ昨日答禮太刀馬代白銀一枚贈之　石
淸水御社ニ範忠以下僕參拜ニ付奉納金百疋　侍從丸公勝來一昨日拜
任之儀告示之祝著々々兩三日可有逗留也　園池少將來賀侍從拜任
勾當掌侍廻文來舞　御覽可祗候旨被觸之　自所々侍從拜任賀使來
右府公純極位　宣下有風聽遣賀使了
○十八日戊寅晴南風雲北行東風荒吹深夜雨下
今日東本願寺年始御供也予不參相役示遣了又腫物容體兩三日中難得出
仕之間自明日到廿一日日々不參之儀宜被含置旨同申入了　猿舞來如例
年令舞祝著々々　保姫自今城室家還來去十三日行向今日迄所逗留也

○十九日己卯陰雨及夕景屬晴北風寒雲南行
舞　御覽不參兼日相役觸置之然而長橋奏者所如例不參之儀申入訖
侍從丸向於戸田和州家年始初而也被勸祝酒飯菓等隨身酒肴小時還渡後
時遣使者挨拶今申述之了　腫物今日減快神妙々々

（明日御評議明後日御延引之旨申來）

○二十日庚辰晴雲南行北風午後天氣長閑
明日法中御禮各不參之旨觸來　明日國事御評議之趣自當番被觸之
書通前左衛門督　東本願寺使來一昨日參　内ニ付干鯛一箱樽代金三
百疋等到來　大野又七郎來　花園大夫來賀侍從　宣下之事　明
廿一日　賢所御法樂詠進和謌依所勞不能清書之間奉行源中納言ニ清書
之事以狀賴遣之（御短返上之詠哥注于四折以書狀賴遣之是例也）所勞不能清書之時當奉行ニ清書相賴
定例也領狀之旨報之　藏人權辨資生迯消息云
大原野祭左右馬寮役　禮紙追言上來月一日支干相當
御馬之事任例可令　可令存知給候也

下知給者依
天氣言上如件
正月二十日權右中辨資生
進上三條前大納言殿
上包
進上三條前大納言殿權右中辨資生

報領狀請文自是可遣由了　前條　大原野祭之儀下知于左右馬寮之處
右寮代勤願書直出之即奉行藏人權辨許ゝ令差出了　戸田文次郎ゟ年
甫賀狀海苔一箱等來

○廿一日辛巳薄陰巳時後晴夕又陰入夜雨降
前左衛門督重德來乍病褥數剋談世事不遑記之　侍從丸還向于松个崎
村　戸田和三郎來訪自明日出立太神宮幷豐川明神等參詣此次三川國
總持寺へ可立寄旨等被談之　贈丹酒一樽臺嶋於戸田和三郎餞別出立此
次三州岡崎總持寺上人幷附弟覺槃等へ言傳之品頼遣之　進肴一臺五種
於前殿下公勝侍從拜任之儀厚畏存之旨以狀申入之彼是厚配之段畏申了

同前內相府進上之（全同前也）同厚畏申入了　內府從一位御推叙（被辭左大臣）賜隨身兵仗來廿八日拜賀同三十日直衣始等被相催ニ付右之段門弟中被風聽且右ニ付進上物堅斷之旨被示之趣四辻前大納言所觸出之廻文來即時順達于西洞院左兵衛督許了　腫物追日順快也然共猶平臥

○廿二日壬午雨降午時後晴雲南行余寒强

前殿下賜狀被謝下昨日進上物之儀　內相府前左衛門督公愛朝臣等文通今日老中并一橋會津桑名等參　內防長處置之儀言上ニ付所存申入談申之趣等有之　今日同上并國事御評議等不參之旨相役示遣了　三條西少將來有相談之儀不遑記之　大原野祭右馬寮代勤依請被　聞召之旨藏人權辨招僕於非藏人口申渡卽刻下知之後時代勤人體來申御請

戌時許相役廣橋亞相送狀云

一會桑老中參上殿下以下面會候處別紙之通大樹言上之旨ニ候他ニ演舌ハ何も無之候右露顯不致已前他ゟ所置振相聞候而ハ不宜大事件

之間國事掛之外他言無之樣願ニ候御所存有之候ハヽ可被仰上殿下
被命候仍申入候御答承度候也

正月廿二日　胤保

三條殿

別帋云

毛利大膳父子家政向不行届家來共一昨年七月父子黑印之軍令狀所
持京都ヘ亂入奉對
禁闕及炮發候段不恐
天朝所業不屆至極ニ付大膳父子可處嚴科處益田右衞門介福原越後
國司信濃等於出先條々之主意取失非禮非義之及暴動候ニ付三人斬
首之上備實撿幷參謀之者共夫々加誅戮任用失人候段深恐入悔悟伏
罪相愼罷在候趣自判之書ヲ以申立猶其後疑敷件々相聞候ニ付永井
主水正戸川鉡三郎松野孫八郎差遣相糺候段彌恭順謹愼罷在候趣ニ

付於大膳父子朝敵之罪同ニ相除候乍去畢竟不明紼御之道ヲ失家來之者犯朝敵之名候段其科不輕雖然祖先以來之忠勤ヲ思ヒ格別寛大之主意ヲ以高之内十萬石取上大膳ニ蟄居隱居長門ニ永蟄居家督之儀ニ可然者相撰可申付候右衞門介越後信濃家名之儀ニ永世可爲斷絶候此段遂　奏聞候以上

正月

報答書遣之聊存旨申之左云

幕府言上之趣刑典も相立寛宥も相屆相當之處置も可有之存候尙又於

朝廷一層之寛典を被施候ニ彌以可致感戴

天恩左候而先年來勤王を被　思食候筋も相立候儀与奉存候併何ぞニも言上之通ニ被決候儀ニも候ニ十萬石削封取扱振ニ而品々相違も可有之候間右取扱方篤与御聞取之儀与奉存候此外別段愚考無御

座所存御尋恐入候宜御取繕可給候也

正月廿二日　　　　　實愛

廣橋殿

及四更過又相役久世ゟ御返答書寫被為見之如左

長防處置之儀祖先より勤功も有之候ニ付寛典を被行候　思食候處

今度決議之趣言上被　聞食候猶國內平穩奉安

宸襟候樣被　仰出候事

御決議被　仰出之上ハ不能是非慷慨之外無他

○廿三日癸未晴雲南行余寒甚北風寒

今日公宴御會始也詠進懷紙以使者屬于奉行左大丞相公今日　宮中ニ差出（今朝ゟ奉行參内於內所取量也）左大丞落手之旨使報申之　前左衛門督（重德）來談昨日參　內之間昨夜之次第巨細被談之毎事恐入之外無之　小原二兵衛（戸田助三郎家老）來於病床

切紙云　口述

御會始和謌令詠近日依歡樂不能
持參宜預御沙汰也
正月廿三日　實愛
左大辨宰相殿

懷紙中鷹以表爲面堅鐵尺一尺貳寸余横見計凡格好宜程ニナル凡如此圖

春日同詠青柳風靜
和謌
正二位藤原實愛
青柳のいとに多
うにて乃とゝふはかせ
れをゝさを何よ見
るゑ哉

端作如此前官之人不書官位計書載之如圖和哥九十九三ニ認之

巻整タル形如此

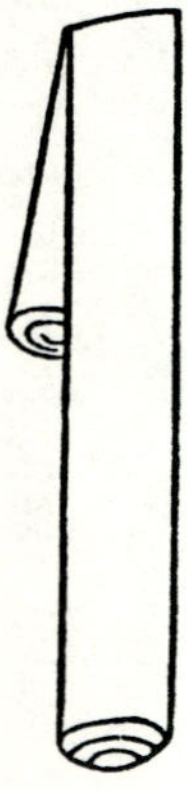

懷紙剪帋等納于短册
文匣加封名遣之

廿七日答禮

小笠原旅宿へ答禮使遣之相應令述之了

面會進上養老酒二瓶金千疋等家僕等へ有贈物遣茶菓賜包物扇五本三ッ重盃陶器硯一面帋入多葉粉入等
小笠原壹岐守老中也來賀年甫且兩敬之間疎情之處昨年來懇親本意之至旨
等申置云々　長防之儀ニ付內大臣被申立之趣雖不被採用爲心得被示
聞置之旨相役ゟ申來內府被申立寫被爲見之至當之儀不被採用之條遺憾
之至也每事如此悲歎々々　稻葉民部大輔使來當春三ヶ月詰上京ニ付
宜賴存之旨申越之白銀五枚贈之　富田大和守納御札祝著々々如例進
御初穗者也　十津河鄉士吉田俊男進土産年魚糟漬五尾　予腫物追

賜鳩味噌漬一桶

々減快喜悦之至也雖然猶行座共未得自由之儀平臥

○廿四日甲申快晴風自南方來

安立（違）清一郎因州藩熊谷兵衛藝州藩來在臥床面會談世事　園池少將來被談

來卅日內相府直衣始扈從出仕ニ付衣體僮僕等之事衣體直衣帶劔野太刀可

然僮僕布衣隨身小舍人童雜色四人等可然加諷諫自余進退之儀等同敎訓

了此次花園大夫家業稽古之儀幷彼家內取締之事答示合了

○廿五日乙酉晴雲南行南風寒

裏辻少將來在于臥床談世事相互慷慨之外無他　松平肥後守來年頭祝

詞申置且訪予腫物云々　藏人左少辨長邦送封中云

翌廿六日收封返却之
同廿七日御厩に加下知了

來月十八日　春日祭參向ニ付

一疋　園中將

同　清閑寺侍從

同　花園大夫

右御馬拜借之事

前日十七日子刻迄ニ里亭ゟ可引立御下知給候也

正月廿五日　長邦

三條前大納言殿

領掌之旨了　左大將實良卿以使被示送云來二月八日拜賀ニ付可有招請之處省略中猶追而可有招請云々攝關家慶事日兩役招請定例也　以狀博陸許ゟ進書棚一箱是公勝侍從拜任之儀殿下厚被執奏ニ付謝申之博陸被送返翰祝著悅喜之旨被示下之　聖廟代參如例月（備進御膳料）

○廿六日（丙戌晴陰不定午刻後薄雲自晩景小雨灑）

書通戸田大和守舊臘被贈七拾俵代料之儀謝遣之贈小衝立一基（絹地鷹狩圖圓山應文筆）後時和州來謝種々內談之儀有之　予腫物追日順快然而平癒遲々可經日數之儀永理之儀今日相役并加勢卿　親王三卿等ゟ觸示了　遣使於松平肥後守邸昨日入來答禮令述之了　光愛卿公愛朝臣等有文通

○廿七日丁亥雨降巳時以後雨休午後屬晴

舊冬移徙ニ付自花園被贈書棚答禮多葉粉盆綿二屯砂糖一箱今日遣之了遣肴料白銀一枚於嶋津伊勢過日年始祝儀太刀馬代白銀一枚進上答禮所賜也　三條西少將來面會來月八日一條左大將著陣ニ付被相語合領狀否之儀且進退以下條々被談合之不遑記之　轉法輪侍從加級申上之儀以柳田木工少允被談之可然旨相答訖　松平丹波守ゟ侍從　宣下歡太刀馬代白銀二枚到來　腫物追々順快喜悅々々

答禮太刀馬代白銀一枚遣之了

○廿八日戊子晴陰雲北步午剋以後快晴

內相府今日被奏慶賀去十八日從一位推叙賜隨身兵仗仍可參賀之處因歡樂不能祗候旨以隱岐守藤範忠令述之太刀馬（馬代入魂）折紙（中鷹二枚重三ッ折如例稱號官等ヲ書也）前殿下內府等兩公へ進上之　殿下以內狀被訪下予所勞賜交肴（五種見事鮮鱗也）進返翰厚畏申了　重德卿公愛朝臣等文通　腫物順快神妙々々

○廿九日己丑晴風自南吹來時々薄陰

妙門院家勝安養院附弟普應院少僧都中大僧都小折紙內覽之儀賴來預置之　東本願寺使來東大谷再建　綸旨頂戴御禮白銀七枚到來　書通公愛朝臣　植原六郎左衛門作州津山臣賀年甫獻年魚粕漬一樽

○三十日庚寅晴但薄陰南風夕晴

內相府直衣始云々以範忠賀申之　南部美濃守家臣高橋儀助來日來館入之儀願申許容今日初而來進太刀馬代白銀五枚諸大夫二人贈金五百疋云々他日可面會旨相示了　戸田越前守家領舊復ニ付年々米二百俵宛可贈旨舊臘家老恒川七右衛門來申之自當寅年每歲可到來也今日山田善兵衛隨身進之二百俵代金三百貳拾六兩三分也今年米價騰貴之間如此年々可有異同也　舊臘所讓受備中國青江次家作太刀身代料舊年金子三十金先所遣置今日更二十金加增遣之都合五十兩也右山田善兵衛へ相渡自戸田和州先方へ可傳渡也　內相府被下狀　尹宮被下狀被尋所勞被贈下鮎粕漬一桶　賜丹酒一斗入一樽於恒川七右衛門旅寓訪安否後時同人來謝申之　濃州靈松院來伺申安否

進蜂谷柹一箱賜扇子盃等　予腫物追日順快仍今日梳髮浴湯清身體改
衣服尤欣悅之至也　近日白梅漸過紅梅盛開青柳深染
●二月小
○一日辛卯快晴霞深午後東風吹雲東北行時々陰
當日幸甚々々　去月十七日以來腫物不能沐浴仍每朝　神佛奉拜憚之
處順快昨日豫清身體今朝沐浴奉拜　神佛如每朝祝著々々　天尊奉拜
奠供又復于平日喜悅々々　今日於家內亥申剋（或午後迄）迄禁食魚鳥飮酒但
是一身謹愼也非誓約于　本尊唯所誡也　戸田大和守來賀且內々相談
之趣有之　義亮法師來面會此次白銀五枚奉納于　本尊相渡訖近日金
銀到來有之間所奉備進也　公允公靜等朝臣來有被相談之儀　藏人
左少辨長邦送消息云
賀茂祭右馬寮役御馬之事任例可令下知給候也長邦誠恐謹言
二月一日　長邦

ゟ三條前大納言殿　長邦

答領狀請文自是可遣旨訖　卽下知于右馬寮之處依所勞代勤（西園寺家侍山口右馬大）
允願書差出之直奉行藏人左少辨第に令出了　轉法輪侍從正四位下申
望小折紙被爲見之答無子細旨了

○二日（壬辰晴陰東風荒雲東北行午後西南風烈時々雨下及夕風休屬晴入夜又風荒）
光愛重德等卿書通有之　花園大夫來談之儀有之　春日祭右馬寮代
勤依請被　聞食之旨藏人左少辨示達之卽下知之後時代勤出仕山口右馬
大允來畏申參勤之事

○三日（癸巳晴雲南行西風荒寒又北風午後快霽）
大和守忠至來談　上杉式部大輔來今日參　內　御對面賜　天盃御禮
也　妙心寺興感禪師來參　內　御對面御禮也　前關白內府兩公ゟ去
月廿八日進上太刀馬答禮來　八條前中納言前左衞門督等有書通
光愛卿同上　久世宰相中將辭參議左近衞權中將等之旨觸來

○四日甲午快晴午剋以後陰入夜屬霽

上杉式部大輔昨日參　内濟ニ付太刀馬代銀五枚來　鳥山三河介來春日祭參向人々御馬拜借ニ付假馬繫取建申立之儀伺申之可爲其分示答了　初午稻荷諸雜人爲群云々

○五日乙未晴時々陰及夕陰

三條西少將再度入來來八日左大將著陣ニ付兼而被相語領狀之處執筆作法轉法輪說可相傳之處當時幼少且傳書不相分若一昨年騷擾之時入紛歟早速不得出現仍無據內々其子細申入于左幕下稱痛所可被辭歟示合了

妙門里坊中院中納言借用之儀彌被申立ニ付可申達旨武傳權中納言示送之仍直達于彼里坊之處御請之旨申來　長吏宮附弟泰宮來九日　親王宣下當日可有招請之處紛雜ニ付理之旨申來　秋元但馬守家老太陽寺四郎左衞門來伺申安否進松魚一箱爲訪問旅中賜年魚粕漬一樽　腫物追日順快大凡復平日然而凝結有所未散歟頗有煩之間未得出仕

後時彌相理了之旨以僕被示越之

○六日丙申晴陰雲北行或西歩東風及深夜雨降去

公允朝臣來談昨日被示合執筆作法之儀轉法輪傳書入紛未出現ニ付清水谷中納言へ內々其旨申談理之旨被示合之處清水谷先代轉法輪傳書相傳有之間以件趣可被爲勤仕哉之旨被談之仍一應被相談由之清水谷所傳之書物曉心院左府次第云々以件書相傳之譯ニハ難相成間可被理但一應轉法輪へ可被示合趣相答了

野宮黃門送狀云御厩假建之方相願度旨再三附武士申立之趣如何可然哉之旨被示之於今ㇵ別存無之可然可被決定相報了此事甚不當之至之於武傳幷相役等ㇵ無異議之處全予張所存之間如申立難被決旨武傳內々附武士等へ談合ニ付過日戶田和州へ附武士ゟ相賴予可同意旨願申雖不甘前條之趣故主張所存無益之間如先相報了每事如此慨歎且可憎之所爲也

義亮法師來或方ゟ被賴請自來九日開白百日之間可修華水供仍自明日可引取於智積院澤寮旨申之且彼僧院號從來所用不可之間可撰遣旨過日願申之仍撰定無量壽院淸書之相授了

九日贈青物寺門へ備物遣之

諸大夫加田千葉兩人官位年齢令注進于藏人辨許如例　公愛朝臣來訪予所勞　妙門里坊中院借用申達之處領狀且難借渡箇所等申出之趣武傳飛鳥井中納言ゟ以狀申遣了　轉法輪故中納言公睦十三回忌法事來十日十一日修行之旨告之餠一重到來　安藤飛驒守室（松平丹波守姉也）以狀有内々賴來之儀

○七日丁酉雨下時々有休止自夕又沛然

賀茂祭右馬寮代勤依請被　聞食旨藏人左少辨招僕於非藏人申渡即下知如例　稻葉民部大輔來御守衛御用上京ニ付屆且時候見舞云々　自來十四日四之日國事御評議可有之被　仰出旨觸來　春澤若草頗長前栽菜花笑始

○八日戊戌晴雲南歩時々小雨灑風寒

一條左大將實良今日拜賀本陣之儀有之以使進太刀馬代（折紙計入魂了）品雖無由緒當役先格有之間所贈也答禮到來　松平越前守使來賀送舊冬予本座

宣下之事　山口右馬大允來國祭馬寮使代勤參向被　仰出之御請御禮申之　殿下使來被示送云明九日聖護院宮附弟泰宮親王　宣下　宣旨使官務輔世宿禰參向雲立涌袍著用之旨爲心得被屆云々

○九日己亥晴雲南行風寒時々細雨剩寒烈入夜月清

島津伊勢安立（達）清一郎等來訪各面會談世事移漏剋　花園大夫來面談家業可有出精旨示合之　聖護院宮附弟泰宮親王　宣下ニ付以使贈進太刀馬代金百疋相役一同皆如此

○十日庚子晴雲南行餘寒甚未剋過飛雪紛々或休或降東西北山等似白銀及夕晴入夜月清

昨冬移徙之比尹宮ゟ被贈三幅對掛物其節件品不出來ニ付追而被贈之旨也今日出來被贈之別段被添丹酒一樽出仕之上可參謝旨報申訖　中院黃門來訪予所勞且妙門里坊借用取扱之儀被謝　中條左衞門督以使報云大樹使勤仕後直ニ當地詰被申付此旨屆申云々　安井金毗羅代參奉納一樽例月定事也　入夜頭辨豐房朝臣送消息云

三條侍從麿殿正四位下之事　勅許候珍重存候仍早々申入候也誠恐謹
言

二月十日　豐房

〆三條前大納言殿　豐房

答領狀請文自是可遣旨了　即時以範忠轉法輪へ申達了

○十一日辛丑晴北風寒雲東北行或南行午後時々雨丸雪交降入夜猶陰余寒烈

戸田大和守來面談　通富卿有文通　昨日頭辨豐房朝臣所送消息之
返翰今朝遣之左云

三條侍從正四位下。　勅許之旨謹奉候謹言

二月十日　實愛

〆　實愛

落手之趣使者歸參報申之　吉田俊男十津川郷士隊長來面談

○十二日壬寅快霽雲東歩午後時々陰夕小雨入夜霽

書通冷泉中納言來十五日冷泉大夫夫婦可相招自余於一紵ゟ狹隘不都合
故後日可請待旨且予日來引籠未及出仕之間內々招請之趣宜被含置旨等
示送之處相應返書到事　內相府外祖母在遠所之處他堺依之殘日數相
府被引籠之旨門弟一同ニ被告知之第一四辻前亞相以回狀觸出之卽時達
于左兵衛督了　聖護院宮附弟過日親王　宣下祝儀進上物之答禮太刀
馬代（金貳百尺）被贈之　遣使者於冷泉大夫家來十五日夫婦招請之旨且時節
柄其上予病中旁每事省略內々之沙汰等之趣申遣之處祝著可有入來旨被
報之

○十三日癸卯快霽巳時以後時々陰西北風頗寒夕快晴

春日祭近衛府使山科中將言縄朝臣御馬二疋拜借十六日夜子剋可引立於
里第且十五日乘試ニ付辰時可牽旨等奉行藏人左少辨長邦以封書示送之
卽時加下知於御厩之處中御請之旨　轉法輪侍從以柳田加賀介謝過日
加級昇進之時取扱之儀且訪問予所勞贈越菓子贈遣一品答禮了　內相

今夜子剋過地震頗大也

府故障中安否以美濃守平洪胤訪申了　戸田和三郎自勢州歸京遣使賀
之後剋被贈土産品々　自總持寺上人書狀到來　戸田土佐守同大學
等ゟ書狀來　日野柳原等兩亞相資宗光愛有書談之事　上總國鷲山寺以
使僧先年當家類火之儀訪申之進金子貳兩家僕等ぃ贈金少々云々

○十四日甲辰快晴東風雲東北歩及夕陰
前左衞門督戸田大和守同姓和三郎等來談　公香朝臣來有相談之事
通富卿有書談之事

○十五日乙巳雨降雲西歩東風終日雨下入夜雨脚休止
進書翰於博陸許中務卿宮以下一昨年一昨々年等以來幽閉之輩被　免可
然旨建議幷宮垣御取廣ニ付地築有之市中男女雜踏漸衣裝盡華侈之趣有
風聞方今天下治亂未定衆庶注目於　朝廷之處遊戲相進之儀可被失人心
之間不可然旨等同上書進之博陸同意猶可被加勘考之由被報之　今日
於　親王御直廬涅槃會如例有之捧物青漆無地一番文匣載于二重緣臺下札御手愛垂之屬之三卿中院

中納言參上有商量同卿落手之旨使報申之後剋御鬮賜之可相傳旨同卿示之以使申出之茶碗十口拜受之不及御禮等之沙汰定例也於賜御料ゝ可畏申也　中條左衞門督今日東使參　内ニ付太刀馬代贈之卽時返却之是定格也　稻葉民部大輔今日參　内ニ付贈太刀馬代白銀十枚贈之

稻葉中條等兩士來畏申　御對面賜　天杯之事　松平越中守來中將推任御禮申之　中條左衞門督上京ニ付爲土產贈煙草入一箱鹽引鮭一尺等　冷泉大夫夫婦入來婚姻後初而所招請也祝酒飯等設之勸酬等如方有之彼家僕男女同賜一獻戌時過夫婦歸去此間爲引出贈狩衣地地練?紋薄物白椿一卷於大夫自余隨從之男女下品之輩迄夫々賜物有差自彼方贈物予ニ肴干鯛一箱樽代金三百疋室章子へ樽代金貳百疋侍從麿ニ同上兩姬保余年同上等贈物有之其余家僕一同被贈小金有差委曲記于家司書記

○十六日丙午陰雲南行及夕晴北風寒

御寶札申出且如例月備進三百疋之處行者他行云々仍午剋後再差向之處

猶不歸居仍今日不能降臨過日來行者在智積院仍件寺院迄所差向也
今朝辰半剋鄙妾平產女兒祝著々々　冷泉大夫許使贈答昨日挨拶相互
令申述者也　通富爲理等兩黃門有文通　自殿下被下書狀昨日申入
宮內地築之事武傳被示遣之處武傳野宮黃門進返書辨解之其趣意全矯辨
飾辭也然而當時嬖臣雖當職聊猶被憚之仍如何可然哉被示之如此儀斷然
處置無之被談下之條所存之外也每事多如此仍不及執申此上ハ可被差置
旨答申了　朝家聲望被相失之儀ヲ不思念以好言甘辭奉汚　聖德古今
奸臣之所爲同一轍悲憤慨歎之至也　同上之儀ニ付前左衛門督有文談
今城宰相中將（上卿左大將連車云々）花園大夫（關白神馬使）等明日南下ニ付爲暇乞入來遣使
相賀且訪之了　宮內卿胤房來訪予所勞　中條左衛門督來今日御暇
參內御禮云々　戶田土佐守書狀來國產貢獻使上京ニ付被問安否被
贈鴈皮帋

○十七日丁未晴雲南行午剋後陰入夜霽

明日　春日祭近衛府使左權中將言繩朝臣上卿左大將實良卿辨弁奉行藏
人左少辨長邦等發遣云々辨可尋今朝　出御以下每事如例歟　內相府
內々文通近日朝家御時宜慷慨悲歎相互申承者也　恒川七右衛門宇都宮家
老來面會　冷泉中納言前左衛門督等有書通　自今夜神事依明日
春日祭也

○十八日戊申快晴午後時々陰及深夜屬霽
今日　春日祭也予未得出仕仍不能參拜令洪胤代參於　吉田社奉獻青銅
二十疋如例　前左衛門督文通後剋金吾入來談世事相互慷慨之外無他
勸一獻二更被歸去　午剋有燒亡修學院邑民家數十宇延燒云々

○十九日己酉晴及夕陰入夜又晴
戸田和州來談　前左衛門督重德卿有書談之事　義亮法師來　御本
尊寶牘隨身之去日來參籠於和州生駒山　歡喜天尊之旨申之面會受　御
寶札奉奠供如例亦如例月奉納金三百疋別段有存旨之間備進金貳百疋畢
養老酒一壺同備獻之了

園池少將來訪此次有相談之事　近日都下男女衣服盡華侈徘徊于近邊
今日鴨東妓女西廓遊君等盡華美來於此邊是　宮内地築并鴨水大橋新造
等ニ付群集之由之此中遊民妓婦等或男子化女形或婦人變男裝狂躍以絲
竹鼓鐘等添興六門内既濫入云々日來憂慮之間申入于博陸之處不被儀制
止方今天下治亂未定萬姓不得安堵之處　朝廷如此唯悲歎悲痛之至也
廣橋亞相自　宮中送狀云有栖川宮以下幽閉之輩　勅免之儀過日殿下へ
建白猶巨細所存被　聞食度ニ付來廿六日御評議必參仕可申上旨　御沙
汰云々領狀精々加養可令出仕然而過日書面建白之通ニ而爲差申述程之
儀も無之但相扶出仕可申上趣相報了

○二十日庚戌陰東風雲西北行終日雨入夜猶雨下

常陸宮被下書狀世事條々被示之被贈菓子一筐進返翰有報申之趣進菓子
一箱了　南部美濃守家臣毛羽(馬)内右膳高橋儀助等來日來館入願申之所
許容也於高橋ハ過日所來也兩人面會佐羽内獻白銀十枚賜紙入多葉粉入

硯石盃三枚重扇五本等於高橋亥去日進銀五枚賜紙入萱入猪口扇五本等了
舊冬予上卿武家官銀六十目二包自武傳飛鳥井へ相渡之　大島左馬大允
山口右馬大允來報申云　春日祭參勤毎事無異勤仕畢云々　前左衛門
督重徳卿書通世事問答也　室章子參詣于護淨院即還家
○廿一日辛亥陰霧深巳時後晴陰交午後晴雲南行夕又陰
眉延姬來一兩日可逗留也　新誕嬰兒今日剃髮始世俗稱六日垂如方勘定名字
春姬訓登志予勘之居鏡餅剃始予如方剃之如例祝著々々鄙妾幷同人宿產嫗
等祝儀賜物家司記書錄之　野邑左兵衛來談舊冬眉延姬婚儀ニ付肥後
守ゟ祝儀被相贈之間答禮可贈旨示置之後時件品贈遣之了
○廿二日壬子陰雲南行時々小雨灑巳剋後晴北風頗寒
眉延姬向於今城前黃門室家別莊夕還來　澤田五郎兵衛戶田越前守家臣也來面
會進白銀二枚　長谷川捴藏尾州臣來面談世事進葱苳酒一壺枝柹一箱海
鼠腸一桶等賜茶菓　春姬とし七夜上下祝酒如方有之祝著々々

○廿三日癸丑快晴東風午剋後時々薄曇

前左衛門督來談世事　冷泉大夫來勸一獻夕歸去一昨日來眉延姫逗留今晩還渡於彼家　戸田助三郎家督祝儀先達太刀馬代白銀一枚相贈之處同樣爲答禮今日到來

○廿四日甲寅陰小雨雲西行巳時後雨休時々晴入夜陰

風早大和權介來侍從申望之事勝手ニ申上不苦旨門流九條家有指揮之間可申上ニ付小折紙被爲見之無所存之趣相答了以美濃守平洪胤問答也

長吏宮附弟泰宮今日入寺得度祝儀以使贈昆布一箱樽代金百疋訖　午斜京極通々行泰宮乘車如恒連車公卿廣橋大納言胤保以下五六人前駈殿上人隆韶朝臣以下六七輩有之自里第遙見及之分注之可委尋　護淨院來面會賜茶菓末廣等數剋聽法談有益條々不少　予所勞清快ニ付明廿五日可出仕決定仍以狀其旨相役差次柳原に示遣小番等之事示合之了

○廿五日乙卯陰時々小雨巳時以後終日雨沛然入夜猶降

巳斜著衣冠參　內久々所勞閉居今日出仕ニ付以表使伺申　天氣之旨申
入于勾當掌侍如例有報　引籠居之間御用之條々取調之　女房越後
面會戶田越前守內獻（黃金十枚 鮮鯛一掛）去廿二日雖相濟云々意味之趣巨細申入之
勾當內侍ニ宜被傳申旨相示了　未斜退出參于　親王御直廬同上伺申
准后同申入之　親王御乳人出會有其報且御用談少々有之且當春年始御
禮參上之日御德日ニ付御年玉（御紙入 多葉粉入）賜之畏拜受了准后上臈於八百出會
有報此次同女里元高橋家之儀內談有之退出詣陽明家出仕ニ付伺申且去
日極位　宣下拜賀以下之事賀申之前殿下被來會有面會其後內相府謁見
談申時勢之事唯々慷慨之外無之移時退出次詣關白第同上且謝申所勞中
賜物了次向尹宮如殿下次還宅　自今日出仕ニ付早旦相役加勢三卿等
以回狀觸示了　引籠中來訪幷使等之家々遣使謝遣之訖　今朝花園
大夫來問之儀有之　野村左兵衞來云々　室章子舅死去之旨告來然
而音信不通且於此人ゝ不可受假服所存也然而今度有時宜今城父子猶被

受之眞實所勞ニ而籠居云々仍告知之趣也然共强不及憚之間其旨相含了
千種侍從男有冬今日元服遣太刀馬相賀了　聖廟代參如例月獻備御膳
料亦如每月
○廿六日丙辰晴雲南行午時後快晴
野村左兵衞來面談　午半斜參　內國事御評議也殿下已下參集如例申
半過召　御前一昨々年以來幽閉之人御免之事予主張論之然而不被行大
息不及抗議秉燭前退出還家　公愛朝臣有文通示談之事不遑記錄之
○廿七日丁巳雲收天快晴終日天氣長閑
午斜著直衣參　內當番所參勤也　新清三位宣諭面談　親王御讀書之
儀　今晩宿侍如例　松尾社祭祀御再興被　仰出之事畏申之進菓子
一箱　宮元坊松田豐前守等納神札　今朝前左衞門督重德來談
○廿八日戊午晴薄陰及夕曇深夜雨降出
卯半許退出還家　戸田大和守來談　被觸來月十五日　石淸水社御

法樂和謌詠進之儀奉行越前權介爲遂云々　保實卿來需愚詠染筆　戸田文次郎使來時節訪問砂糖一箱到來　遣菓子一箱於小原二兵衞大垣家老尋遣旅中安否　加藤格之助戸田助三郎家臣也今般當家用向爭勤之儀被申付ニ付來報申之進金百疋亦室以下家僕一同贈物有之面會賜熨斗昆布

○廿九日己未陰小雨雲自夕沛然終夜降續

園池少將入來有相談之儀　中條左衞門督來届上京且在京中宜賴存之旨申置云々當分京都在番被申付之由也

●三月大

○一日庚申陰雨雲南行午後雨休止夕欲屬晴雲南出

當日幸甚祝著々々　神拜以下每事總而如例月賀使贈答亦如每月

午上剋著衣冠差貫參　內當賀　御對面等如例事訖未半前退出還第宅

戸田文次郎ゟ贈遣菓一箱一昨日音物答禮也　眉延姫初節句ニ付雛人

五日招請依御用延引之事二日申遣之

形三對調度類數品肴一折等遣之自彼方祝儀草餅到來且來五日予以下招請之儀申越之　柳原亞相光愛有書通

○二日辛酉晴雲南行北風寒

文通治部卿賴遣小番差替之儀領狀也　恒川七右衛門澤田五郎兵衛山形雄之介等召寄予室等面會近々發足歸府ニ付賜一獻於澤田ヘ暫逗留云々恒川爲餞別賜扇五本紙入殿中多葉粉入盃一口等山形賜扇五本盃一口殿中多葉粉入等依所望遣愚詠染筆各二枚畢

○三日壬戌晴雲南行夕村雲出西方遠雷一聲黄昏晴新月光明風雲靜星影又長閑

上巳佳節祝儀如例祝著々々　午上刻著直衣奴袴參於准后賀申當日親王申入了執次申置次詣于內相府同上次參　內當賀如例　御對面幷鬪雞詰亦如例有之　殿下被參會談申轉法輪侍從不遠內介加首服度近代實萬公睦兩代元服同日拜任少將今度同樣相願度懇望之間御時宜宜被伺申旨殿下答命云今日可被伺申云々後時殿命云近例連々有之上ヘ勝手ニ可願

申御時宜也云々畏申猶其闕有之候ハヽ宜願申之由申入置了但近々花山院
前右府孫家威元服同日少將之事願申可被許御時宜之間其次之闕ニ可相
成旨殿命被命之　去々月以來地震徴動頻々有之間御祈被仰出可然歟
旨同博陸ヘ申入置了　中時前退出還家　三條西少將園池少將冷泉
大夫花園大夫戶田大和守以下地下官武家參賀數十輩　祝儀贈答如例
式日　冷泉大夫文通　昨日觸狀來云
來八日巳剋　神武帝山陵奉幣使發遣　御拜　出御候仍申入候也
三月二日　光愛
就來八日巳剋　神武帝山陵奉幣使發遣　御拜　出御當日重輕服者可
憚參　內之旨被　仰出候仍申入候也
三月二日　光愛
恒川七右衛門澤田五郎兵衛等來畏申昨日賜一獻之事　恒川七右衛門
山縣雄之助等明日出立歸府ニ付戶田越前守同姓土佐守等ヘ家祿以下舊

復歡太刀馬代（銀一枚ツヽ）贈之又同上ニ付舊冬被相贈太刀馬代黄金三枚幷年々貳百俵等之間爲答禮机一脚（黒塗和歌浦蒔繪甲敷大和錦）懷中物（綴織紙入莨入等）一組等贈之土佐守机一脚（唐桑木地花折枝蒔繪）懷中物（同上）等同遣之了室ゟ同答禮贈物有之　今日祝酒如家風祝著々々雛祭亦如方

○四日癸亥快晴北風寒吹雲南行

護淨院納　荒神寶札奉奠祭　轉法輪家來丹羽豐前守召寄之侍從公恭元服同日少將之事昨日殿下被示之趣委細傳示之元服之間之儀條々示談之了　室内々物詣之次遊覽夕還家

○五日甲子快晴南風靜暖氣頗加

大島友之丞（對州藩士）來面談　小原二兵衛（大垣家老）來歸國暇乞也面會此度當家造立ニ付杉材百本自大垣到來ニ付右取扱小原掌量之由依之文付小袖（白料）（銀十枚）賜之　山科能登介來面談松尾社祭祀之儀　午斜著直衣奴袴參内今日聖門新宮參　内隨從若王子住心院等　御對面可有之又此次丹州

常照寺西八條大通寺等同　御對面可有之也未斜　出御如例事了退出還
家　於省中柳原亞相三條西羽林等有面談之事　自大垣材木到來ニ
付右用掛戶田四郎兵衞以下五六輩賜物今朝小原二兵衞ヽ令相渡夫々有
差　丹羽豐前守來昨日之挨拶申來　御厩出來引渡相濟之旨御用掛
執次渡邊出雲守屆申之

〇六日乙丑快晴申剋村雲出小雨小時忽霽

午斜參　內當直所參勤也且國事御評定可有之云々仍殿下以下如例被參
會然而爲差御用無之間無御評定各分散　右府面會轉法輪侍從元服同
日少將申願等之事少々示合之萬事宜被添心申入置了　今夜宿退出秉
燭過還家

〇七日丙寅快晴天象日々相似暖氣深加

熊谷兵衞來談　戶田和州入來明日出立大和國下向爲暇乞也面談移時
聖護院宮使來過日新宮入寺得度ニ付進物答禮太刀馬代百疋幷右ニ付當

役邊取扱挨拶金三百疋等到來　遣使於聖門本坊前條謝辭令述之了
諸大夫兩人夫々用掛申付又用人轉役近習召出等今日夫々申付之如左
馬寮幷御厩等御用掛　議奏御役御用掛　親王御肝煎御用掛
門跡方御世話用掛
右　○隱岐守　藤　範　忠
馬寮幷御厩等御用掛　議奏御役御用掛　侍從丸傅役
右　○美濃守　平　洪　胤
用人本席従來加勢也　講用掛　○高　松　圖　書
用人當分加勢　諸向書達用掛　○神　谷　兵　部
近習召出　○渡邊龜久次郎
造營用掛　○上田繁左衛門
○佐　藤　幾　之　丞
以上今日申付訖　予近年多血聊肥太之氣也仍命于宗拙齋今日放血令

療治凡一合許出之　近日春暖追々相加桃櫻不見餘花青葉漸繁藤花頗
相合歟冬盛也

九日會津へ挨拶使遣了

○八日丁卯晴雲東北行自午時前雨降入夜沛然
三條西少將來面談姉小路千重丸當月下旬廿七日比令加首餝度差支無之
歟被談之且加冠予へ可被相頼廿七日比差支無之歟且可及領狀哉之旨同
被談之可領狀廿七日差支無之旨相答了　此次元服之儀條々被談之
會津中將使野村左兵衛來過日贈物（先達到來物答禮所贈也）答禮羽二重二疋蠟燭一箱等
到來　神武天皇山陵奉幣使今朝巳剋發遣於南殿有　御拜依之可令參
仕之處頗違和之氣有之仍不參今朝以狀相役柳原亞相へ觸遣了　御拜
出御如例歟奉幣使飛鳥井中納言（雅典）參向　前條ニ付戶田大和守參向
今朝出立云々仍遣使且賀且訪之了　護淨院僧正湛海來面會談話移時
遣茶菓過日荒神寶札進上ニ付遣金貳百疋又今日　天尊禮拜次第進之且
九字十字印幷修法護身法等授申之依之亦賜金三百疋　室章子向今城

家前中納言所勞之間爲訪問所向也入夜還家　來廿三日　石清水臨時
祭ニ付從廿一日晩到廿四日午剋御神事自來十七日　內侍所三个夜御神
樂ニ付從十五日晩到廿日朝御神事之事且　南北祭東遊拍子合自今於學
習院可有之參勤之輩午剋早々集會可有習練依之當番之節小番遲參可有
之旨被　仰出之事等自當番相役觸來之
○九日戊辰陰時々暴雨辰時後雨休雲南行北風吹沍反又寒
午半許參　內當直也　相役書談之儀有之　裏辻中將面談世事移數
剋　今夜宿侍
○十日己巳晴西風寒雲南行午時雨霰交降午後快霽
卯剋過退出還家　安達清一郎來談　戶田大和守より春姫出生歡產
衣料銀五枚肴料金子五百疋等到來　安井金毗羅代參奉納一樽如例月
○十一日庚午快晴雲南行西風頗寒
來十五日　石清水社御法樂詠草以使覽于前殿下即時加點被返下之

南祭舞人差次藏人新藏人等御馬乘試來十四日辰半剋可牽立於彼里第旨奉行頭辨豐房朝臣以封中示送之卽下知于御厩如例　伊王野次郎左衛門來乞謁有所勞氣不面之他日可來旨示之進菓子一折贈扇盃多葉粉入等攝州四天王寺役人來彼寺院燒亡再建願ニ付今度從　禁裏白銀五百枚御寄附之儀畏申之初發來予厚配ニ付進銀十枚　戸田和州留守中訪問遣使且同人室家所勞相訪贈菓子一折　常陸宮以狀賜菓子筍等以返翰進紫蕨　令栽楓樹十株

○十二日辛未晴雲東北歩自未時許雨降出雲西行

著布衣詣于前殿下別墅伺申一兩日風邪被平臥云々仍不被謁見次向常陸宮予所勞中訪問且度々賜物等之事謝申之此間裏辻中將被參會相俱宮被面會談笑移時被勸一獻申時許退散歸宅　大久保一藏來云々他出中不面之　戸田和三郎同前

○十三日壬申雨不未時後雨休雲南行或東北歩夕屬霽

今日國事御評議御延引之旨觸來　殿下廣橋亞相久世前相公等文通御用談有之　大久保一藏薩藩來談世事

○十四日癸酉快晴雲南行南風春色備于六合暖氣加

澤田五郎兵衛來明日出立歸府暇乞也面會爲餞別賜扇子五握紙入多葉紛入等　遣狀於戸田越前守同姓土佐守等昨年來來狀之返書也昨冬來度々贈物且年々被贈貳百俵等之事謝遣之畢　當家類燒ニ付金子百兩自關東被相贈之間來十八日於小堀數馬方可請取旨武傳示之一昨秋類燒之堂上悉有贈金以官位有差納言之家皆百金也　戸田和州昨夜自和州歸洛今朝遣賀使後刻爲土産被贈奈良漬瓜團扇等　石淸水社御法樂和歌詠進附于越前權介落手云々　相役御用書談再應有之

○十五日甲戌快晴頗有薄暑氣夕薄陰入夜晴月明

桑山豐三郎戸田助三郎家臣也來上京ニ付伺申安否進肴料金七百疋面會賜紙入莨入盃等　午刻過著直衣參内當直也且今日岩倉大夫可被加近習ニ付

參集也取扱如例　親王御乳人并表使女房呼江坂等面談時勢之事件兩人
頗有忠義之志情仍内々談之旨有之　按察前亞相參上神樂御打合有之
予誘引按察使參　御前自余御用多有之　今夜宿直
○十六日乙亥晴陰時々夕立夕又頗寒
卯剋過退出　無量壽院義亮來奉隨身　本尊御寶札如例奉納金子三百
疋奠供亦如例月今日晝夜一身愼又如例　戸田和州來談　護淨院僧
正來談授護身法年來予所修之法聊有不審之間所受也　吉田俊男來面
談有之　松平丹波守家臣水崎紋十郎昨日上京當家借入被申付所上京
也仍面會賜熨斗昆布彼者進金貳百疋室以下同上進上之
○十七日丙子晴雲南行北風荒及申剋過風靜天快晴
去月十六日誕生末女呼春姫今日行始也女兒三十一个日也巳剋令參詣　下御靈社奉納
青銅三十疋申出寶牘還家祝著々々　鄙妾今朝自産屋還參行始祝酒上
下有之　戸田和州來談　高橋義助南部美濃守家臣來時節安否伺申之進羽

二重一疋金五百疋等　今城前中納言室家所勞見廻贈氷砂糖一箱
秉燭前沐浴著衣冠奴袴參　內自今夜三个夜　賢所臨時御神樂也仍參仕
戌剋　出御先於朝餉著御服（黃櫨染）高倉三位刷申之（梅溪宰相中將候御前衣紋）予候御袖
奉供御帖紙御檜扇等御手水之儀伺申之後召御裾（豐房朝臣）卽　迁御于御手水
間御手水了御復座次予伺申御所作被爲有榊了之後　入御之旨被　仰下
直　出御如例御鈴了入御御劍御箏等於神殿內神宴如例御箏御所作也此間
相迭休息榊了　入御亦如例此後賜御饗酒肴等以表使畏申了退出子時過
也昨冬本殿還御之後御神樂也御劔左中將宗有朝臣御裾頭辨勝長朝臣等
候之
○十八日丁丑快晴風自南吹來頗寒
前關白息女先年被嫁於左大將之處此比婚姻披露之旨風聽廻文來　鄙
妾妹昨冬來所勞之處今日不勝旨告來仍令籠於別屋別火如例　類火ニ
付自幕府金子百兩可被贈今日相渡旨去日武傳示達之然而有差支延引之

旨又同示之云々　秉燭前沐浴著衣冠差貫參　內　賢所御神樂中夜也
酉半許　出御於朝餉著御々服（黄櫨御裝束尋常如例山科宰相奉仕之）此後御手水了予　入御之
期伺申韓神了　入御之旨被　仰下直　御出御鈴了御劒御和琴等入于神
殿中如例此後神宴御所作如例次第事々韓神了　入御如先此後賜御鬮品
酒肴等丑時前退出還家

○十九日（戊寅快晴雲南行薄暑氣頗相催）

自今日一七个日之間於清荒神令修行如法講湛海僧正勤行之昨夏（六月二日）立
願之儀　尊天擁護奉拜謝之也今朝以使奉備進金七百疋　公愛朝臣來
談世事　秉燭前著衣冠差貫參　內御神樂竟夜也酉半許　出御事々總
ゐ如昨夜韓神訖　入御賜酒肴鬮等子半許退出還家　攝州四天王寺使
僧來畏申御寄附銀之事初發來厚配謝申之進奈良漬瓜二樽家僕等ニ贈金
子有差　鄙妾今朝下宿夕歸參

○二十日（己卯陰雲東北行或西歩午後時々小雨）

三條西少將戸田大和守等文通　安見右衛門少尉來畏申過日詠謌染筆
進酒菓等　鄙妾下宿夕歸參　戸田助三郎家臣昨春來當家借受到當
三月一个年相濟去日松平丹波守家賴ゟ引渡濟ニ付主役之士兩人下役二
人等賜金且助三郎ゟ椙材百株到來ニ付取扱之輩同賜銀有差委曲注于家
司記　南祭加陪從有良朝臣御馬拜借可相願之旨頭辨豐房朝臣以封書
示送之翌廿一日下知于御厩了

○廿一日庚辰陰雨雲西行午後時々晴雲東北行

風早大和權介來當月廿七日姉小路千重丸可加首飾加冠之儀賴存於領狀
之大幸云々可申領諾但一應近衛家可申入之間其上改而可領狀旨相答訖
四天王寺役僧來畏申御寄附物取扱之事暫面談了　轉法輪侍從以柳田
加賀介彼家僕富田織部進退之儀ニ付有相談之旨不及記之　室章子向
母堂家一泊老母日來所勞之故所向也　冷泉大夫使來云來廿四日招請
目出來臨願申云々報可行向旨了　前左衛門督重德以狀被賜草根數種

卯花枝等
○廿二日辛巳晴雲東北行未時夕立申時坤方雷鳴
書通久世前宰相中將　夕室還家　如法供中日ニ付金百疋奉納于護淨院了
○廿三日壬午快晴雲南行北風寒吹
沐浴著衣冠奴袴拂曉參　內今日　石清水臨時祭也卯半許　出御先於朝
餉御座著御々服黄櫨染山科宰相內藏頭等奉仕之予候左御袖供御檜扇御帖等總予如例　次御手水了著御々禊御座
御簾御裾等兩頭候之　宮主獻太麻使著案下捧御幣有　御拜先是舞人牽立御馬如例了
入御更著御青色御袍櫻御下重自余御下具著御之儘也御帖御扇等予供進之如先　此間庭
座具之旨奉行言上予奏上之卽　出御御簾以下兩頭五位侍中等候之　孫庇御倚子也召公卿
以下先是上卿右大臣奏　宣命了渡于使如例卽右大臣以下參進候於壁下
座此間予以下降高遣戶經月花門階下軒廊宣仁左青瑣門等入露臺下戶候
南殿北簀子下如例小時使舞人等加陪從以下著庭中座一獻豐房朝臣勸盃
於使加陪從勸盃之人失念　二獻勸盃右大臣使宗禮朝臣從加陪　次居衝重於右大臣前陪從

發哥笛次三獻勸盃日野大納言使信成朝臣陪從次重坏宗禮實受等朝臣長邦
等勸之次挿頭華如例此間予以下候于馬形障子邊使以下退入次　入御小
時舞　御覽具之旨奉行言上予以兒奏之即　出御御服著御之儘之所役又如先次召公卿參
進之間予以下又候南殿北簀子下如初次使率陪從等立於東庭吳竹臺之西北方南面西上
次舞人參進奏舞訖退出此間又予以下候於馬形邊如初次使以下先下藺退
出次侍臣次參議兩卿等退入次　入御公卿降座平伏歟不見之次公卿退出了此後當役率
修理職奉行非藏人等御覽所以下點撿御塞令附之了事々具旨且進發伺申
由所以兒申上如例小時進發被　仰出夫々下知之如例有列見于時午剋前
也　今日當直也然而宿日野亞相參勤仍黃昏退出還家　今日　南祉
參仕之

公卿　右大臣公純　日野大納言資宗　新大納言光愛
六條中納言有容　新源中納言通富　左大辨宰相經之
新宰相中將公賀

侍臣　豊房朝臣　勝長朝臣　宗禮朝臣　信成朝臣　實受朝臣
資生　長邦　宣種　行知　大江俊昌　小槻明麗
使　右少將雅言朝臣
舞人　侍從盛房　同　胤光　同　前光　同　定允　源　常典
藤原助順
加陪從　長季朝臣　有良朝臣
所作陪從以下失念
社頭儀如例歟可尋　類燒ニ付自關東被贈之金子所司代手形相渡來廿
五日於小堀數馬方可受取旨武傳ゟ相達云々　御月次未進奉行別當に
以切帋觸遣了
○廿四日癸未快晴頗薄暑々氣相加入夜薄陰
遣使者範忠於姉小路風早等來廿七日姉小路元服加冠領狀之事申遣之
宗對馬守使來彼國疲弊切迫之次第有之昨年度々歎訴之趣有之ニ付當節

外夷之難有之時故予深心配周旋之儀有之事謝送之對馬守書狀到來且虎皮一枚唐燒茶壺朝鮮織物五卷等贈之美濃守洪胤度々申次ニ付有贈物猶自是可報謝旨相答使者ヘ引出白銀一枚賜之青木幾次郎爲使所來也

午半著布衣（麴塵文椿唐草ツヽキ 文紺厚細袖クヽリ）差貫（供禮服）向轉法輪來廿七日姊小路元服加冠領狀之旨風聽之彼先代加冠次第借用賴置之次向近衞家廿七日加冠之儀申入且前殿下息女雅君方左大將婚姻披露之儀賀申之此後內相府被謁見時勢之事內々談申之次向一乘院門跡里坊門主此比上京逗留ニ付尋申安否且先比里坊長々借用之事謝申之進茶一箱次向冷泉大夫家今日初而招請予幷室等所行向也冷泉黃門夫婦來會被勸盃飯一紗勸酬有之祝著々々二更之後相辭還家

今日初而行向ニ付大夫ヘ干鯛一箱樽代三百疋別段交肴（三種）一臺貞敎院樽代二百疋梅芳院同上贈之室ゟ文匣一合宛相贈之雜掌用人以下男女一紗賜金子有差委曲家司記注之又予夫婦從者於先方夫々祝儀幷祝酒料等金子遣之云々今日贈物使又引出有之云々先以祝

著慶喜之至也

○廿五日甲申晴薄暑漸加

遣使於冷泉大夫許謝遣昨日初而行向段々饗待祝著之旨畢　今日一乘院門跡大僧正　宣下御禮參　內ニ付可參仕之處聊不例之間不參之儀相役觸遣了　戸田和州來談　類燒之家々自關東被渡之金子今日於小堀數馬方可受取也仍令僕受取之乃金百兩相渡守護職松平肥後守所司代松平越中守等ゟ遣使可令述挨拶旨也卽今日遣使了　加恩金去二月可渡之處延引今日於勘使所相渡之令僕受取之如例　風早大和權介來廿七日姉小路元服之儀ニ付有被示合之事　自去十九日一七个日於護淨院如法供勤行今日滿座ニ付自彼院納　御寶牘供物等

○廿六日乙酉晴西風

前左衛門督戸田大和守來談　未斜著狩衣（秘色裏薄紫香／紋袖括厚細）差袴姉小路家明日元服ニ付相賀相訪如方習禮催之加冠予參會阿野宰相中將理髮大和權

介公紀役迸二人轉法輪諸大夫丹羽豐前守柳田木工少允（諸大夫無人六位侍代之）等也事
々祝酒被相儲申半斜早出還家　元服次第予作遣之如左
剋限加冠人著座。次公卿著座。次理髮人著座。次諸大夫敷圓座（奥端二枚）。
次冠者（出曹司）著圓座（扶持人相從）。次諸大夫置冠禮具。先冠（冠者右方）。次泔器
（冠者左方）。次櫛巾（中央）。次理髮人著圓座。作法畢復座。次加冠人著圓座。
加冠儀畢復座。次理髮人更著圓座調。雜具退。次冠者起座（扶持人相從）。
於簀子二拜退入。次諸大夫撤雜具。先櫛巾。次泔器。次柳莒。次撤
圓座。次公卿起座。次加冠人起座。右中奉書四ッ折上包中御帖之
彼家無父祖之人也仍次第如此所定也先例少々注于左
玉葉嘉應二四廿三上達部未著座仍招奉行光長問之申云御著座之後人
々可著座云々先例公卿著座之後加冠來著仍所相尋之也然而今度依
無主人加冠著座後公卿可著歟可然々々
延享元三十五九條尙實公元服加冠關白殿（兼香）光臨著座後令家司隆義朝

臣召上達部、、、、、等著座　○是ヽ積基公薨後尙實公不慮相續
仍無主人故乎
今朝大和權介公紀朝臣來姉小路元服之儀ニ付條々有諮問之事　戸田
越前守先代贈位　宣下　口宣頂戴ニ付御禮白銀五枚到來

○廿七日丙戌陰雨西歩東風

辰時斜著直衣薄色奴袴（依元服也）黃單等（冠猶用紫組掛緒當家先君如此仍先年屆于陽明家年來予如此）向於姉小
路家人々追々來會先祝酒等有之巳時爲吉剋之間始冠儀其儀予先著座（奥座東面安座取出扇置于前）次阿野宰相中將（公誠直衣紅單薄色藤丸奴袴冠掛用紙捻陽明流如此）著座次大和權介公紀朝臣
著其末座（以上西面）次諸大夫二人（豐前守木工少允）敷圓座（奥端二枚予座上頭也）次冠者（公義直衣龜甲奴袴垂髮持横目扇）出曹司著圓座（予座上頭東面）先是公紀朝臣起座向曹司扶持之著座了復座次諸
大夫二人置冠禮具（先冠冠者右次泔器同左方次櫛巾中央）次公紀朝臣起座著冠者前（押遣圓座於南方）理
髮（作法凡如恒少々有失錯）加巾子畢復座次予懷扇拔足起座自座前直著冠者前圓座（不直足取出扇置前板敷）聊刷袖以左手取冠渡右手見磯邊頗及ボシサマニ以左手持巾子以

右手加冠以冠者右手押之頗令起揚予居直對之心中祝念官位高カレ壽命
長カレ次以右手取髮搔々上左鬢一度次置髮搔令冠者左手押冠右手令突之更取
髮搔々上右鬢一度了如元置髮搔暫祝向之懷扇復座如先次公紀朝臣更著冠者
前調雜具了扶持冠者令起座於簀子向予方二拜了退入公紀朝臣任便不復
座次諸大夫二人撤雜具幷圓座等如見次第次阿野宰相中將起座次予起座　無
異遂冠禮相賀了此後祝酒勸酬新冠著衣冠差貫出來所望予盃仍遣予勸酬
有之盃飯等如例一門親緣人々十餘人來集予上賓之間人待之小時從五位
下昇殿等　宣下之後新官參　內了勸盃數巡人々催醉中時斜予早出還家
今日於彼家冠儀了撤下具之後著青鈍差貫如恒　又役送諸大夫五位可
令用紫袴歟昨日被談之然而用意無之云々不具之上ハ不可及用紫旨諷諭
了依不借得給令用青純給之事舊記相具是後八條殿御所爲也于時大理御在職中也　自當
新冠者大夫公義來謝加冠之儀亦以使被贈太刀干鯛馬代白銀二枚等
家音物一族申合之分高松三位催贈之自餘贈物無之

○廿八日丁亥陰雨雲西行終日沛然及深夜雨休
加恩米今日家内一紗領賜之其差如例　遣使於姉小路家昨日饗待幷來
謝賜物等之事謝遣之了　上田木工之允年來近習席召遣之處當家譜代
家僕之列日來懇願仍許容今日改而對面賜熨斗昆布　午半許著衣冠參
内當直參仕　前右大臣家厚孫家威朝臣加元服任右權少將聽昇殿今日
卽拜賀也於御三間　御對面於申口賜　天盃夫々所商量也先是於殿上口
奏慶賀以大江俊昌極臈爲奏者　櫛笥中將東照宮奉幣使下向御暇參内
爲近臣之間於御小座敷　御對面予誘引于　御前了其後於鈴口賜銀五枚
如例　今日東照宮奉幣發遣日時定陣儀有之上卿日野大納言資宗辨資
生奉行豐房朝臣云々　重德卿公愛朝臣等文通　今夜宿直
○廿九日戊子快晴雲南行未過雷鳴夕立夕晴入夜電
卯半剋退出還第　前左衞門督戸田大和守等來談於一席談世事　幷
上庄次郎大垣儒士來面談救荒事宜一部進之且獻國產菓子一箱又救荒之事昨

四月三日戸田助三郎ニ答禮太刀馬代白銀一枚贈之了

冬殿下台命有之ニ付右救荒事宜二部殿下ニ傳進之事相賴之間許容預置之　中川修理大夫使熊田陽介來匠作ゟ直書（昨冬所遣之返書ニ）且國產椎茸一箱到來熊田ゟ獻半切帋千枚　戸田助三郎使來賀公勝任侍從之儀贈越干鯛一箱（予ニ到來）太刀一腰馬代金貳百疋等（侍從丸ニ到來）　姉小路使來謝一昨日行向之事

○三十日己丑晴雲南歩北風寒終日快晴

熊田陽助（中川修理大夫臣）來面談賜紙入多葉粉入扇盃等主人匠作ニ傳言等申聞訖　午斜著衣冠參　內上杉式部大輔御暇參　內也未時前　出御　御對面賜　天盃了　入御此後各退出直參殿下第訪申所勞子細被引籠之事且救荒事宜可進哉之事申入可進達旨被示之此後退出參於准后里殿如殿下且上﨟於八百面談彼里元高松家之事了未半斜還家　上杉式部大輔來畏申參　內　御對面賜　天盃之儀

●四月

○一日庚寅快晴及夕曇雲東北方行薄暑大加

當賀式事々如毎月祝著々々　午時前著位袍（夏袍今朝更衣如例又今日當役之翟幷武傳等不著直衣是流例也二孟日之故歟）參　內當賀　御對面如例月　賀茂祭近衛使愛宕中將寮御馬一匹幷馬具和鞍唐鞍等拜借願之旨一社傳奏六條中納言被示之仍御厩御用掛非藏人松室河內直加下知了　未斜退出還家　重德卿文通

○二日辛卯晴陰雲東北行午後雨夕休入夜又沛然

閑然無事催眠春花落盡綠葉深

○三日壬辰晴雲南行北風頗寒吹

遣使於秋元但馬守家臣大陽寺四郎左衛門旅宿近日歸府ニ付先比上京之節音物答禮紗綾二卷贈之　大陽寺四郎左衛門來近々出立ニ付暇乞且初而對面遣茶菓雜談移漏爲餞別扇子五本紙入多葉粉入盃二口糊入等賜之　午半斜著直衣參　內當直也　救荒事宜二部殿下ゟ進上之　重胤卿面談世事　今夜宿侍如例　伊王野次郎左衛門々脇少造（以上因州藩士）等來乞面會進國產料帋　來七日　松尾祭御再興ニ付當日　禁中

親王等参賀不及献物服者翌日参賀等之儀一昨日被觸之今日妙門室ニ相
達了　今度新造土藏今日壁土手打ニ付祝儀棟梁以下ニ賜小寶了
○四日癸巳晴午刻後陰自夕小雨入夜雨荒風猛
卯斜退出還家　内相府賜状進返東世事問答也戸田大和守同前　吉
田園平來交代上京ニ付所來進國産菓子
○五日甲午東風荒小雨辰時後雨休午後晴
戸田和州所勞訪問贈菓一箱又同人本家越前守ゟ一萬石分知之事昨日有
風聽仍不取敢賀遣之了　秋元但馬守より昨年暑寒訪問當年首賀詞申
來如例直書幷白銀一枚宛到來　眉延姫來夕還向於彼家　今度新造
居間以下五六間今朝巳時有礎仍大工以下職人等祝酒料賜之祝著々々
○六日乙未快晴雲南行午刻以後陰晴薄暑大加
伊王野次郎左衛門々脇少造以上因州藩士等來面談世事過日進國産紙之間賜扇
二本盃一口多葉粉入等兩人同樣遣之件兩士正議慷慨之徒也　午半斜

著直衣參　內國事御評議可有之云々殿下以下例之人々九條亞相不參兩役等參集又一橋中納言會津桑名兩中將參上於小御所下段殿下以下到兩役面會防長之儀其處置追々差詰ニ付長人等諸方遊說或京家歎訴等可有之此上寬大處置抔議論於有之ハ却而可生紛亂之間入說愁訴御採用可無之亦於藝州邊　勅諚兩端申唱御沙汰書流布有之人心疑惑於小笠原壹岐守藝地出役也甚心配之旨申越之於一會桑同斷旁右之段及言上旨一橋述之此余無他事呵々之至也此後如例殿下以下到兩役召　御前々條之趣尤無御變動又於　勅命ハ一度被　仰出之外無之間可安心旨以武傳可被　仰渡由被仰出近日之事每事如此雖發言無益之間閉口了雖似木石於今ハ奈何之唯々慨歎而退了秉燭還家　今朝前左金吾來談　櫛笥中將日光例幣使下向自濃州加納驛伺　天氣書狀到著今朝息大夫被持參之今日參　內及披露了返翰可遣之間加勢卿執筆相托了　自戶田和州肴到來昨日賜菓子答禮云々

九日返書遣之加勢哲長卿執筆也

○七日丙申晴陰雲東北行午時以後快晴雲南行
巳時前著位袍差貫參　内以表使賀申今日　松尾祭御再興之儀　親王同
上此後退出還家　前左衛門督重德來談　熊谷兵衛藝州藩荒木三助備前
藩平井源八郎同上等來乞謁稱用叓不面會　重德卿公愛朝臣等文通
室參詣于護淨院小時還渡　今日　松尾祭也　勅祭御再興日來廣橋大
納言胤保行叓之上卿右衛門督長順辨長邦等參行廣橋同參向云々委可尋
今夜數聲郭公啼
○八日丁酉快霽雲南行風自南吹薄暑大加
戸田和州書通　公允朝臣來談　鄙妾二十日假服相濟今朝出勤
○九日戊戌快晴午前以後陰雲東北行及深夜雨灑
若井鍬吉尾州藩　荒木三介備前藩　平井源八郎同上等來面談時勢之事　光愛有
容卿文通　冷泉大夫爲柔來勸一盃夕還去　戸田和州書談之事有之
祭使愛宕中將寮御馬乘試來十一日辰半剋可牽於彼第旨可下知由祭奉行

長邦以封中示送之卽如例下知于御厩了　來十一日御學問所御當座被
仰出旨觸來
○十日己亥雨灑雲東北行西南風烈巳時後晴夕北風雲南行
午半斜著衣冠參　內當直所參勤也　今日殊御用閑長景安閑無事送之
今夜宿侍如例　安井代參如每月
○十一日庚子快晴北風頗寒雲南行入夜月暈
早旦退出歸家　伊王野次郎左衞門來西下暇乞也面會談合時世之事
戸田大和守入來有風聽一萬石分知之事而會此次時勢之事內談有之
高松三位來需愚詠染筆　岡本豐前守進　大田社御寶札如例予侍從丸
兩人之分也仍奉金子五十疋二包是定例也
○十二日辛丑陰晴巳剋後午後雲收盡天淸北風頗寒
前左衞門督來談世事　戸田大和守今般本家越前守ゟ分知一萬石願濟
昨日入來吹聽賀遣之爲歡干鯛一箱太刀一腰馬代白銀五枚幷別段三幅對

十五日御厩ニ下知了

掛物（絹地圓山應文筆）一箱硯筥（白木）（桐）文臺（同上）等贈之　室向於里元（今城）逗留老親前
黄門所勞之間爲訪問也　今夜戌半過近邊人音騷然失火　內裏御近邊
之旨也愕然望見北方之處火焔熾竹木燒亡之響似炮聲彌駭然卽著直衣馳
參此間鎭火了云々然而　親王丞相兩役以下堂上地下參集近日浮說流言
有之別而人心不穩亦武士等多參上云々數剋鎭靜之間緜向等之事每事加
下知丑剋過各分散退出還家建春門通御普請小屋燒亡也

○十三日壬寅晴東風吹雲東北歩夕陰催雨氣頗寒

光愛通熙保實等卿有書談之事　昨夜疲勞平臥加養

○十四日癸卯雨下雲東北行午後晴及夕快霽北風寒

內相府（忠房）書談之事有之　藏人左少辨　吉田祭參向ニ付御馬一疋拜
借廿三日辰半剋可牽立之旨頭辨豐房朝臣以封中示送之　來廿四日月
次御會和哥詠進被觸之奉行日野亞相云々　今夜寅刻前京極春日通邊
民家燒亡其間近之間心配之處暫時鎭消了近火訪問馳參輩多又自所々使

者來不遑擧記

○十五日甲辰晴雲南方歩北風寒吹北山奥雪白云々 後日聞之昨日比叡山邊雪降云々

頭辨豊房朝臣送消息云

追言上來廿三日支干相當候可令存知給候也

吉田祭左右馬寮役御馬之事任例可令下知給候也誠恐謹言

四月十五日　豊房

〆三條前大納言殿　豊房

十九日代勤依請被聞召旨頭弁示之如例下知了

答領狀之旨了　即下知于左右馬寮之處右馬寮依所勞代勤願書差出之

即奉行頭辨許ニ令差出了　今曉近火訪問先々遣使令謝遣之　戸田

和州來談　野村左兵衞來面談　室章子今日自今城家還渡

○十六日乙巳晴雲南行寒冷如二月下旬比入夜薄曇

奉納金三百匹於　御本尊申降　御寶牘如例奉奠祭亦如毎月　前左金吾重德來談　午半斜著直衣參　內當直參勤御用邊相役往來亦　親王

御乳人面談等有之　今夜宿直如例　内相府忠房書通再三時勢之事
ニ付談申之趣有之又重德卿同上有之
○十七日丙午晴陰辰時後晴未剋後陰雨下雲東北行
早旦退出還宅　安達清一郎因州藩井上庄二郎大垣藩等來面談時勢之事
相役御用書談有之不遑記之　前左衛門督重德書通　新造之中一字
今日立柱有之去八日一二宇亦有立柱之事追々造立祝著々々
○十八日丁未陰雲西歩時々雨灑及深夜甚雨
無量壽院義亮來面會法義聽聞之　御寶牘奉納于一厨子世上不穩屢出
火等有之間奉納于一厨子爲便宜也彼僧進新茗賜金子二百疋　室章子
向母堂家今夜可止宿也　午後參　内廣橋亞相六條黄門等面談去十二
日御近火全御普請小屋詰之者不愼出火奉驚　朝家之條不輕ニ付件番人
等處置嚴重可有之所存之處武傳等不取計曖昧之儀ニ付示合之趣有之此
他内々申談條々有之未剋許退出還家　著狩衣向於室母堂家日來不豫

之處老年追々加重之間所見訪也肴隨身贈之被勸一獻夕還宅　　前左衞門督重德書通申談之旨有之

○十九日戊申雨沛然雲西行午後霽雲猶東北行

戸田和州來談　　鴨一社總代北大路甲斐守來如例年進葵桂　　室自母堂家還渡

○二十日己酉晴雲南行時々小雨灑

卯半斜著直衣今日主上御直衣之間臣下著直衣無憚之間著用之年來度々所著用也奴袴參　　內依賀茂祭也辰斜出御云々如例候於馬形障子邊使右近中將通致朝臣參長橋切妻勸盃等有之東遊如例賜祿紅打祖次覽飾馬事了進發此間退出還家　　重德卿來談世事　　內相府公愛朝臣等文通同前之事也不遑記之亦此他諸藩士等一兩輩同談時勢又不能舉注　　侍從麿公勝來逗留明日著袴祝可有之ニ付自今日所來也　　植瞿麥數株於後園

○廿一日庚戌晴雲南行午後快晴雲收北風頗寒

侍從丸公勝著袴今日催之時節柄實ニ內々之儀唯著水干社參而已也儀式總而略之凡近世諸家多如此又世俗多冬十一月比催之近代俗習也舊儀不論季節之條見諸記之間今日吉日ニ付催之日來治定之每事所用意也

巳上剋令著水干紅梅紐紫袖結毛拔形萠木紫等糸籠前尻髮垂之以紅薄樣結之持扇予刷之卽出門美濃守平洪胤隨從之自余近習兩三人乳母等內々相從之參詣于　下御靈社奉納金百疋申出神札祝著々々次向戸田和州家肴鯛掛一一臺隨身之數剋之後還家無異遂社參殊天氣淸涼昌榮之兆明著所祝著也　上下祝酒有之冷泉大夫幷眉延姬戸田大和守等入來所招請也祝酒勸酬盡歡尤祝著之至也　冷泉夫婦扇盃肴被贈之戸田和州ゟ鯛一掛水干料金三兩肴料同五百疋等到來自余今城室家ゟ二千疋爲答禮肴一折樽代五百疋之贈家僕幷鄙妾里等ゟ進上物有之　爲祝儀鄙妾ニ三百疋乳母白銀三枚同女兩親ニ貳百疋宛其外進上物之輩夫々賜物答禮之　侍從丸可令參拜於　吉田社之處其程頗遠之間不能參拜洪胤雁衣爲代官令參拜了奉納金百疋申出御札祝著々々　相役御用書談有之　山口右馬大允來居

申昨日　國祭寮代勤無異勤仕了之旨

今日入梅

○廿二日辛亥晴雲南行北風涼

戸田和州文通先年被讓贈藤鞘卷短刀鞘金具等其儘返送之於中身長谷部國信作
上作物也先年予買求之相應之品故其儘贈遣之間永久可被佩用旨示遣之處大
慶之旨被謝之　午半斜參　內當直也　侍從丸還向於松ヶ崎　相
役武傳等御用書談有之　頭辨豐房朝臣面談明日　吉田祭無異言上自
南曹辨言上否之儀准　春日祭南曹言上可然旨答諭了　今夜宿直亦如
例旨　頭辨面會之便家傳注進屬之當月朔日可注進之處及延引旨相謝
之注進如左次奉書四ッ折上包美濃紙兩人注于一帋

實　愛四十六歲

慶應元年十二月十八日辭權大納言

同月廿一日　聽本座

議奏勤仕殊國支勵精且有家例之間被　聽本座之旨被　仰下

次上卿授勅書於中務輔令持參於本所

公　勝四歳

慶應元年五月二日　叙従五位上

同二年正月十五日　任侍従五歳

冷泉大夫夫婦有書通　桂宮淑子内親王稱敏宮今日辰剋一品准三宮等宣下有之於一品ゝ消息　宣下於准后ゝ陣　宣下也上卿右大將家信辨通房等參陣先奏　勅書草次淸書次上卿授　勅書於中務輔令持參於本所次上卿仰賜年官年爵之事於外記仰賜封戸之事於辨云々以御使近殿上人習有賜物　就前條當役之輩干鯛一箱樽代銀壹枚可進上旨兼日彼宮御世話野宮黄門談之仍今朝以使進上之了竪目錄中鷹二枚重不書名假字書如例干鯛箱又同上假名書也如例參賀等之儀無之

○廿三日壬子快晴午後雲出西步東風夕陰入夜又霽

卯斜退出還家　公宴御月次後日詠進之事奉行日野大納言以切帋示送之楊莒返却了　柳原亞相戸田和州等文通　園池少將來被談來月三

日桂准后宮參　內前駈出任ニ付衣體召具等之事加諷諫了　昨日桂宮准后　宣下ニ付被稱桂准后宮御座次可爲准后上旨被　仰出仍御世話妙門室ゟ今日達之左云

敏宮一品准后　宣下ニ付自今被稱准后宮御座次可爲准后御方上座被　仰出候事

文通八條前中納言返却所借置之改元文書類　今日如例　吉田祭也上卿日野大納言云々可構神事參拜之處有差支之間不及神齋代官隱岐守藤範忠令參拜了　左右馬寮來報申　吉田祭寮務無異勤仕了之旨

○廿四日癸丑晴陰及夕晴雲西歩或東北方行不定

公愛朝臣來談時勢之事往時之儀等　戸田和州以使被贈太刀一振件太刀金具散文也傳來物之先年依或人勸申贈彼和州也然而傳來太刀無數之間非無頗遺念之處今度和州藤鞘卷短刀可返却旨被賴乞甚以無覆藏却而於予安悅亦於予も無隔意可示聞旨被談之仍件太刀可被返却歟之由所示送

也然而欣悦所被返送也又別段今度一萬石分知ニ付爲祝儀被贈一文字作
貳尺四寸五分一振芳志深喜悦之至也使者引出金貳百疋遣之了　後時以狀芳
志大慶之旨謝遣之了

○廿五日甲寅快晴東風薄暑大加

辰時著雁衣秘色裏薄紫紺裌厚細袖結參拜　北野天滿宮如例昇於社壇御寶前朱漆階上也奉拜奉
納金百疋屬社僧松榮坊頂戴御供米幷神酒等了下向直還家于時辰半斜程也
未剋著布衣蒲萄染白裏香裌厚細袖結向關白家妙門申立神鉾幟一昨年燒失ニ付今度
禁中　親王等御寄附之事申入之申次家司武傳申談可計旨被示命之次詣于內
大臣第被他行云々仍直還宅　贈生張水草年魚鯉等畫小衡立一基於戶田和州
許昨日被贈一文字作太刀身之答禮也　裏辻中將有文通示合之事

○廿六日乙卯晴東風吹雲脚不定

妙門里坊留守居召出　新日吉鉾幟御寄附申立ニ付有示合之旨

○廿七日丙辰天晴雲南步東風吹薄暑大加

午半斜著直衣參　內國事御評議也然而今日御用無之之間可退出旨也殿下內府等時勢之儀少々有談申之旨又於殿下江妙門申立　新日吉社鉾幟之事中談武傳同上示談有之　申剋退出歸家　室章子向母堂家老母日來所勞之處一兩日加重之間行向可逗留也　桂准后宮御使來過日一品准后等　宣下進上物御答禮干鯛一箱樽代白銀二枚等來　今朝三條西少將來談中將申望之儀被談之　大陽寺四郎左衛門來謝申此程染毫物進羽二重一反　文通右衛門督長順　一乘院門跡里坊庭中　藥師如來御前ニ香華供臺寄進之且垣壇同寄附之先年長々居住于彼里坊値遇結緣不淺之間所寄進也

○廿八日丁巳快晴薄暑益催自夕冷氣

室自母堂家還來保姬相替向彼家逗留　午半過著直衣參　內當直參勤宿侍如例　今朝櫛笥大夫來父朝臣道中ゟ被贈伺　天氣書狀被隨身仍今日持參以女房披露了

○廿九日戊午快晴雲南辭風自西南來暑氣相催

卯斜退出歸宅　花園大夫來風聽來月四日前左衞門督息女嫁娶卽夜婚禮幷同上ニ付被招請且諸大夫一人可借渡旨等被申置之　書通河鰭大夫實文

●五月小

○一日己未晴午後陰東風及深夜雨脚沛然似傾盆

當日祝儀如每月亦今日於家內申時不定或午時迄禁酒魚味等是唯一身愼也

巳半斜著衣冠差貫參　內當賀每事如例朔事訖未時退出還家　前左衞門督重德來談

○二日庚申雨降雲西行東風荒吹

妙法院門跡申立鉾幟之儀ニ付武傳文通申談之旨有之　役料米申出ニ付所司代裏印之事今日以使賴遣之明後日可相渡之由也家僕等商量之儀也

○三日辛酉陰雨雲東北行午後晴雲南行北風涼
戸田大和守來面談　保姫還渡自去月廿八日所逗留於外祖母家也
若王子村燒亡唯一宇云々
○四日壬戌晴雲南行及夕陰暴雨須臾屬晴
戸田和州内々賴ニ付借遣金子貳包　役料米受取手形所司代裏印過日
賴遣今日令申出之如例相渡云々　花園大夫今日娶前左衛門督重德息
女今夜婚禮式如方有之堅固内々省略之儀也仍贈太刀一腰干鯛一箱馬代
白銀一枚等於太夫亦贈文匣三合三一ニ於新婦予被招請之處聊宿痾相冐之
間不能行向之旨令述之了依賴乞借遣諸大夫一人隱岐守藤範忠借遣之了　高
橋義介南部美濃守臣來明日出立歸國ニ付爲暇乞所來之進肴料白銀三枚賜扇五
握盃一口硯一面水滴一口唐墨一挺等諸大夫兩人ゟ贈貳百疋宛云々
○五日癸亥快晴午後薄陰夕晴
端午佳節祝式毎事如例　巳半過著直衣差貫參　内當賀如例且當直也

宿直亦如例旨　園池少將冷泉大夫花園大夫幷地下數十輩來賀近衛家
以下祝使贈答不遑擧記　酒井十之丞（松平越前守臣）來進國產（奉書紙雲丹等）乞面會參
内中之間他日可參云々

○六日甲子晴但薄陰巳時後晴及夕亦時々薄曇

早朝退出還家　昨日自常陸宮被贈書狀世事少々被示送之又賜菓子雲
丹等今日進返書贈進硝子風鈴燈　前左衛門督有書談之事　家僕高
松圖書去三日住所類燒家財燒失了一昨年類燒今又罹火難甚不便之至也
仍賜金五兩米一石等別段予納戸金五片晒一反等惠遣之了

○七日乙丑薄陰及夕雲重東風頻扇雲西行入夜雨下

内相府書通有之　溝口主膳正來三箇月詰上京之旨報之　鄙妾下宿
夕還參

○八日丙寅陰晴雲西步時々雨灑雲又東北方行

酒井十之丞（松平越前守家臣也）來面會隱居大藏大輔時勢之事ニ付心付之趣申越之

旨有之至當之儀故可相含由答之時勢種々內話有之賜紙入多葉粉入盃扇
子五握等　未斜參　內今日國事御評定日也殿下以下到兩役參集如例
稻葉美濃守老中職也參　內長州裁許申渡夫々追々可致處置旨自大樹奏上之
被　聞食由以武傳有答命　御前評有之爲差事無之暫時議了退　內
相府時勢之事被面談慷慨悲泣之外無之　妙門申立　新日吉社鉾幟一
基御寄附件料金四拾三兩三分武傳ゟ被相渡之　御用了申半退出
召寄妙門家來前件金子令家司相渡之了進受取書　先時前左衞門督入來參
內中故被歸去云々　公愛朝臣書通有之

○九日丁卯陰時々雨灑雲東北行亦時々陽光照未剋過大雨似傾盆其後天象猶今朝以來暑又大加
前左金吾重德卿來談　日野亞相資宗卿有書通

○十日戊辰陰雨天象如昨日
內相府前左衞門督裏辻中將戸田大和守等有文通內府金吾羽林等ゟ時勢
之儀也於和州ゟ別事之又彼人所勞訪問贈菓子爲答禮被贈半剪紙書翰袋

等　　眞田保膺來三个月詰上京居也　　安井金比羅宮代參奉納一樽如

每月

○十一日己巳晴雲東南行或東北歩申剋小雨入夜雨頻下

頭辨豐房朝臣封中相送云報領狀旨了

祇園臨時祭舞人料寮御馬六疋右如昨年可令下知給候也

五月十一日　　豐房

二條前大納言殿

前件御馬之事仰洪胤令下知于御厩了　　未時斜著直衣參　內當直也

參　內之時建禮門透垣中物在之仍加下知取寄之令一見之處陶器四ッ以

繩結括之以布包之爲差奇怪之筋も無之然而當節柄之儀故爲令相役中示

遣置之訖　　權中納言雅典公靜朝臣等文通　　今夜宿侍如例　　今朝

花園大夫來來十六日長橋局廣メ祝酒可有之取持之事被賴旨被示之同上

之事長橋局以使賴來此事ニ付長橋局以表使問答之儀有之又事々先規取

十三日挨拶使遣之

調之　妙門使來　新日吉社鉾幟過日御寄附之事厚配被謝之金三百疋到來家僕等同上有之　役料米五拾石今日於二條藏受取之云々家僕等商量之儀也　後院所衆總代佐々木大和介來同僚大石右衛門尉櫛笥中將隨從日光下向之處朋輩等不正之儀有之加制止之處不相用監察職掌不相立之間憤怨於大井驛自盡之旨且右ニ付養子富彥申立願書差出之先預置了日來此事自方々聞及之不遑記巨細之事　中條左衛門督來自浪華上京屆且時節安否訪問旁入來云々

十五日町田方へ挨拶使遣之

○十二日庚午陰雨雲東北行又時々晴午剋後不降雨

早朝退出還家　園池少將來々十六日勾當掌侍弘メニ付種々有談合之事　前左衛門督安達清一郞因幡等來談時勢之事　薩州家老町田內膳來上京ニ付訪安否進藤緣盃二枚烟草一箱等　章子向里元可止宿也父前黄門所勞之間所向也　來十七日小御所御當座被　仰出之旨當番相役觸來世下騷擾人心洶々物議騷然之處宮中鎭靜然而形容安閑心神不穩

甚以恐惶之　御時宜也然而微力難逮唯慙懼之外無他

○十三日辛未陰時々小雨或陽景間々出現蒸暑

高野三位來面談長橋局弘之儀ニ付彼卿姉勾當掌侍蒙　仰弘之時之儀一昨夜於省中予及尋問條々今日被答之此次彼姉呼藤宰相（先年隱居被仰付元勾當掌侍也）久々愼被仰付未蒙　勅免愁歎之趣種々內々被談之近年人々如此　勅勘之類不少悲存之外無他不遑記之又畏憚之間不記之　松室丹波羽倉越中（松室番頭代羽倉御獻下也）等來十六日長橋局弘取扱可存知旨示遣之御請之旨兩人申之

公靜朝臣文通　熊谷兵衞（藝藩）來面談世事

○十四日壬申陰時々小雨天象日々大同小異午後雨頻下入夜益降續

園池少將花園大夫等來談皆來十六日長橋局弘メ之儀也不遑擧記　未時過著直衣參　內國事御評議日也然而御用無之可退散云々　殿下謁申十六日長橋局弘ニ付任先例御參相預申之旨申入之了此次時勢之儀數ヶ條申承又他事少々申入之了　內相府謁見時勢之事數ヶ條申承之

相役武傳等來長橋局弘ニ付參集申入之時剋等示合了　同上人數書付
執次土山淡路守ヘ相渡少々示合之旨有之　事訖申時過退出
○十五日（癸酉曉來烈風甚雨辰半過雨休風鎭雲南行午後晴北風頻吹落寒冷甚及夕快晴雲彌南出入夜滿月清光天氣似秋老少著綿入衣服）
間瀨左近出府ニ付爲暇乞來面會遣扇子二箱（五本入二箱）餞別之　吉田精一
郎歸國同上來面會賜扇子三本貢入盃同臺等　公靜朝臣文通　花園
大夫過日婚儀歡贈物之答禮太刀一腰干鯛二箱馬代白銀一枚自新婦綸子
一反等到來　室還渡過日來今城下冷泉等逗留也
○十六日（甲戌晴雲南行北風寒）
奉納金子三百疋於　本尊如例月　寶牘降臨奉奠祭亦如每月　贈太
刀一腰綿二屯馬代（白銀一枚）藤盃一箱等戸田和州美濃紙二十帖源氏烟草一箱
於同家內等先達眉延姬婚姻ニ付賜物答禮也　亦贈白銀一枚宛（肴料也）於
戸田越前守同大和守等春姬出生歡到來物返禮也　午半前著直衣差籠
參　內長橋局弘ニ付參集也兩役追々參會取持園中將園池少將花園大夫

同非藏人松室丹波羽倉越中兩人筆日予催置之等參上殿下御不參也以表使其旨申入用掛取次土山淡路守下知之事具之間被出祝酒等予專商量之獻立別帋ニ有之其次第粗注別紙赤飯吸物三ツ重肴三組鉢肴三ツ嶋臺高坏右二品以表使被出之自余向ゟ皆出之茶菓等也右京大夫御服所女房出來挨拶有之嶋臺盃金盃計ニ銀不用之予飲始之如元置于嶋臺上傳于差次人柳原亞相令非藏人傳之次第巡流到宸未人止之此後表使を以挨拶申入嶋臺高坏容器也等賜于取持非藏人申時前早出還家此後三卿三番所非藏人等祝酒有之　長橋局使來赤飯一重鯣一臺以上役邊ニ而到來也交肴一族且取持頼等ニ付到來等到來　贈鯣一臺到來之儘於長橋局今日歡申入之相役皆如此

於　宮中武傳兩卿談合　祇園臨時祭舞人料御馬六疋幷　勅使哥人等御馬拜借等都合九疋入用之處員數不足右不足分武家ゟ可差出之旨此事過日殿下所談申置也　進交肴大鯛蛤等鱧於尹宮先達移徙ニ付別段被贈下酒一樽之答禮進之　通富卿文通

○十七日乙亥晴巳剋後陰雨下及夕屬晴入夜月清

越前權介爲遂送消息云
追言上剋限唯今可令參給候也
今日可有和歌當座御會可令參給之旨被仰下候也爲遂誠恐謹言
五月十七日　爲遂
三條前大納言殿
領狀即時送遣請文云
追申唯今可令參仕之由令存知候也
今日可有和歌當座御會可令參仕被仰下候旨奉候也謹言
五月十七日　實愛
〻　實愛
巳半剋著直衣奴袴（小御所御當座之時奴袴、御學問所之時著袴也）參　內報參仕之由於奉行爲遂今日
當直也仍直所參番也　兼日御人數之時於遲參〻奉行へ不能出座旨申
置之今日臨期替故不出座旨不及示之也　午時過　出御之旨以兒被

仰出奉行示之率近習詰候如例事了　入御　　奉行招予賜題旨示之予探
題盛蓋硯取之披見了入懷中取料帋退入　詠草以使覽于前殿下即加點被
返下之間清書短冊屬于奉行爲遂了　親王御乳人有面談　保美卿公
允朝臣等有面談之事　今夜宿侍　花園大夫來謝昨日長橋局弘メニ
付取持之儀　長橋局使來同上之事被謝之被贈交肴一臺懷中物等
昨日例月一晝夜禁酒肉謹愼之處長橋局祝酒ニ付解精進禁酒等仍今日晝
夜禁酒肉
○十八日丙子晴雲南方歩北風寒不順之氣候也
卯半時退出還家　戸田大和守來談被謝所勞中訪問之事　贈交肴一
臺於長橋局昨日被贈物答禮之
○十九日丁丑快晴雲南行寒冷天氣昨日大同小異也
神保内藏助萱野權兵衞以上會津家老等來日來乞謁見仍今日所面會也兩人進太
刀馬代白銀五枚ツ兩人同樣也、等贈扇五本盃猪口紙入莨入等兩人同樣先遣熨斗昆布外嶋機兵衞同道仍召出面會之三人一同談話時勢之事不遑記之　今城前中納言日來所勞中風症云々之處加重之旨告來室直令問於彼家先以同樣之趣也室止宿于彼家先是今日室詣于護淨院小時直ニ還渡

○二十日戊寅晴陰午時後漸陰自夕小雨灑入夜雨益降

北野松榮坊來納神札祝著々々　午半過著狩衣向於今城前中納言家訪問所勞昨夜不輕容體之處今日頗快然面談凡不異于平常隨身肴一臺贈之被勸一獻冷泉大夫夫婦來會戌剋許還家　予兩三日來左膝屈伸疼痛之處今日頗加重起居甚所難澁也

○廿一日己卯雨下雲西步終日雨頻灑入夜益降

石井左兵衞少尉來談　戸田和三郎室家男子出生之旨有風聽遣賀使

○廿二日庚辰陰雨雲南行巳時雨休午後晴及夕快霽

內相府前左衞門尉等文通　室章子自今城家還渡去日來所逗留也

小松左右介自西國上來防長事情等巨細申之亦主人丹波守ゟ內々被謝送

彼左右介年來懇情成遣之事被贈白銀七枚　痛所增重專加療治用膏藥
○廿三日辛巳晴雲南行暑氣頗加風自南方來
昨冬眉延姫冷泉大夫方ニ引越之節戸田助三郎ゟ爲祝儀金五十兩到來答禮太刀一腰綿二屯馬代白銀一枚等贈遣之　佐藤幾之丞昨年來當家在勤當三月任限了之處造營掛申付置之間到今日猶在勤之處同役吉田圓平過日上京交替可歸國去日給暇仍明日可出立云々依之金三百疋（一ヶ年在勤ニ付遣之）同貳百疋（出立ニ付祝酒料）等任定例賜之又造營掛ニ付文付肩衣幷金三百疋等遣之自章子賜金貳百疋是例也但造營ニ付所賜ハ別段之儀也　今城室家傳役今嶋太右衛門上京ニ付參入予以下面會遣熨斗昆布予へ百疋室同上總容ニ同上等進之　護淨院湛海僧正來面會賜茶菓
○廿四日壬午快晴巳剋後時々陰午後全陰雨下夕止
午斜著直衣詣于殿下之處既被參　内了云々仍直參　内今日國事御評定日也如例殿下右大臣尹宮常陸宮内大臣左大將九條大納言兩役等參集也

殿下謁見時勢之儀ニ付極機密談申旨有之亦内相府同上有之　申斜各
參　御前御評定之事兩三个條有之事了日沒之程退出還家　前左衛門
督重德卿有書通

○廿五日癸未晴陰自夕雨降出

新造家一宇成功此一宇室章子居間也今日巳時吉日良辰可有移徙也仍先
仰出雲路大和守淸祓令勤修巳斜出雲路大和守淨衣參入修之此後章子移徙
堅固密儀唯引移計也祝酒有之祝著々々　戸田大和守庶孫去日出生今
日六日垂云々爲祝儀贈肴料白銀一枚廿六日答禮銀二枚到來

○廿六日甲申陰雨雲西歩巳時後間晴及夕又雨降

著狩衣蒲萄染白裏香紋厚細括紬詣于内相府卽右府忠房被謁見密談移數刻時勢不容易
朝廷因循俗論盛行每事曖昧被失聲望慷慨大息依之予進退之儀等談申及
夕退出還家　山内整之助松平土佐守家族來爲土佐守名代上京ニ付爲時候訪
問所來也

○廿七日乙酉晴陰雲南行北風清涼
冷泉大夫婦來亦今城大夫來會於新造亭勸一獻入夜各歸去　富田大和
守來納神札進御初穗如例年　井上庄次郎來進西洋蠟燭十挺
○廿八日丙戌晴巳時後漸陰午後又降雨
巳半時許著直衣參　內當番且今日武家法中等參　內也　午時比武家
溝口主膳正眞田信濃守等參　上出會等如例又法中山門兩人仁門出世院
家妙門院室等參上事々具之間未尅過　出御先武家　御對面賜　天盃次
法中　御對面等了　入御　祇園臨時祭舞人六人寮御馬騎試來月三日
卯尅里第へ可牽廻旨願申ニ付夫々下知之了　今夜宿直如件　溝口主
膳正眞田信濃守等參　內ニ付太刀馬代（白銀五枚ツヽ）到來於眞田家ニ朝覲相爭
ニ付別段同樣贈之是例也　參　內武士法中等來畏申但於溝口ニ稱所
勞以使者謝申之
○廿九日丁亥晴陰雲東北行時々小雨未時雷鳴北方夕立小時晴夕又西北方遠雷間々細雨灑

早旦退出還宅　戸田和州賴ニ付借與金五百兩　松室河内小松左右
助等來面談　足痛再發仍平臥專加療養

●六月小

○一日戊子晴陰雲脚不定午後北風涼落雲南靡

朔式如毎月　於家中夕迄中時也或午刻禁酒肉毎事相愼是一身所戒也　當
賀可出仕之處足痛難堪之間不參之事相役示遣了　進狀於博陸許時勢
之儀ニ付有申入之旨賜返翰有報復之趣　新造屋居間一宇今日有上棟
之儀内々省略之式也大工棟梁以下有賜物亦遣酒肴料委曲別記盡記錄之

○二日己丑晴陰不定雲東北行風自南方來

書通柳原亞相予痛所相惱ニ付小番以下之儀及相談之處先小番一二个度
可繰合旨被報之 ◐ 明日内々　故君御正當明後日所露顯御正忌ニ付兩
日　天尊奉拜可憚哉否之儀諮問于湛海僧正之處不可憚之旨報申之
溝口主膳正來畏中去月廿八日參　内拜　天顏賜　御盃之事

○三日庚寅雨下雲西北行終日陰雨夕北方遠雷一聲深夜甚雨
故殿内實御正當也毎年加愼可參拜御廟之處日來痛所難澁之間令範忠代
拜　今朝奉拜除神祇之外拜禮如毎日　前左衞門督重德文通　井
上庄次郎歸國ニ付爲暇乞來賜扇盃等
○四日辛卯陰雲行不定
御正當不得參拜之間代參如昨日　重德卿文通　伊王野次郎左衞門
因州藩來談長州應接事破談明五日ゟ攻擊云々實ニ　皇國安危於此一擧年
來苦心之處令終如此天之機數人力不可及於今て不能是非悲歎之至也
小松左右輔談同事
○五日壬辰晴陰雲東北行朝霧深午後晴暑氣甚盛
前左衞門督來談　長州自今日攻擊云々
○六日癸巳晴雲東北行時々暴雨入夜猶天氣如晝
左羽内右膳南部藩來歸國ニ付申暇乞云々進白銀五枚賜扇五握盃二口紙入

七日御厩に下知了

萓入等　六角大藏大輔來　祇園臨時祭參向ニ付御馬牽入刻限無遲々樣被賴存之旨被申置

○七日甲午晴陰時々細雨雲脚不定未時過雷鳴甚夕立大降小時雷止雨猶時々灑夕有涼氣

戸田大和守文通　夕白　宮中相役柳原亞相送狀今日一橋中納言桑名中將等參　內當春幕府經　奏聞長州處置申達之處於長州不奉命之間今度問罪之師可差向仍此旨言上之且右ニ付　御返答御沙汰被　仰出之趣等書付二通被爲見下之間所存無覆藏可申上旨殿下被命之尤殿下以下被相待之間速可報申云々乃遣返狀云蒙下問畏縮別段異議無之此旨宜被申入云々彼二通返却了此事及今日非可逮力年來苦心配慮精々相盡之處却ゟ蒙嫌疑事實不被相行於今奈何之天下亂階有此擧　皇國安危亦迫此時奸徒佞臣失國家古今同轍然而不能退之徒慷慨無益之至也治亂之數不及人力者歟

○八日乙未晴午後晴又夕陰深夜雷電

六條黄門有文通　眉延姫誕生日祝儀肴贈答祝著々々　夜四時五分
入土用
○九日丙申陰時々小細雲東北行有涼氣入夜時々暴雨
戸田大和守來談　門脇少造因州藩來談時勢之事　侍從丸來逗留
署中來問堂上地下或使等多來亦山階宮ゟ同上有被贈物自余地下一兩人
進菓肴會津中將ゟ鯉二尾到來　遺鯉二喉於町田内膳上京之時進國産
之故所賜也町田薩州家老也　公考朝臣來需詠歌染筆　毛利大膳父
子以下不奉命ニ付問罪之師差向之儀諸向ヘ達之事被　仰出旨相役當番
ゟ申來達書被相廻之即時妙門里坊へ相達了　勾當内侍廻文來々十六
日嘉祥ニ付可令祗候旨被示之
○十日丁酉陰晴時々小雨入夜雨等天象總似昨日
公宴御月次和哥詠進之儀觸來奉行越前權介爲逐云々　署中來問堂上
幷地下官武數十輩有之

○十一日戊戌晴暑氣盛入夜月清頗涼氣北風吹落
來廿五日　聖廟御法樂倭哥詠進之儀被觸之奉行源中納言云々　公考
朝臣所望愚詠調筆遣之　戸田助三郎自來七月到九月三箇月京都詰被
申付旨風聽且何歟賴存之旨示送之　侍從應還向於松ヶ崎邑　暑中
來問堂上地下等數十輩此中進物有之輩少々有之
○十二日己亥快霽東風吹炎暑甚
松室河內來御日待御用之儀ニ付拜借金之事願申旨有之日來予所取扱也
依此事進茶酒器二品　暑中來訪堂上地下數輩宗對馬守ゟ暑中見廻大
仁參貳兩目到來　室向於母堂家老母大患追々加重之間所令向也一兩
日可逗留也　嘉祥米申出如例年　親王同賜之
○十三日庚子霽雲西歩東風或南風
熊谷兵衛藩藝來談時勢之事　室章子還渡
○十四日辛丑晴雲東北或西北行東風涼吹

柳原亞相來訪面會自余暑中來問堂上五人地下或武家使等多來　文通
柳原亞相明日　祇園臨時祭　出御詰依所勞不參之旨示遣了　重德卿
文通　明日　祇園臨時祭舞人哥人等料寮御馬代武家ゟ差出之分之不足故
也何方へ可牽立哉且時刻可示旨武傳野宮ゟ被尋之間御厩ハ子剋今夜子剋也
可引立旨可被下知由相答了　前條之通取計之間其旨可存知旨御厩ハ
下知訖　轉法輪侍從來廿二日迄子細所勞引籠之旨告知之以前此事ニ
付有相談之趣毎事答諭之了
○十五日壬寅晴風雲如昨日午後陰入夜猶陰有涼氣
前左衛門督來談　今日　祇園社臨時祭也　御禊　出御ニ付可令參仕
之處痛所ニ付不參昨日相役示遣了　御禊以下祭式如例歟使右少辨通
房舞人樂人六人別勅歌人堂上二人參向云々社頭儀可尋使通房懇願參向也
園池少將來談之儀有之　松平丹波守使畔田彌右衛門來時候訪問有音
物畔田ゟ進上物有之且丹州內願筋同人談申之　暑中見舞來訪堂上地

下官武數十輩又武家使者多來

〇十六日癸卯陰辰半許晴自夕生涼氣

奉納金三百疋於　本尊奉迎　寶牘奠祭等如例月又今日於家內晝夜禁酒肉每事相愼又如每月　室老母所勞加重之旨ニ付令行向　嘉祥御盃不參勾當內侍奏者所幷相役等以使申入亦御盃詰同上之旨相役以狀申遣了　嘉祥祝式如例　前左衞門督重德文通　花園大夫月見ニ付可招請之處時節柄ニ付猶豫仍肴一折被贈之仍爲祝儀蝙蝠料金三百疋相贈了　暑中來問數輩使又少々有之

〇十七日甲辰快晴北風雲南行自夕有涼氣月清明

書通光愛重德等卿　暑中來問數輩或音物等有之來訪之中公允朝臣面會了　室自母堂家還渡　進狀於內府被下返翰時勢之儀申入之旨有之處以返書又被示送之趣有之　新造屋一宇造立成此屋予可爲居間也明十八日辰時吉日良辰云々仍可移徙之間今日加掃除每事所令經營也

○十八日乙巳快晴南風吹暑氣盛

新造一宇造營成予居間也今朝辰時吉刻可有移徙也仍拂曉每事加下知令用意卯半刻出雲寺大和守參上令修清祓事了退散（賜祿金百疋祝酒料同百疋等）辰斜移徙祝著之至也一同相賀之　侍從麿公勝眉延姫晨子等來祝著欣悅々々後時冷泉大夫戶田大和守等來賀一同祝酒勸酬有之又予以下祝酒飯等令設之每事喜悅々々　家內一統遣祝酒入夜冷泉夫婦戶田等歸去了冷泉戶田等酒肴其余有隨身物各遣答禮有差　今度造營用掛上田繁左衞門段々周旋盡力成功之間召出于前褒賞之賜連翹文付熨斗目（料金一枚七兩貳分之）春姫魚又精勤殊一役其勞有之間遣臂袋（二重織物浪千鳥文）一口出格之恩賜也味始同今日祝之祝著々々

○十九日丙午天氣風雲似昨日暑勢亦如昨日

今城室家被賀昨日移徙到來酒肴仍爲答禮贈丹酒（臺嶋）一樽了　侍從麿今朝還向於松崎　冷泉夫婦有文通　暑中來問堂上地下幷武家使等多來

此中今城宰相中將戸田和三郎等面會　前關白忠熙當今御在坊中傳勤仕筆道御師範多端之御時節在職精勤且先年假　皇后中度々里第ニ　渡御等ニ付生涯賜米三百俵被畏存旨門弟中ヘ風聽門弟第一四辻前亞相所觸出之廻文來翌廿日達于裹松前中納言了

○二十日丁未天氣如昨日暑氣亦熾

進菓子於前殿下暑中伺申依哥道門弟也　畔田彌右衛門明日出立歸國ニ付暇乞來面會賜盃茶器等　暑中見廻來問數輩　書通相役當番之人明日可出仕ニ付有問合之事　室向母堂家

○廿一日戊申晴雲北行時々陰西南風吹蒸熱

公宴七夕御會倭謌詠進之儀被觸之奉行右衛門督云々如例加奉返却之了予所勞順快今日可出仕也毎事令用意事々具云々仍巳半許著衣冠參　内非長理之間不及伺申　天氣相役等引籠中之事聞之不遑尋云々相役面談數ヶ條有之未斜退出參于　親王御直爐　親王准后如例申入暑中之准后

上﨟面會被報御返答此次於八百有面談彼里高松家之事之猥雜多奸曲之
儀不遑記之次詣陽明家暑中訪申次詣博陸第同上次向柳原家同上且過日
來問答禮述之亞相光愛幷老祖母桂峯院八十四歲之面會申半許還家　暑中來訪
堂上一兩人地下數輩有之　書通重德卿　一乘院門跡使里坊留守居森田某內
々被相賴之旨有之不及記錄子細
○廿二日己酉晴陰時々小雨雲東北行未過夕立雷鳴
巳斜著雁衣向前關白第訪申暑中賀申過日被　仰出生涯三百俵恩賜之事
前博陸被謁見暫談申雜事次向常陸宮暑中申置次向尹宮々面談世事移時
午斜還家　聖廟御法樂詠草以使覽前殿下卽時加點被返下　暑中來
問數輩
○廿三日庚戌晴炎暑熾
松室河內來面談御日待御用勤之輩拜借金願望之事非無其理之間可含置
旨答命訖　午斜著直衣參番　夕當役近習等當直之輩召　御前賜御

哂布謹拜受之了　今夜宿侍如例　室章子還家　暑中來訪官武數輩　公宴御月次和歌後日可詠進旨以剪紙示遣于越前權介爲遂許返上御楊莒返上了　供方勤仕之輩炎熱候慰撫其勞賜扇有差

○廿四日辛亥陰雲東北行時々小雨灑及夕屬晴有涼氣

早旦退出還宅　午半斜著直衣參　內近習小番結改如例結改伺定相濟此後國事御評議也殿下以下被參集　御日待御用ニ付拜借金願之儀相役示合之上殿下申入置亦櫛笥中將日光下向道中大石右衞門大尉自害一條御取調方之事相役示合殿下申入武傳申談有之　申半斜退出　常陸宮以狀被贈一軸海僊畫櫻圖　明廿五日　聖廟御法樂倭謌詠進屬于庭田黃門落手云々　高松三位戸田大和守等有書談　暑中來訪十餘輩有之

○廿五日壬子晴雲南行北風涼似中秋節

進返翰於常陸宮謝申昨日被贈品之儀進綵染下緒一掛　高松三位書通

自戸田和州被返金貳百兩去月所借與五百兩皆濟返金也　暑中來問數人有之　聖廟代參奉納御膳料　伊王野次郎左衛門來面談時勢之儀

○廿六日癸丑快晴炎暑殊甚

前左衛門督來談時勢之事　戸田和州被返納金貳百兩先達所借與置也件金子造營料也暫不用之間所借置也　町田内膳薩家老來畏申先日賜魚之事且伺申時節安否

○廿七日甲寅快晴暑氣盛東風吹雲西歩終夜蒸熱

室章子向於母堂家爲看病也　來月廿一日　賢所御法樂和歌詠進之旨被觸之奉行左大丞云々　當番相役ゟ廻狀來云神樂岡西河原宗忠社地ニ依　勅願　太神宮勸請被　仰出云々且右御用掛新大納言光愛被　仰下旨也此事不可說々々驚歎之至也然而巨細之儀不存知之間難建議但於宗忠ハ元備前國祠官近年去世之者也件者之說受得之專張行之徒有之於神樂岡構地所修之信仰之輩不少殿下又專心醉云々雖非邪法如此靈神へ

當春被下神階今又被開社地殊如此地所ニ　太神宮御勸請神慮尤恐存又世上議論又難免實以當惑之至也新亞相頻執奏之旨日來聞及之今日御用掛被　仰下此人之所存可憎々々然而不辨事理不解當否之愚物也如此人被登用之弊終如此可慨可歎

○廿八日乙卯霽東風浮雲西奔夕小雨灑入夜陰蒸暑甚

戸田大和守來談　今朝室章子自母堂家還渡　相役御用書談有之

○廿九日丙辰陰雨西歩時々雨灑蒸熱難凌

公允朝臣來談彼家諸大夫官位之事　前左衛門督裏辻中將等來談時勢之事　松室河内來面談有之　午斜著直衣參　内當直也　自里亭告云今城前中納言室（呼濱姫）所勞追々不相勝之旨依之室章子假服又家中取扱之儀幷眉延姫以下假服之事等伺申之夫々加答示了但今日不及露顯云々久々水腫病症之處終如此七十六歳也年齡過古稀不可言不足然而哀惜親戚之情也　今日室章子向於彼家今夜直還渡云々　今夜予宿直如

例

通富卿重德卿等有書談之儀不及記事之子細

近年多事越月逐日相加不覺日月之過春夏忽暮迎新秋五穀高價防長之間有于戈不得樂四時之風景徒疾入老境可嗟可歎早願太平娛樂之時

臺

慶應二年七月一日

續愚林記

慶應二年
秋冬

○公

○私

十月十二日辭議奏御役

同月廿七日遠慮閉門

慶應二年

●正二位前權大納言藤原實愛四十七歲

●七月大

○一日丁巳陰雨東風雲西歩或東北行夕滂沱入夜猶沛然

當賀祝式如例朔　早旦退出還宅　室章子向於母堂家老母今日病中之體也食餌類品々沙汰遣之了　午時著位袍奴袴參　內當賀儀如例月親王御乳人面談中元御祝儀來七日可賜夫々可催由也仍三卿日野亞相葉室黃門參會之間指揮了　光愛胤保等卿面談　太神宮宗忠社地御勸請之事於胤保卿ゟ愚存同意於光愛ゟ執勸請之儀仍不足論之間殿下迄所存可申入旨相示了此事於殿下又專被執奏之上ゟ不被採用之條必然也然而乍有所存非可鉗默之間殿下迄可議論所決也　未半退出歸家　重德卿來有差支不得面會之旨辭理了

○二日戊午晴雲東北行或巽歩蒸熱甚終夜益暑

前左衛門督結城筑後守等來面談時勢之事　公愛朝臣有文通　未斜著雁衣詣於殿下乞謁卽被謁見時勢之儀申承分數个條也此中方今五穀高價萬民苦之殊防長既動干戈不容易形勢之時　宮中土木且庭作等之儀可被止之事且宗忠社地に　太神宮御勧請之事不可然等之條々申議論殿下種々被辨解然而公平至當之儀ニ非ル之間予不相服仍再三猶論申之處可被熟考云々此事ニ付枝葉品々申議論委曲不遑記之移漏退出詣尹宮謁見申入條々如殿下然而於宮彼二个條近日被苦心之間不日殿下へ可被申入由也此余當時御時宜之事內々被示之趣恐存之外無之又移時昏黑退出還家

頭左中辨勝長朝臣送封書云

（四日御厩に下知訖）

北野臨時祭舞人料　寮御馬六疋

右如昨年可令下知給候也

七月二日　勝長

三條前大納言殿

追申刻限寅刻候也

報領狀之旨了（須加承改 封返却也）今城前黃門室家薨去今日披露前黃門以下假服之事被告知之於當家室兩姬等假服構有之室以下令住別棟之屋別火也然而誤而混雑之恐有之間家中一紵用店屋火然而室以下猶不同火也亦狹少之家別隔難相成之分聊宥置之儀非無之於妻室等ハ古來既寛宥之說有之先達之所爲可從用也不得止事之儀ハ盡事理辨當否令案所決也

○三日己未晴雲南行暑氣熾入晚陰生微凉

公愛朝臣來談時勢之儀　松室河內進年魚　室還家　覽詠草於前殿下七夕御會詠進之愚詠也五日可申出旨被示之

○四日庚申快晴殘炎如焚似炙入夜猶如晝

前左衞門督門脇少造（因州藩）井口貞助（肥後藩）等來面談時勢之事　未時著直衣參　內國事御評定日也殿下右大臣尹宮常陸宮內大臣左大將兩役等參集如例今日不召於　御前　當節柄土木之事御猶豫之事宗忠社地に

太神宮御勸請可被止等之事殿下尹宮柳原廣橋久世等面談數度不能記之殿下參上于　御前被及奏上之處事々御考慮可有之旨被　仰出趣殿下被示之此間移漏暑熱難凌子半尅過分散退出　中川修理大夫ゟ暑中訪問漬蕨一樽到來　今日戸田和州父子來訪室引籠　今朝　御廟代參如例年清淨華院光福寺等一同範忠令參拜奉備華水以下如每秋　林親之進門男也喜左衛父遺跡相續吹聽申越進干鯛料金五百疋且亡父病中以來訪問之事謝申之

○五日辛酉晴陰午後快霽炎暑熾盛

松平春岳上京ニ付爲土產鹽鱈三本繪半紙一箱等到來　未半著直衣參內當直也宿直又如例　常陸宮有書通　今夕室又向於今城亭止宿

六日贈葛粉一箱於春岳旅宿答禮了

○六日壬戌晴陰午後晴秋炎如焚南風涼吹

早旦退出　公宴七夕御會和謌詠進以使屬奉行長順卿許落手之旨使報申之　著布衣訪于內府々々被謁見時勢之儀種々申承之移時及日沒退

自奥方卷テ上ノ方チ折如圖

納于文匣加名封如例
剪紙等不及相副也

星夕同詠七夕祝
和謌
正二位藤原實愛
よとゝゑに天波な
そかは安らのよこ㐂
し毋和らまけゐむゝ
ゐ布ゐ

懐帋如左中鷹以表爲面竪一尺二寸余横見計
書法端造以下總ゐ如圖
文字九十九三ニ書但強ゐ九十三ニ不可限可任意也

今城家還渡
出還家　常陸宮文通　夕室章子自今城家還渡

○七日癸亥晴雲脚不定無微風炎暑甚難凌入夜猶熱

今日午半時當賀可出仕之處暑邪頗相惱之間不參相役以狀觸遣了

三卿日野亞相ゝ親王御直廬可參上旨兼ゐ御乳人示之前條不例ニ付不參三卿日野亞相ゝ

以狀示遣了　前條　親王御用中元御祝儀可賜云々不參之間中院黃門

三條西少將園ゟ金子三百疋被傳之不相變謹拜受之旨以返翰申入了

池少將冷泉大夫花園大夫并地下戶田和三郎以下數輩來賀當日亦賀使贈

答數軒有之　遣漬蕨一桶於安立（達）清一郎暑中贈物答禮賜之　上下祝
酒如家例有之
〇八日甲子晴東風浮雲西行暑熱難耐夕陰入夜時々小雨降
前左衛門督書談時勢之事　久世前相公羽林有書談　保姫餘年姫等
向今城家即時還渡
〇九日乙丑晴風雲如昨日夕遠雷北方電甚及深夜雨下
前左衛門督來談世事相互慷慨大息而止了　熊谷右兵衛藝州人進國產海
鼠　松平丹波守以飛脚告越云毛利大膳追罰藝州口討手之儀幕府申付
云々大變之世態唯慨歎之外無之　明日國事御評議有之由觸來
〇十日丙寅陰雨微涼巳時後霽暑强雲南方行
明十一日御芽出度事御盃可祗候旨勾當內侍廻文來うけ給ぬと書付返却
如例　萱野權兵衛會藩歸國ニ付暇乞來進銀五枚面會賜紙入ノツヽレ錦貰入
同上盃等田中左內會人也同伴來面會遣扇三本盃等　小原二兵衛大垣家老來面

談時勢之事　前左衛門督書通又胤保卿文通　今日國事御評議依所
勞不參相役觸遣了　松平下總守來上京ニ付時節訪問云々　信行院
今城前中納言室濱姫今夕葬送於鳴瀧三寶寺仍室向於彼家入夜還渡亦代香隱岐守範
忠雁衣令行向一紗代香所相伴也
○十一日丁卯晴但時々陰秋炎甚
午時前著直衣參　內當番也　今日御目出度事御盃不參以使奏者所ニ
不申入之間以表使申入了　去五月十五日所々洪水予以下廣橋六條久
世等三家於相役領所田地荒廢收納相障之間四人申談救助之儀以連署願
書申立今日願書武傳ヘ差出了　今宿宮內卿參仕予可退出也仍如例以
表使伺定秉燭之程退出歸蓬　妙門室ゟ中元祝儀銀貳枚代晒樽代金三百
疋等到來諸大夫兩人百疋ツヽ執次百疋等ヘ有音物如例　室章子參詣於鳴瀧
三寶寺夕還家予以下備物有之　近年諸色高價ニ付諸大夫以下金子五
拾兩拜借之事申願當家類燒後家作未及央調度以下事々物々不具之間救

助不任心仍爲手當金廿五兩遣之諸大夫以下到近習等八人分配之云々薄祿之家々賴撫育不行屆遺憾之至也

新造土藏今日出來ニ付少々納調度類

○十二日戊辰陰晴未時過雷鳴夕立甚入夜時々陰

戸田和州ゟ中元祝儀干鯛一箱樽代金三百疋等到來答禮肴料白銀一枚相贈了　午半斜著直衣參於　親王御直廬過日賜中元御祝儀之事以表使畏申次參　內今日中元御祝儀可賜也如例於菊間女房駿河出會御祝儀金五百疋　親王御肝煎同上等被傳之又御厩御用ニ付白銀十枚賜之（自口向差出之例也）國事多端御用繁ニ付金子五拾片賜之（武傳ゟ被傳之）各以表使御禮申入如例事了申時前退出　於省中廣橋亞相冷泉黃門等有面談不違記之　御厩御用掛執次鳥山三河介屆申御厩出來今朝引渡受取之旨且右ニ付通用門開閉之事伺申之可開置旨答示了　賜白銀貳枚於護淨院僧正造營以下度々勘進事之儀謝遣之　近年多用ニ付諸大夫以下末々迄別段恩賜今日遣之夫々有差

戸田和州ゟ去五月所借遣之金子貳百兩被返之

○十三日己巳陰晴不定夕小雨蒸暑甚難凌
親王三卿日野中院葉室等明日　親王御智惠粥孟子御讀書濟ニ付而也可被出午半刻參
集之儀昨日奥向ゟ被申出仍示達旨以廻狀示遣之且御讀書孟子被爲濟ニ
付被下之段御師範伏原三位ヘ可被達旨等示遣之處承諾　午半過參
內國事御評議也參集如例　殿下尹宮等面　太神宮御勸請之儀其他時
勢之事共數个條申承旨有之又相役久世前相公同斷有之　親王御乳人
面談明日御智惠粥之儀條々殿下兩役加勢三卿御師範等召之儀悉可取計
旨示合了但於當職ㇳ參會之時被下之無參會之時ハ不被下之仍其旨殿下
ヘ嚀申入置了此余　親王御讀書御書籍之儀ニ付示合條々有之　夕各
參於　御前少々御評議有之此後艮隅御建廣之儀ニ付衆評有之殿下兩役
等悉佞媚之說阿諛之論奉汚　聖德難忍之間予頗發諷諫之詞其末直言有
之可愼々々入夜退出還家　今朝義亮法師來中元祝儀進玉簾
○十四日庚午陰晴雲艮步坤風吹殘炎殊酷自夕涼

双親之輩祝賀如家風　未時著直衣切袴又如昨年參　内今日　親王御智惠粥可被下也兩役加勢等多分不參也仍參會之人々相共以表使賀詞申入御粥御祝酒等當役御肝煎兩役ニ賜之以表使畏申入了退出歸華　今朝以使近習侍廊上下獻上御提燈紅白菊御紋於　親王御方使者持參於准后奏者所添目錄中奉書四ッ折上包美乃帋居白木竪脚臺副結熨斗可有披露由也　來賀堂上一兩輩使贈答多有之

御提灯御文付紅白二張
三條前大納言

目六如此

○十五日辛未快晴雲南行有涼氣

中元賀式如家例　當賀可出仕之處又腫物少々相發仍不參相役觸遣了當賀高松三位三條西少將園池少將冷泉大夫等來自余使贈答一門親緣其外如例又參賀之地下數輩此中戸田大和守面會談世事　久世前宰相中將有文通　今夕上下祝酒如佳例祝著々々

○十六日壬申晴時々陰雲東北行西南風吹涼氣有之

奉納金子三百匹於　本尊申降　寶牘供物奠祭等如例月亦於家内一晝夜禁酒肉每事相愼是不及誓申一己之愼也　門脇少造因州藩士來談時勢之事

眉延姬來一兩日可有逗留也　今夕東西北方等山々登火如例秋貴賤觀
望之是京師一壯觀歟予登新樓見之
○十七日癸酉陰雲東北行自夕霽入夜月清明涼氣也
大樹所勞容體不輕ニ付一橋中納言下阪之事觸來　前左衛門督來談
大樹所勞御尋武傳下阪可被　仰出歟且賜物等之事自武傳被談之可然旨
相答之了　同上御尋御使飛鳥井中納言被　仰下旨觸來　長州征罰
既討入開兵端ニ付　禁闕御守衛薩州人數一隊上著之旨屆申之由相役ゟ
申來
○十八日甲戌晴陰不定微涼氣有之
覽詠草於前殿下卽被返下之來廿一日　賢所御法樂詠進之分也　熊谷
兵衛藝州藩來談　侍從曆來逗留　今日　御靈會俗稱御出祭神供等如例祝
著々　未時著直衣參番　於省中庭田中納言面談時勢之事　今
晚宿侍如例　御靈神幸拜見侍從遊行於近邊又所々遊覽之後還渡云々

今朝石野治部大輔來來月五日　北野臨時祭別　敕歌人參向ニ付自身拜
綾小路侍從等寮御馬拜借之儀被願申答領狀旨了即下知了　戸田大和
守入來云々　戸田助三郎使來告云去月十九日長州勢接戰得勝利ニ付
幕府ゟ遣酒肴旨也　大樹所勞御尋御使飛鳥井中納言今朝出京下阪云
々

○十九日乙亥陰巳時過雨午後滂沱入夜益沛然

卯過退出還家　眉延姫還向於冷泉家　重德卿文通

○二十日丙子陰雲東北行時々晴今日有蒸暑之氣

薩藩士内田仲之助來面談今度　朝庭ニ建議申上度ニ付案文内見之儀願
申度修理大夫申付由申之案文出之披見之處　皇國治亂之際安危之堺盡
事理尤至言確論也於予同心從來所苦心暗合也仍無異議旨答示了此次時
勢切迫實々恐懼案勞之儀申談之　松平下總守溝口主膳正眞田信濃守
等來廿三日巳時參　内被　仰出趣觸來　明廿一日　恐所御法樂倭謌

詠進附于左大丞了　來月　北野臨時祭舞人料寮御馬二疋病馬ニ付不
足之旨御用掛執次鳥山三河介届申之（廿一日右二疋幷歌人拝借之分二疋合四疋 不足之間武家ゟ可廻旨武傳へ申入置了）

○廿一日丁丑陰時々小雨雲東北行巳時以後屬霽暑强

今日例刻國事御評議有之旨觸來　松平下總守來々廿三日參　內被
仰出御請御禮云々　未剋過參　內御評議參集如例　親王御乳人面
談御讀書料學庸執筆御褒美伏原三位息少納言等ニ御晒御懷中物等賜之
予傳下之了　夕召　御前御評議大樹所勞追々不勝ニ付薨去之上新將
軍人體之事以下兩三个條被議之例之不斷不及決定各退下　殿下面談
昨日薩人申出之事幷兩三个條有之　黃昏過退出歸家　侍從丸少々
中暑停滯之氣有之然而早速順快尤神妙喜悅々々　前左衞門督重德卿
書通時勢之事ニ付有示合之旨　一橋中納言又下阪之旨以使告之
眞田信濃守廿三日參　內被　仰出御請御禮申之

○廿二日戊寅晴雲南行或東北歩有涼氣

柳原亞相來談薩州建白之事所詮不被行時勢不及力歟申談了　前左金吾來談時勢之事大同小異唯慨嘆之外無之　無量壽院義亮來中元後初ゟ面會仍賜扇子盃紙入等先比來圓山住居之處俗地世塵相汚之間轉住之事日來心配之處此節鷹ヶ峰之奥小野郷榾坂村小野篁舊地一小寺在之件所山中清淨幽閑之地時勢も不穩旁暫此地ニ可移轉仍此旨届申云々右ニ付　本尊奉預置之間可奉移遷歟云々尤可奉移轉旨命之亦件所隔二里余之程　寶牘申出不便之間毎月十五日可奉持參趣申之然ヘ可爲其分相約了又奉移遷ニ付奉納金子千疋可然可奉奠祭示命了　冷泉大夫來訪室故障中安否　贈重組重四於今城家故障中訪訊之　一橋中納言下阪會津中將下阪延引中條左衛門督歸京之事以使告之　井上庄次郎來急速出立歸國被申付之趣申之　侍從丸還向於松崎里自去十八日來所逗留也　近日康熙字典以下書籍少々買得之此余道具類少々同買入之

○廿三日己卯陰時々細雨蒸暑

午時著直衣參　內當直也且今日松平下總守溝口主膳正眞田信濃守等參
內未時參上但溝口依所勞不參未半　出御　御對面賜　天盃了　入御如
例　今夜宿侍　松平下總守眞田信濃守等來畏申參　內　御對面
天盃等之事下總守參勤御禮白銀五枚到來是定例也　今朝吉川彥五郎戸田助三郎家臣也來初而對面賜熨斗昆布幷盃二口扇五本紙入多葉粉入等彼士進金七
百疋家僕等ニ音物有之　於省中頭左中辨勝長朝臣送消息　石清水放
生會左右馬寮役御馬之事任例可下知旨示之卽剋指揮于家僕令下知了後
時右馬寮代勤願書差出云々廿四日奉行頭左中辨ニ令差出後剋代勤依請被聞食旨奉行被申渡卽下知了代勤人體山口右馬大允來申御請
○廿四日庚辰曇午後晴秋色加涼氣早到
松平丹波守內使渡邊十郎兵衞來談時勢之儀幷丹州進退之事等少々心付
之儀示諭之丹州ゟ肴料二千疋渡邊ゟ五百疋等到來室ニ有贈物　前左
衞門督來面談　書狀ヲ進於內府有示合之事　未過著狩衣詣內相府
々々面會裏辻中將大久保一藏薩藩等同席過日薩州建白之事幷時世之事

等談話移時日沒過分散還家　章子參詣于母堂廟鳴瀧寶寺三夕還家　花園大夫來室故障中訪問云々　今夜市街物騷云々然而情實不分明

○廿五日辛巳晴雲南行北風涼夕露冷風寒

熊谷兵衞藝人伊王野次郎左衞門因人渡邊十郎兵衞松本人等來面談世事於渡邊ハ今日可下阪云々仍丹州ゟ臂袋大和錦裏紫紐蘇芳緂一口贈之渡邊ゟ下緒紫緂一掛遣之　未半著直衣參　內國事御評議也申剋過召　御前大樹內實薨去繼體之事一橋中納言可然旨幕府內々擧之然而於一橋ハ固辭擧申紀伊黃門此間之事被議之有存旨予不開口譬雖申所存不被行之故閇口訖夕事了退出還家　先達被　仰出宗忠社地ゟ　太神宮可被勸請之事人々申所存之條有其理之間御延引可被　仰出今日殿下可被言上此旨予以下申異議之輩ゟ可傳申由殿下被示之由廣橋亞相談之輕忽之次第可歎々々然而御延引之條先以可然但可被止由被　仰出相當之事也

○廿六日壬午晴天氣類于昨日夕頗有暑氣

高崎左太郎薩藩來談世事　以洪胤賜金一枚七両弐分於義亮法師今日北山椙
坂里轉住ニ付内々有願申之旨而遣之　戸田大和守入來談時勢之儀
吉田俊男十津川郷士來面談世事　伊能璟子彡天文家云々來進彗星勘文一紙附
置于取次歸去云々
○廿七日癸未快霽夕景有蒸暑氣入夜涼
公愛朝臣幷大久保一藏高崎左太郎以上薩州士上田傳二會津士等來各談申時勢
之事於薩士ゟ國論建議難被行旨愁訴之事情無余義之間於予不避嫌疑不
省忌憚可周旋旨示合了
○廿八日甲申快晴似昨日
戸田大和守來談　上原六郎左衞門作州津山藩士來談　未半過著衣冠詣于
殿下第乞面會小時被謁見時勢之儀被談之且薩州建白採用之事頻論申之
應接多端不遑注之明日御評議可有之其趣參　内可計旨被示之仍直參
内明日御評議可被伺定旨當番久世前宰相示托退出還宅既入晩陰　内

相府文通有之　戸田助三郎叙爵且采女正　宣下之旨有風聽

○廿九日乙酉快晴雲南出午後有殘暑及深夜覺涼氣

高崎左太郎來談日來之儀　午斜著直衣參　內當直且國事御評議可有之也　殿下右大臣尹常陸兩宮內大臣左大將九條大納言兩役等召　御前大樹所勞差重此上臨危篤之時以一橋中納言德川氏令相續長征出張有之度段願申此事依請被　聞食議決了又薩州建白之事被議之予所存可有御採用旨述利害得失盡損益事理論申之然而衆議一同反之唯常陸宮議論與予大同小異也內府有存旨歟然而被鉗默專予主張所存　御前之儀殊時宜不被行之條有案中然而正議直論不可憚亦有所存聊不避畏憚不恐忌諱十分論之衆皆閉口然共不被行此間再三再四之處予論不被採用歟之趣綸命有之實々血泣痛哭之至也是全奸邪蔽聰明之所爲也長歎默然終ニ山階宮說一橋會津邊ヘ可被談旨衆議決了是又不被行必然也於王朝又被求大亂悲歎退下　今夜宿直

賜因幡紙十帖於渡邊出雲守伊与篠數根所

望答禮所遣之也

○三十日丙戌快晴雲東北行午後時々陰及夕全陰蒸暑

早旦退出還家　書通常陸宮　高崎左太郎來面談　明一日大樹進獻馬如例可計牧相模守ゟ被下之趣武傳明（飛鳥）日香井達之卽時下知于左右馬寮右寮代勤山口右馬允參勤之事願申之願書出于武傳了　眞田信濃守來告近日當地出立之旨　內相府有書通　一橋中納言大樹所勞ニ付德川家相續請幷大樹名代長征出陣ニ付御守衛總督攝海防禦指揮御理等書面自當番相役有廻覽　宗忠社地　太神宮御勸請御延引之旨觸來

右馬寮代勤之事及一日午刻無音之間以狀問遣于武傳之處漏脫之旨謝之被聞食之由示送之卽下知了

●八月大

○一日丁亥陰雨雲東北行或西歩蒸暑之氣有之

當日幸甚々々可參賀之處頗違和仍不參相役以狀觸遣之如例　任例進獻太刀於　禁中　親王等名札（御手愛上右之通如例年親王同樣也）諸大夫著布衣可勤使之處範忠洪胤共ニ所勞仍近侍（青上下略義也）勤之　冷泉大夫幷戶田大和守以下地下

數輩來賀又使等多來　內田仲之助薩藩井口貞助肥後藩等來面談　申剋許大樹進獻馬　天覽了左右馬寮等牽來之家司出會請取之小時附武士牧相模守家來來鳥飼之進請取狀家司出會馬々具等相渡之各退散如例後時牧相模守畏申馬拜領之事當役之故所來也　菊亭友丸使來進獻馬取扱挨拶申來內府有書談之事　保餘年兩姫今日忌明　今夕上下祝酒如例

水引三百把親王獻上注于十二日條

○二日戊子晴陰雲脚如昨日午後雲南行殘暑復加

今日御評議有之由觸來然而所勞之氣相侵仍不參之事相役以狀觸遣之訖常陸宮使井上彌八郎薩藩來面談　大樹所勞ニ付一橋中納言相續依請被仰出諸向可達旨也仍今日御世話妙門室ニ相達了　公香公静等朝臣入來有被談之儀不及記之　中山備中守來上京ニ付時候訪訊云々

雅典通富重德等卿公香朝臣等文通

○三日己丑陰晴雲南行午後陰夕霽有殘暑入夜涼

常陸宮內使高崎左京本名左太郎薩人也當時候於彼宮　昨日　朝議粗被示越之此次種々有示

談然而唯慷慨而止而已無益々々　先是同宮書通有之　小原二兵衞
大垣家老來面談時勢之事是亦粗同于高崎　安達清一郎因藩來談長征之事又
明日出立歸國云々仍賜餞別紙入扇盃等　明日德川中納言御禮參　内猶是
迄一橋參　内之通ニ願度旨内願ニ付明日之處是迄之通御取扱之趣觸來
牧相模守使來進獻拜領御禮肴料白銀貳枚茶一箱等進之五日遣鍚二連答禮了是先例也
○四日庚寅晴陰蒸暑午後陰時々小雨入夜亦屬霽
左大辨宰相經之來面談時勢之事慷慨悲歎難坐視之間有志之朋友連署可
建白旨内話有之可然旨示答了　午斜著位袍參　内當番參仕　今日
德川中納言參　内國事御評議有之旁參集如例但内大臣九條大納言柳原
大納言廣橋大納言等不參　未半召　御前長征議論有之如去月廿九日
申張之然而於　叡慮長州解兵何國迄も御不承知且來八日一橋御暇參
内被　仰出然上ハ不能是非之間不可申所存旨申述之處今日之儀ハ内評
之間尚後刻一橋ゟ存分可及議論旨殿下被示之事了退下　出御於御學

問所殿下以下到兩役候　御前召一橋中納言尙可致議論云々仍雖無益所存申張一橋問答及再三再四人々無爲差論仍黄昏各退下　今夜宿宮內卿相托戌斜退出還宅　光愛經之哲長等卿有文通　柳原亞相依無服殤昨今引籠旨廻文來

○五日辛卯陰時々微雨蒸熱及深夜雨沛然

北野臨時祭　御禊　出御ニ付卯剋過可參仕之處所勞相侵之間不參相役觸遣了　祭儀如例歟使侍從盛房參向舞人樂人別　敕歌人侍從有良朝臣治部大輔基佑朝臣云々　內田仲之助薩藩來面談　左大辨宰相經之來談　常陸宮六條中納言久世前宰相等文通　公允朝臣來有相談之事

○六日壬辰雨降雲西歩終日沛然入夜又滂沱

午後著狩衣詣常陸宮被謁見仁和寺宮來會薩人等候席被羞盃飯時勢之事種々議論等有之入夜相辭早出還家　相役御用之儀書談且國事文書廻

覽等有之

○七日 癸巳雨下雲猶西歩或東北行終日雨不休止時々滂沱入夜益降自子剋許東風荒吹及曉風自南吹愈烈及天明頗靜

書通常陸宮謝昨日之儀進石杯吾自同宮被贈梨葡萄實等猶蝦夷地之儀ニ付有被示越之趣　左大丞相公経之文通　三條西家來河邑石見介今般申替從六位下伊豆守ニ付位記返上辭官幷申替小折紙等覽之侍立之家可爲諸大夫之時申替皆此定也兼而主人公允朝臣去日被談之無所存珍重之旨相答了　今晚子時許東風追々猛烈之處及曉爲南風益荒拔樹發屋予第所々破損及天曙雨休風止洛中人家顚倒多云々天災可恐々々

○八日 甲午陰時々細雨坤風猶荒時々小雨雲猶東北行或南出不定及夕快晴北風冷吹雲悉南歩新月初明

寅半許著直衣參　內風烈ニ付伺申　天氣格別御破損所無之云々先以恐悅々々卯斜退出還家　一橋中納言爲大樹名代長征發向ニ付今日午剋御暇參　內　御對面賜　御盃其後召御學問所更　御對顏可賜　御劍之旨也依之可參　內之處頗所勞氣且有所存不參相役示遣了　戸田和州

來訪面談時勢之事　昨夜風雨ニ付訪使贈答多有之

○九日乙未快霽雲南行北風或南風夕冷氣深

午斜著直衣參　內當直也參　內前參於　親王御直廬以表使中元御返御提灯被下之儀御禮申入其後所參番也於　內　親王御乳人面談八朔水引獻上之儀先達申入个條之內漏脫乍延引申入之旨御乳人談之然共乍延日一兩日中可進上宜被取計旨談之此次　宮中追々規則混亂御失德恐懼心配之旨被談之此間之儀不可筆記　今夜宿侍如例　一橋中納言使來昨日參　內於小御所　御對面　御盃猶又召御學問所厚蒙　敕語賜　御劍等御禮可來謝之處依多事以使申述之旨示越之　相役御用往來有之傳聞過夜風雨近年未曾有洛中洛外人家顚倒死傷多有之又洪水甚云々兵革天災實可恐々々況又外患有之開闢以來無之大變也

○十日丙申晴南風雲脚如昨日冷氣益深夕雲東北步

早旦退出還第宅休息　頭左中辨勝長朝臣送封中書云

石清水放生會依洪水御延引來月十五日被行候宜御下知可給候也

八月十日　　　　　　　　　　勝長

三條前大納言殿

答領掌之旨了　即下知于左右馬寮訖　同上御延引被仰出之由相役ゟ觸來　明十一日於學習院丁祭被相行是例年之儀也依之當役五人組合獻備太刀馬代銀貳枚予可相催也則以使青侍上下附于學習院彼院雜掌ニ相渡宜取計旨所示遣雜掌稻波內舍人申領狀猶可獻備之旨報申之太刀幷臺等入魂也

目錄中鷹二枚重三ツ折交名書添之中奉書四ツ折無上包

文字楷行之間ニ書　御太刀　一腰

御馬　一匹　代白銀貳拾兩

正親町三條前大納言

柳原大納言

廣橋大納言

六條中納言

久世前宰相中將

馬代銀貳枚以中鷹紙包之掛白紅水引表書御代馬白銀貳枚如左　太刀臺等入魂之事申遣之　戸田大和守文通贈松茸　隱岐守範忠去月下旬來

疫症近日病勢激烈之處昨日來頗靜之旨申來然處今日未剋前大切之旨告
申之遣人令訪之處既事切了云々相續人體無之間先以不及露顯者也
〇十一日丁酉晴風雲似昨日秋冷亦如昨日夕陽映雲如流朱
池田兵庫（備前國老）荒木三介（同國士）等來面談時勢之儀
〇十二日戊戌晴東風飄浮雲西歩夕雲收風靜天顔快霽
前左衞門督重德大和守忠至等來談去七月廿七廿八等兩日於小倉長人與
肥後筑前筑後肥前等人數戰爭長人敗走其後九州人數悉陣拂歸國了不知
其謂云々然而無應援之間小倉城陷落小笠原壹岐守迯登於大阪之旨也依
之板倉伊賀守昨日上京一橋出張之事相止然而可出陣旨一橋主張云々天
下大亂德川氏滅亡之期到來也雖不能是非唯　朝廷之御安危　皇國之大
患悲歎之至也　室章到來內々向于冷泉大夫家今城家等夕還渡　學習
院ゟ昨日丁祭胙相役之分到來各傳達了又御菓子被下之分到來如例拜受
了　進上水引三百把於　親王是去八朔可獻也然而此事昨年來漏脫御乳人可

示之處失念之旨去九日被謝之　仍今日進上之使者持參於准后奏者所尙可有披露旨也水引

白紅尺長三百把百把ツヽ以中奉書包其上チ以鷹紙包之　以大鷹紙包上下折之表ニ水引三百把ト書付載

白木臺ニ重クリ不及相添目錄幷熨斗等唯水引計進之是例之旨御乳人談之

○十三日己亥快晴東風吹雲東北行夕陽又赤如朱似紅

常陸宮戶田和州等文通　遣狀於柳原亞相予痛所昨今再發難澁ニ付急速出仕無覺束之間長理可加保養之故宜被含置之旨示遣之了　親王御方ゟ八朔御祝儀水引獻上御返金貳百疋賜之畏拜受猶參上可畏申旨令家司報之了可及直答之處痛所不能其儀由同令述之了　六條中納言有文通之事　護淨院僧正來面會

○十四日庚子快晴殘暑甚如盛夏入夜猶暑熱酷

予依所勞長理不參之儀相役加勢三卿等以廻章觸遣之廻文云

自今日依所勞引籠候出仕之節猶可申入候宜預御沙汰候也

八月十四日　實愛

相役連名如例加勢全同文也於三卿爲心得所示遣也三卿第一日野別段以封中有示遣之旨　前左衛門督大和守忠至等來談時勢之事　常陸宮同上ニ付書談再三有之　鄙妾下宿春姫所同道也夕還參　加藤能登守來上京届且訪問云々

○十五日辛丑陰晴殘熱猶如昨日自夕雨下入夜沛然終夜大雨

內府柳原大納言六條中納言前左衛門督戸田大和守等文通皆天下形行追日切迫實ニ治亂有今日不忍苦心之間有志之輩所往復也然而於柳原六條等ハ強而非示合憂國之情唯聊有申談之趣而已於此兩卿ハ非憂國之徒

內田仲之介薩藩來談前條之趣　前左衛門督來談　無量壽院義亮僧都來隨身　御寶牘如例奉奠供奉拜如每月自今日彼僧可奉隨身所約也亦金三百疋奉獻納如例月此次進松茸面會賜茶菓　今日觀月祝且供物等如每秋有之祝著々々然而降雨不得見清光遺憾々々

○十六日壬寅夜來雨下沛然大小河流汎溢道路如川庭園又同之井水增滿如楪天及夕雨休止有屬晴之氣色及深夜月纔照

今日奉奠祭　尊天如例月亦於家中禁酒肉（雖不誓申一身慎晝夜禁之於他所亥非此限自余謹慎毎月之通也）前左衛門督重徳内田仲之介薩藩熊谷兵衛藝藩等來面談世體之事　戸田和州書通同前之儀也　内相府昨日所進之返狀來皆時勢之事所談也
松室河内來面談有之

○十七日癸卯陰晴交雲脚未定午時以後属晴雲猶東北歩行
内田仲之助薩藩爲常陸宮内使來面談昨日一橋中納言板倉伊賀守等參　内長州征伐非機會之條九州筋初人情宇内形勢追々悔悟過日常陸宮予等議論之時猶主張可討之說其後御暇參　内賜　御劔等之上及今日反覆雖蹔懼之至不能是非之間及歎訴此上ハ大樹薨奏早々表發之上長州解兵召集大小列侯天下公論歸著之處可致處置於徳川氏年來失體改正唯此上ハ以天下人心天下政道可相行此段被　聞食度申上段々御評議之上被　許容之旨自余此間事件枝葉之儀等精微被示越之去月以來度々予及議論殊去ル四日於　御前一橋中納言与再三問答議論之處彼黄門不相服加之解兵

不可然何國迄も不可解旨有　綸命然上ゟ無力閇口之處追々天下形勢相變及今日如此毎事慨歎之至也委曲不克記錄之　小原二兵衞（大垣士）來問予病進菓肴面談時勢之事前條之儀内々洩聞之了　戸田和州伊王野次郎左衞門門脇少造（以上兩人因州藩）澤井權二郎（備前士）等來面談時勢之儀　光愛重德等兩卿有文通　小笠原左衞門佐來今度當地御守衞上京ニ付屆且時候訪問旁所來云々

○十八日（甲辰天晴雲東北歩風自坤來）

前左衞門督來談　常陸宮戸田大和守等文通談時勢之儀　侍從丸自松崎來逗留後剋遊覽於下邊拜　御祭禮　神幸所々遊歷還　御靈會如例　神供等如家風亦上下一同祝酒一酌有之祝著々々　鳥山三河介來御厩門番之儀伺申之事有之不及記錄之　柳原亞相有書通

○十九日（乙巳風雲如昨日但東風交吹時々陰又北風涼吹雲南行）

前左衞門督來談　遣菓一箱於大久保一藏方訪遣所勞　章子參詣于

鳴瀧三寶寺夕還家　通治朝臣來需染筆

○二十日丙午晴陰雲東行及夕快晴入夜亦時々雲覆

長征前軍總督紀伊中納言并討手輩ゟ御　沙汰書之事武傳ゟ被談旨有之所存之趣及返答置之處後剋御決定之旨申來甚御失錯之　御沙汰出了云々毎事悲歎々々　園池羽林文通自　親王御方八朔進獻物御返御禮名代之事賴遣領狀也　侍從丸遊覽於下邊所々夕還家　近日前庭樹木或竹等數株令移栽慰積重之鬱結之者也　入夜大樹薨去ニ付自今日三个日廢朝到來廿二日亦花山院前右大臣薨去同前之趣等觸來

○廿一日丁未霽陰巳時後雨下雲西歩自夕景沛然

相役御用書談再三有之　前左衞門督戸田和州等來談　常陸宮公靜朝臣等文通　吉田武右衞門松平丹波守家來來伺申安否面會彼士進金三百疋

章子今日忌明先以珍重々々

○廿二日戊申晴雲南方歩北風冷氣深加

前左衞門督重德山中法橋等來談世事　公靜朝臣實延等來有相談之儀
侍從丸還向於松崎里從十八日所逗留也　相役御用書通回章等來再度
有之　護淨院僧正來　大樹薨去市中停止日數三个日之旨過日武家
ゟ申達之處一昨年改革之旨有之可爲七个日更殿下被命之趣野宮黄門以
廻文申越
○廿三日己酉快晴雲南歩南風吹秋冷深
冷泉大夫爲柔來訪面會　松室河内來面談有之
○廿四日庚戌晴雲東北歩午後時々陰有殘暑氣入夜晴冷
相役有書通　遣使者於松平越中守役宅大樹薨去ニ付和宮德川中納言
天璋院等安否訪申之　一兩日無聞世上之事
○廿五日辛亥晴風雲似昨日日中猶有殘炎之氣朝暮深冷也
井上彌八郎薩州藩士來面談世事　重陽公宴御會詠進之事被觸之越前權介
爲遂行奉行之　冷泉大夫有書通

○廿六日壬子快晴南風或東風午後時々陰及夕全陰催雨
井上彌八郎伊王野次郎左衞門等來談世事　堀石見守使來件石州松平
丹波守近親之間當家与回縁ニ付兩敬往來之事賴度旨近日以人度々申來
非無由緒之間領狀仍今日初而使者所來也太刀馬代白銀貳枚別段內々反物料金
二千疋肴料千疋等到來諸大夫用人取次等ヘ音物有差祝著之旨相應令報答了
件使ヘ引出金三百疋賜之
○廿七日癸丑陰雲東北步巳時後時々微雨自黃昏雨沛然
左大辨宰相經之來談時勢之儀頗奮發近日一同有志輩列參拜　天顏可訴
奏事情旨內々被談之密々有示合之趣　前左衞門督文通　園池少將
來談之儀有之　遣使者於堀石見守使者許昨日答禮令述之贈太刀馬代銀一枚
一別段末廣蝙蝠等各一握肴料白銀三枚等　當夏造立之建物成功ニ
付大工棟梁大和屋新助爲褒美文附麻上下金廿五兩等昨日賜之同人畏申此事
今日進生肴一臺家來夫々贈肴云々

○廿八日甲寅晴陰雲東歩午後晴雲南行

書通左大丞相公又飛鳥井黄門文通野宮中納言息侍従定允所労危急ニ付父黄門混穢勿論之處御用忩劇殊ニ近日多事之時故非混穢ハ別　敕出仕之都合も可有之殿下へ申入之處當役可示合被命之仍相談之旨中來混穢相當且同役（飛鳥井黄門也）有之上ハ無差支之間混穢之方可然然而於彼黄門（野宮也）一人ニ限御用有之御時宜有之ハ可爲別儀旨報答之了野宮當時嬖臣也

室向於亡母之故宅黄昏之程還家　入夜今日　朝議此度徳川中納言ゟ御沙汰書幷列藩召等之儀ニ付所存可申上旨以相役光愛卿狀示送之甚以不甘之　御趣意難閊默之間所存書付報申之畢　四辻宰相中將來自今當賀加勢被　仰出ニ付萬事宜頼存旨申置歸去云々　同上之事幷日野亞相加勢辭申等之事自當番觸來　明日母君御正當仍自今夕愼

○廿九日乙卯晴雲東北歩或南行風又不定

左大辨宰相（經之）前左衞門督（重徳）幷內田仲之助（薩藩）等來面談時勢之儀

松室河内來談加田家相續人之事　相役御用書談有之　今日　母君
御正當也昨夕來加愼精進如例今朝室章子參拜于　御廟此次浄花院光福
寺等悉參詣奉備華水
○三十日丙辰晴雲南行北風寒冷相促間々時雨沃
相役御用書談再三有之　戸田大和守來談時勢之事不枚擧　殿下賜
內狀三番所衆等國事大切之儀建白有之度參上於　御前奉建言度殿下御
執成歎願依之被參　內之間相役を以可被召之ハ扶所勞可參上旨被示之
精々可加養之趣報申了　自相役同斷申來早々可參仕云々同上答了
秉燭之程著衣冠參　內之處殿下尹宮常陸宮內大臣左大將九條大納言兩
役等參會又建言衆左大辨宰相前左衛門督以下廿二人列參云々先是　御
對面之儀願申云々小時　出御于御學問所殿下以下國事掛兩役等列座召
出左大丞以下廿二人大丞以下進出于　御前建言時勢之儀然而長州解兵
之事去戌年以來幽閉之輩悉皆御免之事今度列藩可被召ニ付而ハ自　朝

廷御直達可然之事近比御政令紛亂萬人不歸服ニ付御改正之儀可有之之事等主張申上之尙可有御熟考旨被　仰下了各退下次　入御又殿下初國事掛兩役等召于御小座敷前條御評議其余衆議之事少々有之事了退下御議定之趣列參之衆殿下被仰聞各拜服此後一同分散丑時過退出

●九月小

○一日丁巳天霽雲脚不定及夕陰雲西北歩

當日幸甚祝式以下如例朔又今日於家内到夕禁酒肉每事相愼亦如每月去月中旬來所勞籠居昨夜相扶雖出仕未得順快之間自今日如元不參昨夜相役示置了　前左衞門督内田仲之助等來面談時勢之事其件々不遑枚擧　戸田和州文通　尹宮常陸宮内府等有書談之儀　冷泉大夫來訪　十津川鄕士千葉定之助上西靱負等來有面談　故周防守範胤三回忌正當ニ付昨今於彼寺門島部山通明寺令修行法會予爲施主仍家僕兩三人令代參又於家中上下一同賜饅頭於防州ヽ　祖父君以來勤功多殊予養育以

來及成長所補佐也其功績不遑枚擧記仍厚可相報也雖及後代不可忽之仍
記之者也

○二日戊午晴陰雲西歩及夕全陰入夜屬霽

前左衛門督河鰭大夫幷伊王野次郎左衛門野村左兵衛等來皆一昨日列參
之儀ニ付有示談之旨不遑記　大野又七郎來稱差支不面會　內相府
新亞相等文通是又一昨夜事件也　頭辨豐房朝臣送消息云

　追言上剋限卯一點候也

例幣左右馬寮役御馬之事任例可令下知給宿帋拂底之間先內々申入候
也誠恐謹言

　　九月二日　豐房

　〆三條前大納言殿　豐房

報領狀請文自是可遣旨了此事多八月中有沙汰然而及今日無音之間內々
尋問之間心付所贈也懈怠之甚此朝臣每時如此之人物也　前條如例下

四日代勤被聞食旨頭辨招僕示之仍直下知等如例

知于左右馬寮ゝ處右寮代勤願書差出之卽屬于頭辨許訖　土田詮良來
如例進御札幷茶菓任例賜扇盃等

○三日己未陰時々小雨雲西北行午剋後晴風雲不定
前左衞門督實文等文通有之　伊王野次郎左衞門宮原大輔等來各因州
士也面談近日時勢ゝ事

○四日庚申晴陰雲東歩或南出午剋以後晴及夕快霽
前左衞門督戸田大和守幷野村左兵衞等來面談近日世上ゝ形勢ゝ儀不暇
記之　池田兵庫荒木三介等來有差支不面會　眉延姬來一宿　鈴
木三郎兵衞今日上京　來廿一日　賢所御法樂倭謌詠進ゝ儀被觸之奉
行冷泉中納言云々

○五日辛酉快晴北風冷
鈴木右近將監伊王野次郎左衞門宮原大輔野村左兵衞千葉定之助等來談
於伊王野宮原野村千葉等ゝ皆時勢ゝ談也　眉延姬還向于冷泉家

河鰭大夫有書談之事　今日　先祖御靈神御祭祀神供等任例奉進之不
相變遂祭奠所祝著也亦　御神體勸請之事早速可有之處淸間等未能造立
之間不果其志猶　神靈鎭座之所造營早可奉勸請也

○六日壬戌快晴及深夜曇

前左衞門督戶田大和守內田仲之助薩藩士熊谷兵衞藝藩小原二兵衞大垣藩松本
鉷太郎戶田藩等來面談皆時勢之儀也　入夜內府內使進藤式部權少輔來
面談是又同前多端不暇記之　書通柳原亞相戶田和州等

○七日癸亥陰雨雲東北行夕屬晴入夜上弦月淸

左馬權頭重朝爲祖父前左衞門督使來談　前殿下有書通此次覽詠草公宴
重陽御會詠進之料也即被返下之　進藤式部權少輔有書通　前左衞門督同斷有
之又廣橋亞相同上　賜菓一折於小原二兵衞　室章子向於亡母舊家
夕還宅

○八日甲子晴西風寒雲東步夕風靜寒冷大加

常陸宮内大臣新大納言等書談有之　井上石見薩藩宮原大輔因藩野村左兵衛會藩小原二兵衛大垣藩等來談時勢之儀　來廿四日　公宴御月次御會倭謌詠進之事被觸之奉行葉室中納言　公宴重陽御會倭謌詠進屬于奉行越前權介爲遂許落手之旨使報申之

懷紙之禮凡如此

中鷹紙以表爲面竪一尺二寸余横見計ヒ也文字紙如此或九十九三ニ認之强不定

> 重陽日同詠菊花盛久
> 和謌
> 正二位藤原實愛
> 宇はろはぬ菊のさ
> かりに九重れひさし
> き秋も見えわさ
> 理気黎

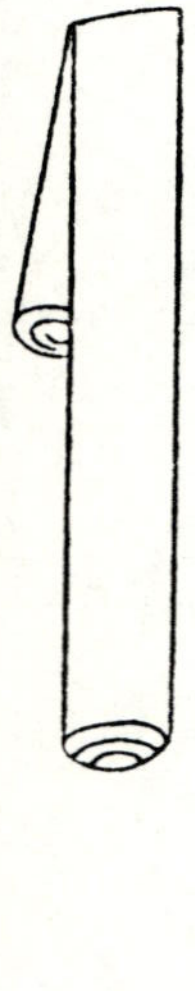

卷ト、ノヘタル體如此奥ノ方ヨリクルヽト卷之

納于短冊文匣加封（名字計）

剪紙等不及相添詠進之旨以口述所申遣也

○九日乙丑快晴午後雲東北行時々陰風不定歟

重陽佳節賀式如例日來閉居之間不及參賀之沙汰祝使贈答如例　來賀堂上地下或使等多不遑記之此中三條西少將冷泉大夫戸田大和守等面會

有之　胤保卿有書通　今日酌菊酒上下如例祝著々々
○十日丙寅晴風雲如昨日午剋後快晴
光愛胤保等卿有書通　園池羽林面談花園家家内不取締之事ニ付日來
談合之趣有之
○十一日丁卯快晴風如昨日及深夜時々陰歟月影薄暗曉清
例幣　御拜　出御如例歟日來不參仍不及觸遣不參之儀上卿以下可尋注
左右馬寮來屆申今日寮務無異勤了之旨　室章子向於今城家逗留
光愛卿有書通　寒冷大加菊花漸開草木早黃
○十二日戊辰快晴風雲似昨日及深夜月暗
內大臣殿有書談之事　戶田大和守大久保一藏薩人小原二兵衞大垣家老等來
談　無量壽院義亮來近日世上不穩浮說流言等紛々人心騷然物議洶々
之間家內安全息災無事祈禱修行之事申付自明日於　尊體寶前可奉修之
旨申之御壇料金子十五兩授之彼僧進茸賜茶菓　青女房一人自今日出

勤　傳聞昨夜丑剋許浪士七八許亂入於裏辻中將家差出一封書中將近日惡事數之（尹宮幕府等へ阿諛好曲多有之故云々）自今籠居可有之於違背ゝ以白刄可及問罪旨種々罵恥之退散中將不在家歟云々其後炮發三聲件亭少々燼上之處近邊之故薩人數出會撲滅火了云々何者所爲歟物騷之至也　今夜及深更有火西南之方其程不遠歟然而小時鎭火了先以珍重安心々々

○十三日己巳晴曇東北或西北歩及深夜陰

柳原大納言以廻文就放生會參向明曉出京十六日歸洛之旨告之爲相役故所告也　內相府戸田和州等文通有之　宮原大輔（因藩）來談　松平丹波守家臣名越湊之助來面會金千疋饅頭一箱室章子へ五百疋侍從丸ゝ同上等進之賜紙入烟草入室留守中ニ付後日賜物可有之侍從丸ゟ扇子（五握）盃二口等時勢之儀等伺申旨有之有頗添心之儀　抑近比世上形勢不容易紛亂人心洶々既近日有如亂妨裏辻家其他所々投札或張紙等連々搖惑人情實ニ不安之勢ニ付自今日一七个日之間於杉坂明王院　尊體浴油供奉修

今日鶴廿一羽舞於中天巽ゟ北行又南行入夜又天有鶴聲

之依之自今日殊加愼一七箇日之間禁酒肉
○十四日庚午陰雨雲西步或東北步及夕屬晴雲南行
遣使於柳原家賀放生會參行訪留守中了　吉田俊雄千葉定之介兩人十津川郷士也來面談　室章子還家
○十五日辛未快晴雲南行入夜月清寒冷深
今日石清水放生會也去月洪水ニ付延引今日被行之上卿日野大納言光（資）愛（宗カ）自余參向人々可尋陣上卿廣橋大納言胤保云々　門脇少造宮原大輔熊谷兵衞等來談　多賀社別當正覺院以代僧納　神札以下如例祝著々々御初穗奉納之
○十六日壬申晴雲東方步時々陰入夜猶陰及深更霽
今日天尊奉拜奠供如例月殊十三日來奉修浴油供今日爲中日仍凝信心奉拜亦今日一晝夜加愼禁酒肉之處十三日來兼禁之仍別段不及其沙汰
申剋前相役胤保卿送狀御用之儀出來雖病中相構可有早參由常陸宮內大

臣等被命仍申達云々難相扶之間宜被申入旨相報了　相役有容卿送狀
前條御用之儀被示送旨有之　左右馬寮來屆申　石淸水放生會參向無
異勤仕了之旨　鄙妾携春姬向松崎邑夕還參　護淨院僧正進松茸〆
治等賜煎茶
〇十七日癸酉晴日出程霧深不見咫尺數剋屬霽雲東北行
常陸宮依多病被辭中國事御用掛之旨被告知之　飛鳥井中納言御用書
談再應有之
〇十八日甲戌晴陰雲東北歩未時急雨以後亦屬晴雲南行
覽詠草於前殿下卽加點被返下之來廿一日　賢所御法樂詠進之料也
御厩御用掛屆申云大樹進獻御馬字萬歲　今曉相斃如先規可取計哉云々如例
可量旨答示了　山田善兵衞出府暇乞來賜紙入莨入扇金貳百疋等餞別
之此便送書狀於戸田土佐守遣昆布一箱暑中贈物答禮也又三河國總持寺
上人ゟ書狀一通昆布等可傳達旨相托了　御用之儀相役書通有之

○十九日乙亥晴朝霧降雲東歩午後雲收快晴
書通雅典卿御厩御馬牽入之事ニ付有示遣之旨　松室河内來面談同上
之儀　宮原大輔來談世事　松平丹波守家臣飯沼喜兵衛來面會進三
百疋賜扇子莨入盃等　室章子參詣于護浄院夕還家
○二十日丙子晴陰雲南行或東北歩及夕雲收盡天快霽
御馬之儀ニ付御厩御用掛取次鳥山三河介有伺申之事不及記錄之　内
侍所御法樂和歌詠進屬于冷泉黄門了
○廿一日丁丑天晴雲南行寒冷深
無量壽院義亮來自去十三日於小野鄕杉坂明王院浴油供勤修之儀十二日
相托置之處同日歸鄕及深夜不能具備仍十四日ゟ奉修行到二十日滿座了
事々件々無凝滞相勤感悦全所願圓滿且一事吉兆有之實以恐悦之旨申之
乃　御寶牘進之先以感戴祝著安喜之至也件　御札常々可奉隨身云々仍
奉納護袋隨身之亦例月之通華水供　御牘同進之以上先奉奠供奉拜等如

例浴油供壇料去十二日渡之今日賜金三百疋謝勤勞又如毎月賜金三百疋　渡邊十郎兵衞
是例月寄進也依浴油供自十二日禁酒肉之處今夕解之
松本臣進名酒二壺

○廿二日戊寅晴雲東北歩寒氣如初冬午後寒氣緩
室章子向於今城家入夜還渡　松室河內來今般加田家相續人之儀日來
相托件河州所周旋也北面侍山縣美乃守二男爲橋本三位猶子可令相續內
定故周防守範胤於當家功績有之間範胤緣續之人相求之處山縣美濃守妻
橋本三位梅宮社司社女也件女所生之間範胤因緣有之仍所約也今日本人呼龍
彥河州所同伴也來廿八日可誘引命令了此間之儀毎事令平洪胤令應答之
條々有之

○廿三日己卯好晴終日雲收風靜
小原二兵衞來談　內相府書談有之此便進名酒二壺之處被贈下〆治茸
百合根等　冷泉大夫來訪勸一獻入夜歸去

○廿四日庚辰晴雲東北歩巳時後陰午後小雨灑及深夜雨休

轉法輪使來彼家附屬家來三宅家之儀ニ付有内談之旨不記錄之　相役

御用談書通有之　秋元但馬守ゟ暑中訪問白銀壹枚書狀等到來

○廿五日辛巳晴東風雲西北行未時以後時々小雨灑

進書翰於内相府　戸田大和守來談　安藤飛驒守ゟ雀鮓一桶到來時

候訪問云々　自冷泉大夫今城等所望竹木令栽於前庭此外草花少々令

移植之

○廿六日壬午陰雨東風頻扇雲西歩夕有欲晴氣入夜屬晴

來廿九日巳時松平下總守小笠原左衛門佐加藤能登守參　内被　仰出之

旨觸來　德川中納言今日除服出仕別　敕被　仰出之由同觸來　松

室河内來有面談之儀

○廿七日癸未快霽雲東歩

宮原大輔因州藩　上田仁右衛門大垣士上京ニ付進金五百疋　桑山豐三郎同上進上同三百疋　北村寛次同藩

士渡邊十郎兵衛（松本士）等來面談　松榮坊如例納　神札祝著々々御初穗屬之　小笠原左衛門佐加藤能登守等來來廿九日參　內御請御禮云々同斷ニ付松平下總守使來　愛宕大夫來謝過日詠歌染筆之儀

○廿八日甲申快晴南風雲脚不定

橋本三位（梅宮社社司）松室河內等同道誘來山縣龍彥（同姓美濃守二男也）今日吉日ニ付加田家相續所申付也件三人予面會三位幷本人等賜熨斗昆布又於本人ハ遣盃三位ハ賜扇盃等本人賜雁衣（寄布面白裏青）一領當人ゟ予ハ金五百疋室章子ハ三百疋侍從丸へ同上總容貳百疋ッ、進之諸大夫以下男女一同末々迄贈物有差當人名字範彥所治定也　園池少將來談　北祭使參向懇願之旨奉行職事頭辨ニ附可被願申示談了　春秋二季拜領米今日當秋分之半被相渡云々仍僕受取之如例　抑當家建物玄關臺所以下假建之處追々破壞之間今度可造立所治定也礎日時仰于護淨院湛海僧正令勘進之處來月一日辰時吉之旨申之仍今日申渡訖　前件ニ付董役今度鈴木三郎兵

衞相加今日申付了
○廿九日乙酉快晴風雲靜和暖似春景
松平下總守小笠原左衞門佐加藤能登守幷佐竹右京大夫名代（一門家老小野某）等
今日參　內拜　龍顏賜　天盃（但於小野某ゑ假建迄參上也）依之各來謝又太刀馬代（佐竹銀五枚小）
笠原加藤等二枚於松平ゑ御暇參　內故無贈物到來是例也　富田大和守如例納　春日御社神札祝
著々御初穗相納如每年　賜三枚重盃於野村左兵衞祝遣昇進加增等
賜丹釀於渡邊十郎兵衞過日進物答禮也
●十月大
○一日丙戌晴風雲靜雲脚向南方陽光暖照如春天
幸甚々々當賀如每月祝著々々每事亦例月之通也　役料受取手形今日
所司代松平越中守ニ申込五日可申出云々家僕等商量之儀也　花園大
夫來　春日祭當職神馬使參向領狀之旨風聽每事宜賴存之旨言置去云々
三條西少將室（廣橋故儀同女）懷妊ニ付今日著帶依之帶可贈遣歟之旨過日被相賴

仍所領狀也世俗稱帶親云々巳時吉剋云々仍辰半剋以使贈遣之帶二筋舊儀有之然而今度密儀殊昨夜被相賴且共品實ハ室家里元廣橋家ゟ被相贈之間唯名目計被賴之由也鯣二連以上竪目六ニ注之等贈遣之祝著之由被報之後時爲祝儀被贈肴一臺　遣肴三種一臺於上田仁右衛門桑山豐三郎等兩士　冷泉大夫有書通　抑増祿米當八月分去月廿八日當秋分之半被相渡仍今日家内男女一同に頒賜如例有差　玄關臺所邊造立礎有之祝著々々

○二日丁亥快晴風雲如昨日

御玄猪申出如例名札附于硯蓋三條前大納言賜之畏拜受了　前庭竹木數本令移栽之草花同亦植之

○三日戊子快霽天象類于昨日午後陰及深夜雨降出

安閑無事前庭令栽相樹數株

○四日己丑陰雲南步西北風寒

常陸宮以狀賜菓子時勢之事被示送之旨有之後剋進返書報申之爲答禮贈

進小鳥二十翼　役料米受取手形今日於所司代邸相渡之旨家司申之僕
等商量也　桒山豊三郎來畏申過日賜物　頭辨豊房朝臣送消息云
追言上十一月五日支干相當候也
春日祭左右馬寮役御馬之事任例可令下知給之旨被　仰下候宿帋拂底
之間先内々申入候也誠恐謹言
十月三日　豊房
〆三條前大納言殿　豊房
右昨日可贈之處延引之旨謝送之答領狀之由了
○五日庚寅陰雲南歩北風寒時雨灑
侍從三位康賢依所勞願本番所參勤被　仰出旨自當番相役觸來　自戸
田和州金五十兩被返送　實文有書通被尋合之儀　領分三ヶ村今日
如近例收納之日也如家風上下祝酒等有之祝著々々
○六日辛卯快晴北風寒雲南行初冬景色著

役料米五拾石今日於二條倉受取如例家僕商量之　三條西少將來談之
儀有之不遑記錄之

○七日壬辰快晴天象似昨日但風雲長閑也

來月五日　春日祭左右馬寮下知了卽申御請之由如例　山階宮國事御
用掛辭退被　召止御請被申上旨被告之　大久保筑前守　禁裏御取締
御普請御用被申付旨來申之

○八日癸巳快晴日光長閑雲南步

眉延姫來室章子保餘年等兩姫相伴參詣于世繼地藏尊午斜還渡夕景眉延
姫還向冷泉大夫家　名越湊之助來不遠歸國暇乞云々面會遣扇盃等
松平肥後守ゟ時候訪問蒸菓子一折百入到來　書通戸田和州

○九日甲午晴雲南行時雨沃寒午後長閑似春景

宮內卿胤房來問予所勞　戸田大和守有書通之事　予痛所兩三日來
順快先以神妙々々

十三日左寮來申御請

○十日乙未快晴風雲長閑

戸田大和守來訪今度河内國領邑收納米相納ニ付爲祝初穗金子三百疋被隨身祝著受納了　内田仲之助來談賜茶菓數剋退散　前關白忠煕常陸宮晃内府忠房等進狀予久々痛所其上舊痾痲相加急遽出仕期不相見ニ付當役辭表一兩日中可差出内決之儀申入之此次前殿下常陸宮等進八朔梅早椿等花進之悅喜且辭表之儀雖遺憾可任所存歟之旨被示之於内府ヘ自跡可被答之旨被報之　室章子參詣母堂廟今日百箇日相當云々夕還家　近日時雨數沃山野紅黃交色前庭草樹又黃紅相交足愛賞

○十一日丙申晴雲南行朝時雨沃寒午後天氣長閑

藏人辨俊政送消息云

追言上來月十七日支干相當候。可令存知給候也。

吉田祭左右馬寮役御馬之事任例可令下知給候仍先内々申入候也俊政

誠恐謹言

十月十一日　俊政

ヲ三條前大納言殿　俊政

報領狀之旨了卽時下知于左右馬寮如例　贈遣鮮魚一臺五種於松平肥後守方過日音物答禮也　宮原大輔來談　頭辨豐房朝臣送封中　北祭舞人料寮御馬六疋任例可令下知之旨示送之答承諾之趣了　神壇淸間一ヶ所造立今日申付訖　內府昨日進狀之返翰被送之辭退願雖不可被許可任所存由被示之此次時勢之儀有被示下之趣　公靜朝臣文通明日辭表名代之儀相賴承知之旨被報之

十二日松平肥後守ゟ挨拶使來

○十二日丁酉快晴雲東歩午後時々陰及夕雨灑入夜淸月明

予八月十四日來所勞籠居既及六十日且所存有之退役可願申決心依之今日辭表以公靜朝臣可屬武傳昨日所示合也已刻前件朝臣入來願書相渡陽明兩公前殿內府下可被入見參其上可被附旨相托亦痛所難澁不被堪之趣可被演說旨示合之領掌願書如左中奉書四ッ折上包美濃帋如例

不肖實愛議奏御役再勤被　仰付過當之　恩寵感激不能固辭勤仕罷在
候得共内外多事御時節不堪其任既先達而退役奉願候處以厚　御沙汰
被　召留畏御請仕候然處當春腫物相發其後今以未到全治候上脚痛相
加難澁加以去月來舊痾痳痛强相起候ニ付精々加養仕候得共到此比同
容快復之期も不相見長々籠居恐懼仕候元來忩劇之職掌殊多端之御時
勢旁以惶惧之至奉存候依之辭役之儀奉伏願候以格別之　御憐愍疾速
被　聞食候樣宜預御沙汰候也

十月十二日　　　　　　　　　　　　實愛

權中納言殿

又　親王御方　御肝煎同可辭申ニ付願書同差出之左云料紙以下同上

親王御方　御肝煎被　仰付畏入存候然處依所勞議奏退役之儀奉願候
就而ハ　御肝煎御免奉願候此旨宜預御沙汰候也

十月十二日　　　　　　　　　　　　實愛

權中納言殿

高松三位來需繪贊　來廿四日月次御會和謌詠進被相觸奉行冷泉中納言云々　柳原亞相被贈書翰近日退役可有出願旨風聞可有猶豫旨被示之既差出了旨相報了　入夜戌剋斜公靜朝臣來傳示云今日陽明兩殿申入ゝ後武傳飛鳥井行向ゝ處既參　內了仍參　內面會附屬ゝ處所勞容體被尋問仍眞實難堪ゝ趣申入處退出可見合旨被示之其後及秉燭後被相招飛鳥井中納言示渡云

三條前大納言

退役ゝ儀　御殘念ニ被　思召候得共所勞難遁ゝ趣被　聞召候間願ゝ通退役被　聞食

親王　御肝煎被　免

亦當番議奏柳原亞相示云被加近習小番御免列云々以上傳申ゝ旨被示之速被　聞食安堵謝勞了依之御禮廻勤可有之同朝臣可被相勤云々仍賴托

之了回勤ヶ所近例不分明仍近邊裏松家尋合治定了左之通
禁中表使　親王同上　准后同上　殿下　當番議奏　武傳
以上也亦陽明家畏申之任近例轉法輪風聽且以前不示合旁可被行向示合
了此後彼朝臣廻勤有之　遣使於同朝臣家謝周馳勞了　二更過再同
朝臣入來御禮回勤了旨被示之且於　宮中柳原亞相云妙門御世話理之事
可被申上歟云々不心付之間宜被計彼朝臣談之仍理申振合取扱了之旨同
被示之此儀予不心付間示洩之者也彼是勞煩慰勞了　抑今度辭役之儀
日來懇親之輩種々論申得失然而內外多事微力難相凥近比多病所詮不被
堪任之間可辭申旨當夏來既所內決也依之去八月中浣來既閑居今日發之
處速被　聞食安悅之至也

○十三日戊戌晴陰雲東行時々小雨夕晴入夜又時雨

常陸宮前關白內府等書通　遣狀於柳原亞相昨日取扱之儀謝遣之了
常陸宮內使高崎左京野村左兵衛(會人非宮使)等來面談世事於野村江畏申過日

賜盃之事　戸田和州有書通　在役中爲守衞十津川鄕士六人所候於
當家也然而退役ニ付引拂之儀昨夜申渡今日退散云々依之賜金六百疋
室章子向於母堂舊宅夕景還渡　退役之儀今日一門親族官武令告知之

○十四日己亥晴雲東歩天象類于昨日時雨間々灑寒氣加
玄猪申出如去二日　前左衞門督有書通又三條西少將同上右ゝ議奏役
所御用匣中殘置反古料帋自余品々今日參番之便可被申出賴托後日申出
被送之　北祭舞人料御馬六疋如例可取計下知于御厩了　文通戸田
和州被贈玄猪餅

○十五日庚子晴雲東南行西風寒時雨降自夕快晴月清雲收盡光暉滿六合
戸田大和守書通有之　後剋同人來談又花園大夫來訪　無量壽院義
亮來面會如例　御寶牘納之仍寄進金三百疋如每月卽奉奠祭亦如例祝著
祝著　公允朝臣有書通　松平肥後守使來依所勞退役ニ付爲訪問菓
子一折到來後剋遣使令述挨拶了　近日足痛頗減快喜悅々々

○十六日辛丑快晴風雲長閑入夜月清如昨夜
今日　天尊奠供奉拜等如例亦禁酒肉萬事加愼又如每月
○十七日壬寅快晴天氣如昨日夕時雨
大久保一藏内田仲之助各薩藩士進菓肴杉折干菓一重蒸菓一重肴一重訪申予所勞　吉田俊
雄十津川郷士來談　室章子向于冷泉大夫家逗留依有内祝被招請之間所行
向也
○十八日癸卯晴雲東歩或南行不一定午後坤風頗寒吹
安立（逢）清一郎因州藩進國産杉原紙畏申在京中懇命之事去比所歸國也　買
求吳春筆啄木松櫻檜一軸
○十九日甲辰晴如昨日風雲又同上
伊王野次郎左衞門宮原大輔等來談　書通實允　今城前黄門亡室信
行院遺物品々一同ゟ被贈之　花園大夫來十一月　春日祭長者神馬使
參向ニ付御馬拜借願且右ニ付來廿一日廿六日等兩日乘試之事願等之儀

二十日御厩ゟ下知了

奉行頭辨豐房朝臣以封中示送之

○二十日乙巳晴夜來西北烈嵐寒荒時雨或雪散霰降終日寒嵐吹雲東南行自夕嵐止雲靜入夜小雪降

賜中鳥みつ〱百羽於大久保一藏內田仲之助等兩士過日進上物之答禮所遣也　遣使於今城亭昨日信行院遺物被相贈之事謝遣之了　上田繁左衛門交代明日出立歸國ニ付今夕遣盃又賜金三百疋恒例也　同上昨年六月來長々在勤ニ付遣之同貳百疋祝酒料　同上室ゟ所賜也別段盃陶器三枚重　同臺陶器等同人父高年ニ付慰之所遣也　今朝來寒威甚如嚴寒之節

○廿一日丙午晴雲東歩西風寒或南行雲脚不定

上田繁左衛門今朝發程歸國　小松左右輔來談予所勞伺申進肴代金三百疋　予痛所雖未到全治追々順快

○廿二日丁未晴風雲類于昨日

內府忠房去十三日所進之返書被贈下之有被示越之旨仍亦進再報有申入之趣被報被領狀之由　右衛門督長順議奏御役被　仰付之旨有風聽以

使賀遣之了　花園大夫來相談之儀有之不及記之　妙法院門跡使來御世話中厚配之儀被謝之　賜金三百匹於松室河内加田家相續人媒妁ニ付所遣也　吉田武右衛門明日出立歸國暇乞來面會賜扇盃葨入等

室章子自冷泉大夫亭還家

○廿三日戊申快霽朝霜深天氣長閑然而寒氣甚

門脇少造因州藩士來談　公宴月次御會和謌依所勞後日詠進之儀奉行爲理卿へ以剪紙申達御楊宮返上落手之旨使報申之於御短冊ハ抑留如例

左兵衛督ゟ被達廻狀葉室右衛門督議奏御役被　仰出旨小番御免第一按察使所觸出也廿四日愛宕宰相へ順達了

○廿四日己酉晴霜如薄雪天象總而似昨日

宮原大輔歸國暇乞來面會訣別賜扇葨入等餞別之暫談時勢之儀慷慨之外無他　右府公純孫公弘昨夜侍從　宣下之旨有風聽　園池少將來談北祭使參向ニ付服餝馬具僮僕服飾行列風流等之事總而被談之事々加諷

諫了　粟田山莊所安置鎭守鷲明神先年預于戸田和州方近日社造立可奉遷座之事戸田示送之處今夕護送之然而入晩陰蒼猝不具之間鎭祭及明日

〇廿五日庚戌快晴天象長閑氣候和暖

鷲明神奉鎭座於社壇奠祭如方予自奉勤修之此後奉拜誓申鎭護家內安全息災無病延命一同昌榮等訖尤祝著之至也今夜又供御燈　大和守忠至有書通

〇廿六日辛亥快晴天氣如昨日但雲東北歩頗催雨氣

御玄猪申出如去二日十四日等如例賜之祝著々々　四條大夫來需詠謌調筆　玄關臺所等立柱日時仰于護淨院之處撰進之廿九日卯時治定之夫々令下知了

〇廿七日壬子晴陰雲脚不分明午後陰夕小雨及深夜雨脚休

堀河三位　親王三卿被　仰出之旨回章來　來月廿四日　新嘗祭ニ付

從三十日晩御神事廿二日晩より到廿五日朝御潔齋且重服者法中等到廿
六日朝參　内可相憚旨來月三十日　北祭ニ付廿八日晩到十二月一日午
尅御神事等廻文來難波裏松兩家ゟ順達了　四條大夫書通且所望愚詠
調筆遣之了　入夜亥時前高松三位武者小路少將等兩人爲　勅使入來
仍著布衣出逢之處兩役列座久世前宰相以一紙申渡仍被傳示云々一帋披
見左云

三條前大納言

勤役中兼而左大辨宰相以下徒黨建言之次第乍令承知不加制止却同意
不心得之至依之遠慮閉門被　仰出候事

謹承之抑此一件如　御沙汰然而決而非同意但於不加制止者可爲同意歟
元來近頃　朝政御失體有志輩不堪觀望之間徒黨及言上之儀於臣下之分
無據然而於制止者言路壅閉愈以人心不伏有志可致解體之間不加制止之
處被咎誡之上者不能是非唯惶恐之外無他但於不同意者無相違之故其旨

請書相認亦他人面會文通等被禁云々請書云
勤役中左大辨宰相以下徒黨建言之次第乍令承知不加制止不心得之至
依之遠慮閉門被　仰下之旨恐入御請申上候事
他人面會文通等被禁候趣畏承候事
十月廿七日　實愛

侍從爲童形之間不及伺進退所存之旨示合之其分之趣高松三位答之兩人退散了　召出家司爲心得示合之閉門以下之事幷造營停止等之儀夫々加指揮了　抑此度　敕勘甚以恐存然而於一身毫末所恥無之畢竟愁國慷慨より所起也神人所能知也唯於　朝廷追々御失體之上如此御處置愁悒之外無之奸佞邪曲之俗吏等官武共得志正直忠節之徒漸被幽閉有志誰可不憤激哉　傳聞列參之輩左大丞相公以下廿余人悉皆幽閉被　仰下然而輕重有差云々去比列參以後殿下籠居之處今日始而出仕云々然而先有此處置被拉人心歟近日諸藩上京ニ付先之被幽被絶周馳者歟

○廿八日癸丑快晴日出後陰飛雪紛々埋地一寸巳時屬晴以後時々或雪散或雨降雲南歩朔風寒
傳聞常陸宮蟄居昨日被　仰下云々雖未聞其子細此人近日有衆人屬望仍
所退歟忠直正義皆蒙幽厄奸佞諂諛乘之歎而有余　懇親之輩密々來訪
問幽閉安否　松平肥後守藩士五六輩來當家守衞之儀武傳ゟ被達之間
所來候云々是番兵也近比罪人皆如此
○廿九日甲寅晴雲南行終日天氣長閑似春景
無事謹愼養精神
○三十日乙卯陰小雨雲西歩歟又東北行午剋後晴陰交
侍從丸公勝來逗留　自戸田和州被返贈金子百兩先達所借與置也
眉延姬參拜於三島明神仍御初穗金子百疋與丁等所沙汰遣也懷孕歟之旨
醫師等申之仍爲祈誓安産所參詣也件　明神平産守護御誓願云々大佛馬
町街介鎭座給之神社也　懇親之輩等内々參入伺申籠居安否
●十一月大

○一日丙辰天晴雲東北歩氣候和暖

當日幸甚然而爲愼中之間不及賀式又今日於家中ゟ夕景或午剋比迄禁酒肉如毎朔　　松平丹波守自藝州歸國今晚發大阪今日通行伏水驛依之以鈴木三郎兵衞訪問旅中安否且賀無異歸國贈書棚一基小衝立一基等爲愼中之間堅固内々所贈也自室章子贈物盃井臺等有之　　今日德川黄門於二條受朔賀云々在京諸藩登城賀之

○二日丁巳霽雲東北行朝霧深咫尺不見辰時晴時々時雨灑朔風寒吹雲南歩入夜猶時雨降

松平丹波守内使西郷安平太來時節訪問肴料千疋室ゟ七百疋侍從丸同上等到來西郷ゟ七百疋兩人ゟ三百疋宛進上之

○三日戊午晴陰寒雲南歩時々霙降東西北等山雪白

侍從丸公勝還向於松崎邑　　松平丹州臣西郷安平太明日出立歸國ニ付爲餞賜扇盃口二紙入等侍從丸ゟ扇盃莨入室ゟ扇盃莨入等丹州ゟ答禮出仕之上可申入旨示遣了　　無事安閑養精神加保養之外無他儀　　懇意之

輩密々來訪幽閉安否

○四日己未晴陰雲南行時雨沃風寒終日天象同景申時許虹見東方入夜猶間々時雨降寒氣加增

戸田釆女正內使來幽閉之儀訪訊金子千疋到來懇到辱之趣厚謝遣了

右馬寮執奏御厩御用掛等代勤三條西羽林被申付之間事々件々有咨問令家司答諭之

○五日庚申天氣似昨日但午時以後不雨降天氣和暖

今日　春日祭也幽閉之間不得參詣仍不及神事亦代拜猶相憚不令參拜於家中內々奉拜堅固密儀略拜也參向之人々不知之　松平肥後守內使來訪幽居被贈酒肴等　戸田和州內使來被贈肴品々被訪問籠居　終日詠歌數首

○六日辛酉晴雲東北步或南行西風寒時々雨灑入夜晴夕月清

眉延姬來訪入夜還向於冷泉家　無事閑靜養精氣

○七日壬戌晴雲東步夜時々雨下自夕不雨降

無事幽居謹愼

○八日癸亥快霽午後時々陰雲東歩或南行時雨降風寒

當家番兵去月來會藩士相詰之處自今日交代幕府別手組八人來候出入等監護之云々呵々

金子百疋　河瀨傳吾左衞門今島太右衞門士松本歸國暇乞來仍賜扇盃懷中物等有差

義亮法師來訪中幽閉進菓子一折密々面會謝懇志賜

○九日甲子晴雲南歩時雨沃北風寒

家僕神谷兵部自當三月用人當分加勢申付置之處自今常加勢申付本席同樣可心得旨申渡又上田木工之丞自今日用人當分加勢申付了　加田龍（範）

彥初官位未任叙之間座次可爲諸大夫末座旨申渡之了　立野直珍大島數馬

來伺申安否

○十日乙丑晴雲南行時々雪散霰降午後時雨沃

無事加攝生之術

○十一日丙寅晴陰雲南行時々飛雪紛々咫尺不見入夜雪止朗月寒

加恩米代金明十二日三條西家僕ゟ可相渡旨勘使所ゟ示達之由三條西家

僕ゟ告知之　　岡本豐前守如例年　大田社御札納之祝著々々予侍從丸

等兩人分也任嘉例奉納金子五拾疋宛了

○十二日丁卯晴雲東南歩申時前小雪

增祿米代銀今日於勘使所相渡于三條西家僕俣野某同人持參之家司落手

之賜金百疋於俣野氏件金子配賦如例

○十三日戊辰霽陰雲東歩巳時陰雪粉々午後晴陰不定

無事一兩日寒威凜烈終日居爐邊養精神

○十四日己巳晴雲東方歩或行方不定時々陰白夕景屬霽

賜酒丹酒四斗入一樽肴数子二斗五升於松崎村源左衞門以下近邊農家是先年來侍從丸

爲養育預置于彼邑追々成長來月中旬可還於當家之間爲祝儀可賜旨相約

之處今日便宜之由申之仍今日所爲持遣也祝著之至欣悅之趣自一同畏申

之於予尤所大慶也明日一同ニ可賦云々

○十五日（庚午晴雲東歩或南行時々陰夕晴）

義亮來隨身　御寶札納之任例寄附金三百疋又如毎月奉奠祭如例　無事安閑送時日

○十六日（辛未晴天氣似昨日一兩日頗和暖山雪漸消）

歡喜天奠祭如例　無事安閑送時日

○十六日（辛未晴天氣似昨日一兩日頗和暖山雪漸消）

歡喜天奠祭以下毎件如例月　無事安靜養精氣或讀書慰幽情然而就見聞唯慷慨之外無他

○十七日（壬申快霽雲東南歩氣候亦類于昨日）

室章子微行向於冷泉大夫家眉延姫懷姙五ヶ月明後十九日吉日（戊之日ニ世上俗習）多用戊日近代如此仍明後日戊之間可令用此日也之間堅固ニ内々著帶可有之也仍自今日行向逗留又密々遊行可同伴旁自今日所向也　今日　吉田祭如例歟後日可尋

○十八日癸酉快晴似昨日

伊勢御師前野喜太夫如例年納五千度御祓御麻進來暦幷熨斗蚫青苔等

眉延姬懷姙五ケ月ニ付明十九日可有著帶祝依之今日遣帶生絹鰑二連等又内

々別段帶二筋紅白也産衣等祝著之旨有報答　吉田圓平大垣士來訪

○十九日甲戌晴雲南行時雨灑巳時後不時雨

眉延姬著帶祝儀内々大夫ゟ伊丹一樽五斤盃幷臺本人ゟ金子三百疋等遣之

彼方ゟ交肴五種到來祝著々々　机檜春慶塗大机常用料也一脚今日尾張屋勘兵衛調進

之

○二十日乙亥晴雲東方歩或南行間々時雨灑朔風寒吹

無事幽居謹愼送漏剋今日寒威甚之間多蟄於爐邊養精神　書見詠歌等

之外無所業

○廿一日丙子晴雲南歩午後雲收盡快晴長閑如春景

鄙妾携春姬參拜于三宅　八幡宮去比春姬不快之處快氣畏申之花表一基

奉建之謝　神護還路立寄於松崎邑侍從丸安否伺之壯健也夕還渡

○廿二日丁丑快晴午時後陰時々小雨降及夕景属霽

自戸田大和守内々被贈肴訪問幽居有之芳志悦喜之旨相報了

○廿三日戊寅晴雲南行或東歩午剋暴雨其後晴雲南行

室章子自冷泉大夫家還渡自去十七日所逗留於彼亭也　幽居書見詠吟之外無事業

○廿四日己卯快霽終日長閑如春入夜猶同様也

中川大内藏伊勢御師進御祓新暦熨斗青苔等如例属御初穂家司沙汰也　今夜　新嘗祭也　行幸有無如何總而如例歟雖幽厄中非可安臥之間座而移夜漏四更入閨房偃臥

○廿五日庚辰快晴如昨日午時後雲出時々陰氣候和暖也

買得越中國御服郷則重作短刀件料金拾五圓也　近年諸物價漸騰貴就中米價古來未曾有之事歟一石超金子拾圓又准之物品價高直也仍召集家

僕等於前當家日々諸費省減之儀及衆議然而新法其弊非無之歟唯精々可

省無益之費之外先無之歟決議了此間判斷得失損益專予裁決之者也

今夜豐明節會也每事如例歟幽閑之身分　朝野之儀一切不聞之

○廿六日辛巳晴陰雲東北歩西風荒自夕時々雨下暖氣甚

無事業幽居於閑室養氣體

○廿七日壬午晴雲南行時雨風寒午後時々小雪散

今平洪胤訪相坂無量壽院他出不會之　無事閑坐送時

○廿八日癸未晴雲東方歩或南行西風寒自晚頭小雪降

今城前中納言正二位　宣下之旨內々有吹聽　無事閑居

○廿九日甲申晴雪積一寸許雲行如昨日但風雲靜

無事閑座養氣　咏唫七首讀近思錄一

○三十日乙酉晴雲南方行時々陰北風寒及晚景晴

今日　賀茂臨時祭云々每事如例歟使以下參向之輩幷庭座出仕之人々不

聞及　無事幽牕中默座養性神爽意快

● 十二月大

○ 一日丙戌晴雲東行風自西南來日影暖照天氣頗長閑

每事如去月朔日　戸田大和守ゟ寒中訪問鴨一双到來自餘懇親之輩進

菓蜜柑之類　今曉八ッ時四分入小寒十二月之節　閑牕靜居書見清

書物十一枚拙唫五首等

○ 二日丁亥晴陰雲東北歩午後雨下晡時後滂沱深夜雨休

無事幽居錬氣養力　讀書唫歌三首

○ 三日戊子天霽西風寒吹送雲於東方或雲南方行夕雲膚收盡快晴新月見西天

無事養氣體　讀書十八史略吟詠三首清書物二枚額面

○ 四日己丑晴風靜雲東歩或南行不定

無量壽院義亮來伺申寒中安否進菓品々內々面會賜茶菓聽法義且談雜事

春姬介向於醫師許宗眞齋介植種痘賜金百疋此法近年專流行也其効驗顯然

不受天行疫尤可謂良法　寒中來訪地下少々有之
○五日庚寅晴陰雲東北歩或南行西北風荒寒入夜彌嵐吹
今日予誕生日也内祝如例有之　傳聞德川中納言慶喜今日將軍　宣下
云々日來固辭之處今如此又今日直御禮參　内之旨也總而省略衣冠參上
云々在京武家扈從否可尋後聞今日不及參　内後日參　内云々
○六日辛卯晴陰西風寒雲東歩時々小雪散午後晴雲南行
自戸田土佐守書狀來海苔一箱到來　自三州總持寺覺文上人書狀來
未半出火東南火煙起　祇園社々内云々拜殿神樂所其他少々燒亡於　神
殿者無異　神威著明恐悦々々申火鎭火
○七日壬辰晴陰風雲似昨日寒氣凛烈
三西少將内々轉法輪侍從當冬可加首飾歟相談ニ付元服同日少將拜任懇
願之儀當春予ゟ殿下ヽ申入卽御時宜被伺申其始末被内問仍當春殿下應
對之趣委曲答示之了以美濃守平洪胤應答也不能委細記之　勢州御師

田中神主如例年進納御祓新暦熨斗等寄附御初穗是例也

○八日（癸巳快霽巳時後陰夕雪粉々黄昏休入夜東風頬吹和暖及深夜時々淫雨曉更雨休止）

無事　愚詠三首　讀十八史略少々古文前集等

○九日（甲午陰和暖及午後屬晴雲行方不定夕快霽入夜月清浮雲又東北歩和暖）

無叓錬氣養神　詠歌三首讀書等如昨日

○十日（乙未快霽白雲東歩或北行和暖及深夜陰）

無事詠唫三首書見送時或出前栽從容移剋

○十一日（丙申陰雨雲靡方區々不一定及夕屬晴雲南方行）

無可筆錄之事件詠歌書見如毎日

○十二日（丁酉晴陰雲東行或南歩西風寒及夕雲収快霽）

近日懇親之輩入來伺申寒中安否幷籠居中動靜等

○十三日（戊戌雲收天遠晴西風寒吹入夜月明）

令詣代人於　藤杜明神奉納金子百疋是爲畏申春姫當夏來吹物相發之間

籠祈願之處平癒之事申出御牘祝著々々　松平因幡守使并懇親之輩兩
三人來訪申寒中安否
○十四日己亥快晴日光暖如春景
自戸田和州爲訪問肴到來　室章子今日誕生日也內祝如例有之　依
內々賴借與金子貳百兩於戸田和州　寒中動靜來問之地下兩三輩有之
近日愚詠書見每日不闕之
○十五日庚子陰自辰刻雨下入夜屬霽月清雲猶東北方歩
無量壽院義亮奉隨身　御寶札來即奉奠祭如例月行者面會寄附三百疋例
也亦今年無異迎年稍畏存仍別段奉納金子千匹訖暫雜談有之　群書類
聚先年來預置于渡邊出雲守宅以美濃守洪胤賴遣之者也今日取戻之納于庫依之賜杉原
紙一束於雲州謝遣之畢　春姬種痘今日酒湯也無異遂之安悅之至也依
之賜金子貳百疋於宗眞齋醫師奉仕種痘也
○十六日辛丑快晴無雲然而霞靄深遠近朦朧日月之光亦不明似春景歟頗暖和亦催雨歟天象不愉快

歡喜天尊奠供以下毎件如例月　三條西少將内々以使被談明春白馬奏文左馬寮父子孫三人加名之儀願申如何可然哉之旨先例未存之歟然而本寮之事故加名相當歟猶左方執奏菊亭家談合之上殿下時宜可被伺申歟報之又近々轉法輪侍從可加首服冠儀加冠德大寺右府可賴請有差支者大炊御門右大將可賴請著座四辻前大納言清水谷中納言等可賴請理髮自身ニ可被賴歟然而領狀否難一決仍及内談云々加冠人體右府右大將共雖不庶幾當時無人無是非參會四辻清水谷等可然理髮領諾否之事ハ可被任所存但領狀之方相當歟之旨答之了

○十七日壬寅晴陰天氣朦朧如昨日及夕快晴雲南行

眉延姬來逗留　無事養精氣詠唫二首清書物三枚書見等如毎日　寒中來問兩三輩有之

○十八日癸卯天晴無雲霞宇宙愉快北風寒然共景氣如春

侍從丸公勝自去亥年冬爲養育預置于松崎邑農家（呼源左衛門）追々成長且便宜

ニ付自今日還家仍遣美濃守平洪胤以下兩三人令迎之仍源左衛門以下夫
々有賜物亦彼乳母自明年一代賜一人扶持米之儀以一帋令申渡以上委曲
錄于家司記歸路立寄于冷泉大夫家戸田大和守第等未時前還家出生以來
壯健追々成長今日還家安悅祝著可比何事欣喜之至幸甚々々源左衛門夫
婦自余親昵之輩五六輩隨從參入仍一同召於前謝勞賜一獻幷端物金子等
有差毎事祝著々々　眉延姫還向於冷泉家　自戸田釆女正寒中訪問
砂糖一筐到來　鈴木三郎兵衛松本家臣水崎紋十郎同上今年爲年番勝手向取
賄勤仕自今日兩人賜扶持米從來無此儀仍自今可賜旨示渡了　今日傳聞去十二日比ゟ
主上御惱痘瘡云々既御壯年之儀恐存然而御輕症云々殊日數已經七ヶ日
給之上ハ安心之事歟幽居中唯心痛恐怖而無詮御高運速御順快所祈念也
諸社御祈禱等被　仰出奉仕有之云々雖　御坐于　深宮猶令觸其氣給人
間一厄也
○十九日甲辰清晴似昨日午後東風吹薄陰

戸田和州被贈交肴一籠被賀侍從丸昨日還家之儀立寄之儀祝著之由被謝之　侍從丸公勝遊覽近邊　寒中來問之輩少々有之　清書物三枚拙吟二首讀十八史略二冊古今和歌集上卷等

○二十日乙巳陰東風吹雲北歩歟寒氣緩及深夜小雨灑

北村寛司大垣藩歸國ニ付罷申賜金三百疋祝酒料貳百疋等室ゟ遺金貳百疋昨年來上京當家勝手向取扱之故所賜也

○廿一日丙午雨降雲脚不分明午後雲南行及夕雨脚休止

主上御痘一昨夜頗御出來不宜高階丹後守獻藥其驗有之且護淨院湛海僧正奉仕御祈依之其后先以御順快云々恐悦幸甚之至也此上彌御減快奉祈念之外無他今日爲伺　天氣大樹慶喜參　内自余諸向獻上肴人形等云々河内國金剛山大宿坊納御札御供物等仍寄進御初穂有之　加藤格之助明日出立歸國ニ付罷申賜金貳百疋祝酒料百疋等大垣藩士當家用向爭勤之者也

○廿二日丁未晴雲南歩時々陰雨降入夜猶間々雨灑風寒
三條西少將明春二月　春日祭近衞使參向被仰下之旨内々風聽有之
主上御痘瘡御順當之旨傳聞之恐悦々々
○廿三日戊申晴雲東南歩時々陰
自戸田去十四日所借與之金子二包之内一包（金百両也）被返却之　石原藏人
進海鼠腸一桶　拙唫書見等日々如例
○廿四日己酉晴雲東方歩和暖似春氣候
侍從丸又向於松崎邑暫逗留於彼邑明春正月可有歸館也
○廿五日庚戌雨下雲西北行或南歩自夕雨休
美濃守平洪胤當時家僕列筆頭家事毎件配慮精勤之間褒賞之賜金子五百
疋又家中男女一同給米給之遣祝儀等如例年　桂峯院方（柳原亞相均光室當家靜慮院殿）
末女也當年八十（マヽ）歳近年老病也昨夕來所勞不輕之旨告送之仍遣用人（上田杢之進加勢人體也）尋之又後時
遣平洪胤訪之贈肴既昏睡云々夕又問之猶今朝來同容云々　自戸田釆

女正當年助情金到來吉田圍平隨身之暫談雜事且世事等　自眉延姫贈
鏡餅一重鹽鱈二尾等是佳例也祝著々々

○廿六日辛亥陰晴不定雲東歩但不定夕雲南行入夜嵐寒

今日巷說　主上御惱不容易御容體之旨市人申唱之云々仍令人諮問于所々之處雖不分明御增氣無相違歟唯悲歎之外無他之處午後戸田和州以內使密々告知云昨夜亥時過其實既　御大切云々恐歎悲痛不辨夢現天命雖不能是非近年外患內憂危迫實　皇國御危殆及旦夕如累卵人心洶々物議騷々今又生此大變愈又人心不定何樣異變不可測天運奈何之唯訴于天之外無之幽閉之身分徒勞苦心神而已　及夕御大變之儀往々有風聞　桂峯院方所勞令使訪問之昨日來同樣云々贈酒一樽了

○廿七日壬子晴薄雪雲南出寒氣凜烈

主上　崩御之事遠近既伺知之傳聞今日近臣之輩御暇　御對面云々幽閉之身不得奉拜遺憾之至也又赦免之期難計然共非可歎訴之筋之間愈以深

厚所謹愼也家中靜謐之儀誠之了今度　御惱中御看養御治療等之儀ニ付
世上既所唱有之中外遺恨之儀有之定而此說可生歟昨日來既所愁慮也天
數雖不能力此度御事謂時勢謂御病症甚以恐存此上　王室御失體無之天
戚赫々所祈也　桂峰院方所勞令尋同容之由追々危篤云々　自戸田
和州如例年歲末祝儀干鯛一箱樽代金三百疋等内々到來家僕等へ祝儀又
如例被相贈之以内使謝遣之訖　贈塩鯛二十尾於下冷泉家是眉延姬ゟ
鏡餅塩鱈等到來答禮也昨年以來佳例如是　眉延姬化粧料金拾兩（廿兩之内
拾兩中元遣之）遣之
○廿八日癸丑晴雲南行嚴寒
戸田大和守以内使風聽云々　禁裏附頭取被申付役料千俵充行云々新規
之儀也尊奉之趣歟如何　桂峰院方所勞大切之旨告來遣家司相訪贈酒
一樽　地下數輩來訪有之　三條西冷泉等使往來内々示合之儀有之
無量壽院義亮來内々面談　歡喜天尊行者奧州三春能泉寺清龍上京去日

來寓居於無量壽院日々奉奠祭　天尊至極之德者云々依之暫下向於奥州
三春可修行於　尊體奉隨身於彼土可奉奠祭等之儀委曲談申之爭ゟ信任
委托置之上ハ可應行者所爲殊ニ件者德も有旁可然賴存旨相示之頃日彼
德者奠祭修法ニ付進供物仍奉納金子貳千匹了　傳聞昨夜　主上御不
豫ニ付　親王御受禪可有之處　御大切之間乍御殘念踐祚御治定被　仰
出之旨有　御沙汰云々弘化三年之度如此甚以恐存也

○廿九日甲寅霽雲東南行西風寒入夜小雪散

昨年眉延姬婚禮歡金五十兩幷年々到來之分米貳百俵之代金之內三百兩
（米價高直故雖半金如此也）等今日被贈之山田善兵衛持參之仍爲引出遣金三百疋　去
比以來戶田和州方へ所借與金子之內貳百兩返却有之　前條到來之金
子室以下家內一同頒賜之有差　遣使於戶田家賀遣昨日風聽之事了
戶田采女正家僕文十郎今度上京當地在勤ニ付當家用向可相爭之旨仍今
日所來予以下ニ進上物有之不遑記之　花園大夫以使吉服卷纓之時纓

今夜主上御末期御對面有之云々近習以上奉拜之由也且被召于御槽云々

卷形可用何說哉有問合先規不分明云々門流に可被問合旨相答了　傳聞今朝辰時　崩御之趣布告云々憂愁悲歎之至也　今日節分祝儀一切停止之

○三十日乙卯晴雲東南歩西風寒

自戸田和州如例年金子百兩侍從丸に白銀三枚等到來室以下到來有差爲引出使者山田善兵衞に賜金子三百疋　遣使於戸田邸謝遣前條之儀了

歲末祝儀等一切無之然共無異送一年可喜可悅報謝神佛了

慶應二年十二月晦日

嵯峨實愛日記 一

日本史籍協会叢書 112

昭和 四 年十一月二十五日 発行
昭和六十三年 九 月 五 日 覆刻再刊

編　者　日本史籍協会
代表者　藤井貞文
東京都杉並区上井草三丁目四番十二号

発行者　財団法人　東京大学出版会
代表者　菅野卓雄
一一三　東京都文京区本郷七丁目三番一号
振替東京六・五九九六四電話(八一一)八八一四

印刷・株式会社　平文社
本文用紙・北越製紙株式会社
クロス・日本クロス工業株式会社
製函・株式会社　光陽紙器製作所
製本・誠製本株式会社

日本史籍協会叢書 112
嵯峨実愛日記 一（オンデマンド版）

Digital Publishing

2015年1月15日 発行

編　者　　日本史籍協会
発行所　　一般財団法人　東京大学出版会
代表者　渡辺　浩
〒153-0041　東京都目黒区駒場4-5-29
TEL　03-6407-1069　FAX　03-6407-1991
URL　http://www.utp.or.jp

印刷・製本　　株式会社 デジタルパブリッシングサービス
TEL　03-5225-6061
URL　http://www.d-pub.co.jp/

AJ011

ISBN978-4-13-009412-2　　Printed in Japan